本研究获得上海社会科学院重大课题资助。

SASSP Think Tank Report 智库报告

New Opening Up 新开放论丛

张幼文 徐明棋 主编

国债期货市场

——开放条件下的发展战略研究

周 宇等 著

上海社会科学院出版社
Shanghai Academy of Social Sciences Press

本书作者分工

第一章　孙立行

第二章　姚大庆

第三章　杨雪峰

第四章　李　刚

第五章　徐明棋　罗　剑(中国金融期货交易所)

第六章　周　宇

第七章　周　宇

总　序

当下的中国，正全面寻求以创新驱动发展。在全面的创新中，开放的创新无疑具有广泛而深刻的意义。开放的创新是国家整体进入新的发展阶段的需要，是对外开放战略面向新目标的需要，是中国应对经济全球化新挑战的需要。中国需要培育参与全球化的新优势，构建国际合作的新平台，开辟经济增长与发展的新空间，即打造对外开放的“升级版”。这就是所谓的“新开放”。

在未来5—10年中，需要推进新开放，其核心是构建以开放促改革、以改革迎挑战的内外联动机制，构建东南部创体制、中西部上层次的东西并进格局。

一、以完成中美双边投资协定谈判和参加跨太平洋战略伙伴关系合作为动力构建开放倒逼改革的新机制

近年来，经济全球化出现了一个新动向：区域经济一体化与双边投资协定谈判成为重要现象。这一趋势将大大提高对各国开放与市场准入的要求，并因其在内容上更多涉及各国国内体制和政府职能而成为对改革的压力。对中国来说，特别相关的则是中美双边投资协定（BIT）与跨太平洋战略伙伴关系（TPP）。有效应对这两个谈判将构建以开放促改革的内外联动机制。

在经济全球化的最新发展态势中，国际投资自由化与国际贸易自由化并行发展、相互促进，在世界贸易组织多哈回合受阻、多边贸易体制受挫的情况下，双边投资协定谈判与自由贸易区谈判成为各国推进国家间经贸与投资合作的重要选择。

对中国而言，推进中美双边投资协定谈判具有推进开放与改革的双重意义。就对外开放而言，这将有利于提高利用外资的水平，拓展对外投资的空间。现代服务业扩大开放利用外资是中国发展新阶段的需要，也是美国等发达国家对中国的要求。这一领域扩大开放也是中国与发达国家实现相互开放、互利共赢的机遇，中国有条件要求美国等发达国家对我平等互利，公平对待我对外投资扩大，并尽早承认我市场经济地位。

就国内改革而言，推进BIT谈判有利于推动国内改革。经济制度应与经济发

展阶段相适应，但是诸如目前普遍存在的审批制以及政府职能上的多方面问题，已经远不适应中国经济发展的需要。国内经济的发展需要进一步的制度改革，释放新的制度红利，而以中美双边投资协定和跨太平洋战略伙伴关系为代表的经济全球化新趋势新要求正与国内改革需要相一致。完成中美双边投资协定谈判能够有效地形成开放倒逼改革的新机制。

中国要发挥社会主义市场经济的体制优势，在开放中赢得竞争。在大部分主题上双边投资协定和区域一体化与中国开放型市场经济体制建设的方向是一致的，在充分利用以开放促改革的同时，只要我们坚持发挥社会主义市场经济的体制优势，就能够在开放型的竞争中赢得主动。中国的市场经济有其特殊性。以公有制为主体，多种所有制经济共同发展是中国社会主义初级阶段的基本经济制度，这一点必须坚持。市场能够有效地配置资源，但是也要看到政府对经济的积极作用，要正确看待市场与政府的作用，区分政府主导和政府干预之间的差异。国有企业是中国经济的一个重要特征，具有重要的作用。在中美双边谈判中，我们要坚持原则，并要求美方承认中国经济的完全市场经济地位。

二、以探索沿海自由贸易试验区建设为平台形成开放型经济新体制

在成为世界第二大经济体以后，中国的发展进入了一个新的历史阶段，以改革开放推动发展也进入了一个新的阶段。尤其是改革进入攻坚期再次提出了“以开放促改革”的课题。沿海地区的开放不仅有着对外开放转型升级的意义，而且承担着开放型市场经济体制建设改革、探索、试验的责任。

在新的阶段上，开放升级的内涵包括开放型经济的体制建设。开放战略升级的本质是从政策性开放上升到体制性开放。1979 年搞经济特区是政策性开放起步的标志，政策的特殊性是特区的核心。在这以后沿海地区的发展中，各种意义上的特殊政策成为发展的主要动力和基本特色。以特殊政策推进开放在前 30 多年对外开放中发挥了基础性作用，也对旧体制的瓦解具有重大意义。但是，随着整个经济走上开放道路，政策差异日益缩小，继续以特殊政策推进开放作用有限，对外资的超国民待遇在一定程度上对民营资本不利，地方政府间的政策竞争降低了开

放的整体效益。特别是特殊政策存在着较大的不规范性、不透明性、不确定性，不符合国际规则与市场准入的要求。提高开放水平对政府职能与政策规范透明的制度安排的要求日益明显。与此同时，金融货币市场与服务业的低开放度都制约了完整意义上市场经济体系的形成。因此，要把体制性开放作为实施新开放的基本要求。所谓体制性开放，就是按照国际规范建立市场经济体制以及相应的政府管理体制。既要坚持发挥中国特色社会主义市场经济的优势和特点，发挥各级政府在经济发展中的积极导向作用，发挥多种经济成分在经济运行中的互补作用，又要把建设高效、透明、服务型政府放在首位，充分发挥开放型市场在全球资源配置中的作用，消除商品和资本在跨境流动中的各种障碍，从体制机制上确保中国经济与世界经济更紧密地融合在一起。

正是从体制性开放的意义上，可以更深刻地表明沿海自由贸易试验区建设的目的在于体制探索。沿海地区自贸区建设是新开放的标志，是对外开放的升级版，是整个国家从政策性开放走上体制性开放的试验田。要从开放型经济体制建设上明确自由贸易区的功能定位，以使自由贸易区试验真正产生全局性的意义。为此，对自由贸易区应明确以下要求：

第一，体制机制的可复制性。要明确自由贸易区是体制机制探索的试验田，而不是特殊政策的飞地。因此，更优惠的税收、关税、政府补贴或土地价格不应作为自由贸易区发展的主要政策手段，因为全局性的政府减少收入不具有可行性。可复制性的关键在于自由贸易区的各项制度安排具有逐步推广的意义和可能。因此，自由贸易区的重点要放在国家未完成的各项改革的探索上，以发现新的改革的可行方案。自由贸易区的思路在于“以开放促改革”。一方面通过更高水平更宽领域的对外开放发现各项改革的必要性，构造改革的动力，减少改革可能带来的冲击。另一方面发现改革的方向与重点，通过参照国际规范与惯例形成各项改革的有效举措。通过试验到复制推进全国改革是新开放的顶层设计，因而“可复制性”必然是对自由贸易区的第一要求。

第二，自由贸易区的功能是对尚未开放的领域和尚未完成的改革进行试验。从外资外贸的规模上讲，中国的开放度已经不低，但是从产业上讲，中国尚有一批领域没有开放。发达国家要求中国开放，特别是金融与现代服务业，而这些又正是中国形成完整的市场运行体系和提升产业结构的方向。要通过自由贸易区对这些领域进行先行先试的开放检验的方式，发现外部冲击，制定有效的防范措施。在金融领域，利率市场化、资本市场开放与人民币国际化等都是国家开放型市场经济体系建设的必要组成部分。要通过自由贸易区的操作性试验发现其中的难点与问题，为国家全面推进这些市场化重大举措提供依据。因此，新开放也是更高水平的市场化与更深度的改革。

第三，探索政府职能转变的路径。进一步转变政府职能，建设服务型政府是深化改革的一大主题，新开放就在于利用国际规范与外部动力推进这一改革。变审批制为备案制，并在此基础上构建更高效的监管体系与服务体系，是市场开放国民待遇和透明度的要求，也正是中国政府职能改革的要求。根据国际投资制度安排新趋势，随着国际社会的进步和对跨国公司约束要求的增强，东道国政府要防止跨国公司环境倾销，损害劳动者权益等；要监督跨国公司履行社会责任，关注公共利益，有效推动相关产业进步和人才成长，在开放中实现可持续发展和包容性增长。新开放就在于探索各级政府如何在坚持开放中有效形成这些职能，提高开放水平。

由此可见，科学推进自由贸易区试验，有利于建设开放型的经济体系。由于自由贸易区并非传统意义上的境内关外保税区，不是封闭的，而是试验性的，因而运行模式在一定时期内相对隔离，而在有效掌控下逐步扩散将是其重要特征。科学有效地把握自由贸易区对相邻地区的带动作用，及时发挥自由贸易区体制的模式传递作用，应作为自由贸易区建设的指导方针。从试验到推广既是国际社会的期待，也是中国自身改革的需要。

以沿海自由贸易区为抓手推进新开放，将带来整个沿海地区开放的升级和改革的深化，为全国改革开放创造新局面。

三、以形成沿海、内陆、沿边各具特色的联动发展为目标，创造全面开放新格局

在30多年后的今天，当国家已经摆脱了贫困，面向全面小康和中等发展目标迈进阶段到来之时，我们又必须看到国家各地区之间发展的巨大差距。

在实现沿海、内陆与沿边均衡发展的国家战略上，对外开放战略的总体部署应当考虑以下原则：

第一,开放是基本国策,但各地区的开放却不能采用同一模式。内陆和沿边地区都不能简单重复东部开放的道路。中国开放的基本经验和东部模式的核心是以政策激励促进外资流入以及出口导向型模式,这不应当直接作为内陆或沿边地区的模板。国家整体致力于地区间均衡发展之时,也正是中国沿海出口高速增长面临调整转型之际。与沿海当年的出口导向型相比,内陆地区要实现内需主导型战略,以巨大的内需潜力拉动发展,而这正是引进外资新的动力。在国家整体上已经取得贸易巨额顺差的发展条件下,内陆地区获得了以进口实现产业结构升级和自主创新的新的机遇,即以进口关键装备、零部件实现自主投资与创新条件下的产业发展,从而形成与东部出口导向完全不同的进口促进发展模式。与此不同,沿边地区则既不可能是外资拉动型的,也不可能是出口导向或进口推动型的,而应当以与相邻国家的双边或诸边合作为特点,其具体模式因地而异。

第二,国家对外开放的整体水平要提升,目标要升级,由此决定了各地区开放战略的目标定位。从国际上看,经济全球化新形势对中国发展提出了挑战,中国对外开放必须实现战略升级才能有效应对,其中沿海、内陆和沿边地区以及各战略经济区域都需要实现升级,才能形成各地区协同升级,各战略经济区差异化发展的对外开放新格局。对外开放的目标既取决于国家长期发展目标,又要从地区特点和发展阶段出发确定相应目标。沿海、内陆和沿边各地区都要从各自的发展阶段出发确定不同的开放目标。现代服务业实现在开放条件下的发展是沿海地区未来开放的主题,在产业结构升级中面向外部市场也仍然是沿海地区的特点。内陆地区幅员辽阔,差别巨大,以成渝地区为代表的工业化高速发展地区有条件在现代制造业上实现全面进步,需要围绕现代制造业实现开放式发展,并形成一批战略性新兴产业,实现中国在新兴产业上国际分工地位的提升。内陆其他地区则更多需要致力于资源产业和农业的现代化。沿边地区有的要开辟资源与能源通道,有的要以双边诸边经济合作推进稳定周边环境的建设,从而启动各具特色的发展。

第三,各地区开放格局要形成一个新的协同与互动关系。国家发展是一个大局,各地战略与开放模式上需要形成协同与互动关系。前 30 年开放中内陆地区劳动力流向沿海曾经是沿海地区形成廉价劳动力加工出口优势的重要原因,也提高了内陆地区劳动者的收入,推动了脱贫事业。随着劳动力结构与数量的变化以及内陆发展机遇的扩大,这种协同与互动关系已开始发生变化。一方面,沿海出口加工型产业特别是轻型低运输成本类产品向内陆转移既可以为内陆地区开放创造条件,又可以为沿海地区腾出空间实现结构进步。沿海地区现代服务业既要走开放型发展模式,又应当充分利用内陆巨大市场,形成沿海服务与内陆制造的协同发展,相互支撑。在沿海提升开放水平的同时,内陆体现开放型竞争的实力。沿海和内陆地区又能为沿边地区的对外合作提供强大的经济技术支撑,从基础设施建设、资金供给、产业配套和人才流动等各个方面增强沿边对外合作的水平。从总体上讲,优化国家的区域开放格局要形成三个战略的协同:一是深化改革,使沿海参与国际合作与竞争;二是扩大内需,将外资引向内陆地区;三是创新模式,以多样化构建沿边对外合作。

第四,衡量开放推进的指标需要历史性地改进。在中国经济从封闭走向开放中,沿海地区以外资外贸规模作为开放度指标是完全正确的,但是今天国家已经基本建成了一个开放型经济体系,国家发展新阶段上的主要任务也不同,内陆地区应探索以新的指标来鉴定开放水平。在新阶段上,沿海地区开放要以现代服务业外资引进为重点,同时关注现代制造业外资对中国经济贡献方面的各种国民经济效益指标。沿海中心城市还要关注离岸贸易、离岸金融的发展进程和人民币国际化等的实施进程,以此提升国家的整体竞争力。在沿海地区建立跨国公司总部,推进中国走出去进程和主动构建国际分工能力,获得中国高级稀缺要素,应成为沿海大城市的战略重点。在一个时期内,内陆地区仍然需要以外资与外贸来体现开放度的提升,但在制造业出口上要更多注重现代高端产业和附加价值高的产业,在贸易方式上要体现在一般贸易发展相对更高的速度,加工贸易国内价值链的延长和增加值的提升。进口既是中国市场优势的体现,也是内陆地区在开放中发展的路径之一,内陆以进口而不是单纯以出口体现开放,是与以往东部沿海地区开放的一个重要区别。沿边地区与周边国家的合作要注重具体合作项目的数量和规模,而不是外资外贸,以此来体现其经济与政治辐射的影响。

第五,对外开放战略是整个国家经济社会发展与国际总战略中的一个方面,要服务服从于国际总战略,为总战略的需要定位。区域战略的选择同样要贯彻这一原则。沿海地区的对外开放走在全国的前列,现代服务业和金融业的开放要成为与发达国家之间利益交换的一个重要举措,事实上这也是中国自身结构进步和开放领域扩大的需要。更重要的是,经济全球化的深化发展已经向国内体制改革提出了更高的要求，更公平合理的竞争环境，更高效透明的政府行为，更安全规范的法律制度，是全球化对中国的新要求，也是改革的新课题。以开放促改革是国家战略，需要在沿海先开放地区先行先试。制度优化将成为沿海地区开放战略的最大主题，这将对国家国际地位的提升和国际战略的推进起到非常重要的作用。内陆地区的市场战略同样是国家大战略的一个组成部分。在沿海地区体现水平的同时，内陆地区要体现规模与实力，沿边地区要体现策略与多样化，共同构建中国开放的整体部署。大西南是中国沿边地区开放的一个重点，其与东盟地区的合作既将改变东南沿海地区的开放格局，深化中国东盟合作这一国家战略，又将对内陆地区产生积极影响。

张幼文　徐明棋

2013年9月

目 录

第一章
中国国债期货市场的现状及其问题

国债期货(Treasury future)是指通过有组织的交易场所预先确定买卖价格并于未来特定时间内进行钱券交割的国债派生交易方式。国债期货本质上是一种以政府债券为标的物的期货合约,由于标的物政府债券直接受市场利率影响,因此国债期货与利率互换一样,也属于利率衍生品的范畴。它是一种为了规避国债利率风险而产生的金融衍生工具,是利率期货的一种形式。20 世纪 70 年代中期,现代期货业的发源地美国芝加哥,诞生了全球第一支国债期货合约——美国国债期货。经过 40 年的发展,全球主要发达国家和新兴国家均建立了各自的国债期货市场。中国于 1992 年 12 月首次尝试推出国债期货交易,却因推出环境不成熟等原因频发恶性违规事件后,于 1995 年 5 月被叫停;时隔 18 年,于 2013 年 8 月重启挂牌;近期又推出 10 年期国债期货。经历夭折后多年蛰伏,中国国债期货市场如今到了再度扬帆起航的发展阶段。

第一节
国债期货相关文献综述

一、重启国债期货之前的研究

自 1995 年证监会暂停国债期货交易以来,大部分研究国债期货市场的文献主要是对初次试点失败教训的总结以及试点阶段的市场与发达国家国债期货市场的对比。吴晓求、应展宇(2003)从金融深化的角度分析了早期试点失败的原因和国债期货市场的产生及经济效应。他们认为,国债期货作为金融市场化过程中的必然产物，其本质上是风险中性的，而且会日益成为企业和个人进行风险管理的重要工具。重启国债期货市场对于中国金融市场深化改革具有重要的推动作用。谭婞(2008)综述了当时中国国债期货相关研究的结果，总结了发达国家国债期货市场成功的经验及其对中国的启示。她认为国债期货的研究要更注重实用性和可操作性，并且要与对股指期货等金融衍生品的研究相伴进行。胡文骏(2010)首先分析了国债期货早期试点失败的原因，探讨了当时重启国债期货市场的必要性和可行性。必要性在于其是规避利率风险的工具和推进利率市场化进程的手段。可行性在于当时的金融市场环境已经比 20 世纪 90 年代有了很大改善，利率市场化不断推进，国债现货市场日趋成熟，期货监管体系逐渐完善。

二、国债期货重启后的研究

从 2013 年中国重启国债期货以来，大量相关的研究文献开始关注国债期货市场的发展情况、功能实现、与其他金融市场的互动等问题。其中，大多数文献的关注焦点是国债期货市场促进现货价格发现、规避利率风险、推动利率市场化改革等方面的功能。史家亮、谢升峰(2015)基于 2013 年 9 月 6 日—2014 年 11 月 7 日的交易数据分析了中国国债期货的核心功能。他们先是通过 ADF、协整和格兰杰检验，验证了国债期货对国债现货的价格发现功能。然后，通过 VAR 和 ADL 模型验证国债期货的套期保值功能。王蕾、冯倩楠(2015)基于国债期货上市后的交易数据分析了国债期货的价格发现功能和风险规避功能。国债期货价格和国债现货价格存在长期的协整关系，并在短期内存在双向的格兰杰因果关系，这说明中国国债期货从合约设计和交易制度上是有效的。另外，他们发现在样本中利用 OLS 套保模型和 VAR 套保模型进行套期保值的效果较好，因此国债期货很好地发挥了风险规避的功能。宋国良、陈旭兰(2015)利用 GARCH 模型分析了国债期货市场的风险，发现中国 5 年期国债期货合约连续收益率存在尖峰厚尾的特征，GARCH 模型可以较为准确地拟合中国国债期货合约的波动特征。他们通过对比不同保证金水平下的风险指标，建议中国国债期货的保证金水平应当逐步下调至国际平均水平，这样才能有利于中国国债期货市场的风险控制。王玮、姚远(2015)通过对工商银行样本的案例分析发现，中国国债期货价格与最便宜可交割国债价格高度相关，而且两者之间存在长期稳定的相关性。由于国债期货价格是国债现货价格的先引，商业银行可以利用国债期货这一工具，有效地进行其久期缺口管理。

另一些文献则关注中国国债期货市场的风险状况、交易成本和市场质量。熊艳、王玮（2015）研究了中国国债期货的交易成本和市场质量（以流动性和波动性为指标衡量）之间的关系，并从买卖价差、冲击成本、市场深度以及波动性等多方面进行检验，发现保证金从3%降至2%并免去平仓手续费的调整并没有显著改善市场质量。他们认为这是由于国债期货市场结构特征、现券市场行情、成交情况以及政策消息等外部因素影响所致。因此，通过优化手续费、保证金收取模式以及完善市场机制进一步降低交易成本应是未来努力的方向。

还有一些文献研究国债期货市场与国债现货市场、股指期货市场等其他金融市场之间的互动关系。刘文文、秦博（2015）基于非对称 GARCH-BEKK 模型研究了国债期货推出前后对股指期货市场价格波动的影响、波动溢出及非对称效应，发现国债期货推出后降低了股指期货的流动性与波动性，并且提高了股指期货对新信息的反应速度。国债期货与股指期货之间存在双向的波动溢出效应，但后者表现得更强。另外，两个市场本身均存在非对称效应，国债期货市场的“坏消息”会使得股指期货市场作出反应，从而降低其波动性。方勇华、杨世伟（2015）研究了国债期货市场的信息传递和波动溢出效应，他们通过对现货市场最便宜交割债券、上证5年期国债现货和国泰上证 ETF 的分析发现：国债期货在上市初期对信息的反应速度较快，表现出较强的价格发现功能，但国债期货的价格发现功能会随着时间的推移逐渐减小，对现货市场的波动溢出效应也趋于减弱。

此外，也有少量文献研究中国国债期货市场的交割标的券、定价方式及其存在的问题。何志刚、庞乐乐（2015）研究了基于转换因子系统和真实名义债券系统的交割价格确定机制的差别。从理论上讲，相对于中国国债期货市场现行的转换因子系统而言，真实名义债券系统具有更少的限制条件、更明确的收益率、更简单的套期保值程序和更稳定的现货基础等优势；从实证角度分析，在中国当前的金融市场环境下，基于后者的交割价格确定机制可以降低相抵交割损失，提高国债期货的价格发现效率。

第二节
中国国债期货市场的早期发展概况

一、国债期货产生的背景

国债期货最早开始于发达国家,是它们规避利率风险、维持金融体系稳定的产物。20 世纪 70 年代,受布雷顿森林体系的解体和中东石油危机的影响,这些发达国家经济发展状况十分不稳定。为了促进国内经济发展,同时应对自由浮动的汇率,它们纷纷推行金融自由化政策,导致利率波动日益频繁而且剧烈,从而使金融市场的参与方特别是国债投资者面临越来越严重的利率风险,投资者的经济利益无法得到基本保证,资产保值和规避利率风险的需求日趋强烈。在这一背景下,国债期货作为管理利率风险的工具应运而生。同时,Black-Scholes 期权定价模型逐渐为人们所了解,期货的定价问题也得到了相应的解决,人们不再将国债期货视为一个难以捉摸的品种,而是可以估计其合理的价格。

美国是国债期货的发源地,国债期货的产生与发展同美国利率市场化进程密不可分。20 世纪 70 年代,美国不断深入推进利率市场化进程,1970 年开始实行大额存款利率市场化,1973 年取消了对 90 天以上大额存单的利率限制,之后政府又相继使用短期国债和共同基金支付结算。1976 年 1 月,芝加哥商品交易所推出了 91 天期的国债期货合约,这标志着国债期货的产生;随后它又推出了 1 年期短期国债期货合约,此时的国债期货主要用来管理短期利率风险。1977 年开始,又相继推出了 30 年期、10 年期等中长期国债期货,其交易量快速增长,从而奠定了国债期货在美国资本市场的地位。到 1982 年,短期国债期货的平均日交易量达到 320 亿—340 亿美元,而短期国债现货市场上同期的交易量仅为 200 亿—220 亿美元。

在全球金融自由化浪潮的冲击下,美国国债期货市场的成功运作为各国探索国债期货提供了极佳的经验借鉴。继美国之后,英国、日本、法国、德国 4 国的国债期货分别于 1982 年、1985 年、1986 年、1992 年上市交易。到目前为止,国债期货已经成为国际金融市场最活跃的金融期货品种之一。但因国债期货的推出对国债现货市场的发达程度要求较高，一般要具有一定规模和流动性的现券市场，因此主要还是以发达国家金融市场为主。据彭博数据统计，交易品种最多的是芝加哥期货交易所、欧洲期货交易所和伦敦国际证券期货交易所。

二、中国早期国债期货市场发展历程

中国国债期货的推出目的是为了活跃低迷的债券市场。1992 年 12 月 2 日，上海证券交易所首次尝试国债期货交易，由于参加交易的会员机构较少，且未对个人投资者开放，再加上当年债市在政府的紧缩政策下处于下行期，投资者缺乏经验和信心，国债期货初期交易十分冷清。1993 年 10 月，上海证券交易所在改进了合约品种和交易机制后，向个人投资者开放国债期货交易。截至 1994 年 9 月，深圳证券交易所获准开办国债期货交易，全国范围内国债期货交易场所共计 14 家。此时，国内股票市场低迷，部分大宗商品期货暂停交易，大量资金涌入国债期货市场，国债期货交易十分活跃；1995 年后，国债期货交易更加火爆，可供交割的国债现货数量远小于期货交易规模，市场投机气氛渐浓，风险也越来越大。之后，陆续发生了“314”“327”“319”违规事件。1995 年 5 月 17 日，中国证监会发文，正式叫停为期两年半的国债期货交易。可见，从 1992 年到 1995 年，在这短短 3 年间，中国国债期货试点相继经历了萌芽、发展、繁荣和休整 4 个阶段(陈珊、胥宗乾，2012)。

1. 萌芽阶段

20 世纪 90 年代，国际金融市场的国债期货交易发展势头非常迅猛，逐渐成为交易活跃的金融品种之一。为活跃中国的国债现货市场，1992 年年初，创建国债期货市场的呼声渐高。在经过短暂的准备之后，当年 12 月，上海证券交易所率先开放国债期货交易，共推出了 12 个品种的国债期货合约，但获准参加交易的会员机构只有 20 家。当时中国的国债现货市场发展尚不成熟，国债市场的一级自营商制度刚刚建立，市场中的很多运行规则还处于摸索当中；同时，国债收益率波动很小，国债交易量很少，参与者并不活跃，对国债期货的需求非常匮乏；加之国债期货是一种全新的金融产品，投资者对其并不了解，缺乏相关经验，因此在国债期货交易开放之后的近一年时间，交易非常惨淡。1992 年 12 月—1993 年 10 月，国债期货成交额仅为 5 000 万元。

2. 发展阶段

财政部 1993 年的一份公告使国债期货市场运行发生转变。1992 年开始，中国通货膨胀率一路向上，最高甚至攀至两位数。面对当时不容乐观的宏观经济环境，政府迫切希望通过发行国债来缓解资金压力，然而在高通货膨胀率的情况下，固定利率的国债吸引力必定大幅下降。为了提高国债对投资者的吸引力，同时也为了保护国债投资者的利益，1993 年 7 月，财政部下发《关于调整国库券发行条件的公告》，决定按照央行公布的保值贴补率给予 3 年期以上国债品种保值补贴。受此公告的影响，国债收益率出现较大不确定性，价格波动性大幅提高，国债期货的炒作空间骤然加大，大量资金涌向国债期货市场。1993 年 10 月，上海证券交易所修订国债期货合约，正式向社会推出。1993 年 12 月，原北京商品交易所成为中国第一家推出国债期货交易的商品期货交易所。此后，深圳证券交易所、武汉证券交易所、天津证券交易中心以及若干家商品期货交易所均纷纷开展国债期货业务，国债期货逐渐进入快速发展阶段。

3. 繁荣阶段

从 1994 年开始，中国国债期货交易情况趋于活跃，月交易金额不断增加。上交所全年国债期货交易总额达到了 1.9 万亿元，而同时期可流通的国债现货仅 300 余亿元，现货与期货交易量比例竟然高达 1∶38。市场过分高涨的背后无疑存在巨大的风险，交易量成倍增长的同时，一些违规交易事件开始出现。1994 年 10 月，上证所出现了“314”风波，数家机构联手做多，导致国债期货价格波动异常，在距交割日只有两个交易日时，多方持仓量高达 78.87 万张，大大超过了标的债券的发行量。上交所为了维护国债期货市场的秩序，被迫强制平仓。这一事件预示着国债期货正在逐渐演变成少数机构进行大量投机操作的工具。

4. 休整阶段

1995 年起，国债期货一方面交易更加火爆；另一方面风险也不断累积。国债期货交易经常出现日交易量达到 400 亿元的盛况，而同期市场上流通的国债现券还不到 1 050 亿元。1995 年 2 月 23 日，著名的"327"国债期货违规操作事件发生。与之前的"314"风波类似，两家机构对标的债券进行巨额对赌，无视交易规则，大量透支交易量，致使收盘最后几分钟多头全线爆仓。除两家机构之外，大量的普通投资者也参与到了这场对赌当中。由于亏损规模巨大，涉及的投资者数目众多，上交所宣布当天最后几分钟的交易无效。该事件不亚于金融地震，对当时的国债期货市场运行带来了重大的负面影响。为规范、整顿国债期货市场，中国证监会和财政部联合颁发了《国债期货交易管理暂行办法》；2 月 26 日，中国证监会又发出了《关于加强国债期货交易风险控制的紧急通知》。然而，这一系列清理整顿措施并未阻止少量投资者疯狂的投机行为，透支、超仓、内幕交易、恶意操纵等现象仍十分严重，国债期货价格依旧不断狂涨。不久之后，再次发生恶性违规事件——"319"事件。国债期货交易市场"319"品种以涨停板价格 183.88 元高开，当日收市前亏损严重的空方主力采用透支交易及超仓等违规手段大量抛空，造成当日交易行情大幅震荡(见表 1-1)。1995 年 5 月 17 日，证监会发出通知暂停国债期货交易，至此，中国的国债期货交易早期试点工作以失败告终。

表 1-1　1995 年国债期货市场两起重大违规事件

时　间	违规机构	事　　件	处　罚
2 月 23 日	原上海万国证券公司、辽宁国发有限公司	空方主力在交易所下午收盘前 8 分钟内抛出了 1 056 万手卖单，将国债期货"327"合约的价格从 150.30 元打压到 147.50 元。当日成交 8 543 亿元，次日部分交易被取消，上交所曾停市半天并协议平仓	万国董事长徐度熊退休，总经理管金生被撤，万国损失 14 亿元
5 月 10 日	甘肃农行信托投资公司、大连国际信托投资公司、江西省证券、宁波证券及湖南国际信托投资公司	国债期货交易市场"319"品种以涨停板价格 183.88 元高开，当日收市前亏损严重的空方主力采用透支交易及超仓等违规手段大量抛空，造成当日交易行情大幅震荡。上交所于 5 月 12 日暂停开设新仓，并按 50%的比例对会员单位采取强行平仓的措施	上交所对 5 家违规会员予以停止国债期货交易并罚款等严厉处罚

三、国债期货市场试点失败的教训

回顾当时国债期货交易试点失败的主要原因：一是当时利率市场化程度太低，国债发行利率为固定利率，投资者没有套期保值的需要，国债期货交易的内生动力不足，只能成为多空双方豪赌的场所，国债期货也沦为投机工具。二是国债现货市场不完善，市场规模小，容量低，缺乏流动性，价格容易被操纵；短期和长期国债品种匮乏，国债期限曲线不完善，无法通过国债期货交易形成连续的远期利率体系来引导利率走势。三是国债期货交易规则设计存在缺陷，如单个机构持仓限额过高，保证金比例过低，且没有涨跌停板制度和大户报告制度；国债期货价格主要由难以预测的保值贴补率决定，成为投机炒作的温床；国债期货合约设计不合理，采用单一券种交割，容易发生交易和交割风险。四是风险监管体系不完善，法律法规不健全，政出多门，监管效率低下，对机构联手操纵市场和挪用资金等违规动作缺乏监测和控制，对恶性违规事件缺乏应急处置预案。

1. 利率机制非市场化

国债期货产生的重要原因就在于投资者规避利率风险的需要，当国债持有者意识到利率变动会带来收益的不确定性时，就会采取在国债期货市场上进行套期保值操作，从而锁定未来的预期收益。然而，中国在推出国债期货早期试点时，国债发行利率是按照银行储蓄利率确定的固定利率，因此国债的收益率基本保持不变。这样，投资者不用承担利率风险，自然也就没有必要在国债期货市场进行套期保值操作，所以当时参与国债期货市场活动的大多不是套期保值者，而是大量的投机者。于是在国债期货交易中逐渐出现投机资本过多、投机气氛过浓的现象。市场中大量的投机者简单地进行差价投机，使得国债期货市场变成了多空双方对赌的场所。事实上，中国当时的国债期货市场根本不是基于套期保值和规避风险产生的，而是作为活跃二级市场、带动一级市场的一项金融创新业务由政府和市场组织者引入的。它的产生动因不是市场需求，而是政府推动，国债期货市场从设定初衷上就偏离了它本该达到的目标。

2. 国债现货市场不完善

当时，中国国债现货市场在市场规模、流动性、合约品种及期限结构等方面均不完善。首先，当时中国国债现货市场规模较小，流动性明显不足（表现在国债换手率明显低于发达国家，甚至低于一些发展中国家）。直至开展早期国债期货试点，中国国债现货市场仍处于较低的发展水平。1994 年和 1995 年国债发行总量都未超过 1 000 多亿元，其中不可上市流通的比例大约有 3/4，这直接导致交易火爆的国债期货市场可供交割的国债现货数量十分有限。理论上讲，一定程度的市场规模是合理市场价格实现的必要条件。在市场容量很小的情况下，人为操纵市场的行为会频繁发生，进而导致"多逼空"现象的不断出现。其次，国债的品种太少，期限结构设定也不合理。1995 年 3 月初，在国债市场上流通的国债只有 1992 年、1993 年的 3 年期和 5 年期及 1994 年 2 年期 5 个品种。国债品种的缺乏极大地限制了投资者的选择空间，而且这些有限品种的期限结构也不甚合理，即以中期国债品种为主，短期和 10 年以上的超长期国债品种明显不足。短期和长期品种的匮乏，造成中国国债的期限结构曲线具有很大的扭曲度，且无法通过国债期货交易形成连续的远期利率体系，从而使得国债利率作为基准指导利率的作用被削弱。在此基础上，国债期货对现货市场的价格发现功能也被大大弱化了。

3. 国债期货的交易规则设计存在缺陷

中国的一些国债期货交易所业务推出都比较仓促，事先缺乏充分的准备和充足的实际操作经验，在交易制度设计与风险管理中存在诸多问题。第一，交易所过多且设置不合理。当时开展国债期货交易的交易所共有 14 家之多，而发达国家一般也只有 1—3 家交易场所从事国债期货交易。由于没有统一的监管和法律法规约束，各交易所在国债期货的交易规则和合约设计上各行其是，不断暴露短期行为充斥、市场分割严重、流动性不足等问题，从而难以反映国债期货市场真正的供求关系。第二，交易所自身监管体系不完善。首先，保证金制度不合理。中国当时上海证券交易所的保证金比率是 2.5%，深圳证券交易所为 1.5%，武汉交易中心规定是 1%，这样低的保证金水平与国际通行标准 5%—10%相距甚远。最低保证金设定得过低，从而把潜在的市场风险放大了好多倍。其次，涨跌停板制度不合理。自"327"风波后，证监会开始要求各交易所设定涨跌停板制度，但是涨跌停板的基点是以前日收市价而不是结算价，这使得少数机构投资者依旧极易操纵市场价格，从而使这样的制度设定难以奏效。除上述两点外，不完善的体系还表现在：信息披露不规范、没有完全实行逐日盯市制度、持仓限量制度执行不严格、结算所设在交易所下面、专业人员素质不高、证券交易所同时进行证券交易和国债期货交易、存在着用已有的现货机制管理国债期货的误区，等等。

4. 风险监管体系不完善

国债期货市场长期处在多头管理的体系当中，而缺乏一个具有权威性和独立性的主管机构，同时各个管理部门之间缺乏协调配合，突出表现在政策多样且自相矛盾、监管效率低下、缺乏对违规事件的预见性防范、市场严重分割、交割规则不一致以及市场政策缺乏稳定性，等等。当违规事件发生后，政府更多采用行政手段加以制止，而不是通过经济、法律手段，甚至到最后直接把国债期货市场关闭收场，这些生硬的行政手段表现出政府金融衍生品市场管理体系的不成熟。

另一方面，根据央行于 1988 年 9 月发布的有关 3 年以上居民定期存款保值贴补的规定，国家对一些 3 年、5 年期的国债实行保值补贴政策。当时的国债收益率波动并非来自市场需求的变动，而是受到带有明显政策性因素的保值贴补率的左右，因此投资国债期货面临的风险主要是政策风险。在当时面临高通胀压力的情况下，实施保值贴补政策具有一定的必要性，但是采用每月公布一次的参照当期通货膨胀指数而制定的保值贴补率，实际就形成了国债期货市场上最关键的价格风向标。最终，国债期货的无套利定价规律从根本上无法在中国当时的市场环境下发挥作用。国债期货交易很大程度上便成了对未来通货膨胀率或保值贴补率涨跌情况进行投机，而整个国债期货市场的风险也随之不断扩大。

总之，中国国债期货早期试点在缺乏实践经验、有效监管手段、完善的竞争激励的情况下，没有建立起适合国债期货运行的机制。同时，由于在风险管理方面存在诸多问题，中国国债期货市场始终没能形成公平竞争的交易环境。

第三节
重启后的国债期货市场现状

2013 年 8 月 30 日，中国金融期货交易所(简称“中金所”)获准挂牌 5 年期国债期货合约，并于 9 月 6 日上市交易。时隔 18 年，国债期货再度重启，中国市场环境和合约设计已今非昔比(见表 1-2)：一方面，利率市场化已取得重大进展，监管体系和法律法规也相当完善；另一方面，可流通国债余额在 18 年内扩张 70 倍，且品种齐全，参与机构众多，国债期货交易规则和合约设计趋于完善。随着国债期货的发展,单一品种已越来越不能满足投资者日益增长的投资需求,2015 年 3 月 20 日,10 年期国债期货正式挂牌交易,完善了远端利率,健全了国债收益率曲线,进一步丰富了国债期货产品体系。

一、重启时的金融市场环境分析

表 1-2 给出了重新推出国债期货的 2013 年与 1992 年相比市场环境的变化情况。在利率市场化方面,近年来央行先后采取了改革利率结构、放开同业拆借市场利率、取消贷款利率下限等一系列有利于利率市场化的措施,并有步骤地实现了公开市场业务的利率的市场化和国债发行利率的市场化机制。随着中国利率市场化改革的不断推进,国债的现货市场、期货市场和发行市场的利率将相互作用,从而共同决定市场均衡利率。在现货市场方面,通过最近 10 多年的发展,中国的国债现货市场与当初相比有了明显的发展。具体表现为:国债的发行规模越来越大。1995—2013 年,中国国债发行数量的年平均增长速度为 40%左右,2013 年,国债

表 1-2　1992 年和 2013 年国债期货推出条件比较

项目或选项		1992 年国债期货推出时	2013 年国债期货推出时
市场环境	利率市场化程度	未开始	国债发行和交易利率实现市场化
	现货市场发达程度	1 000 亿元	国债定期滚动发行,现货存量达 7 万亿元
	法律法规健全程度	不健全	《期货交易管理条例》《期货交易所管理办法》《期货公司管理办法》等一系列法律法规出台
	公司内控	不健全	机构内部管理和控制机制日臻完善
	市场风险控制	证券交易所的期货系统无有限的前置控制机制	中金所的期货交易系统具有前置控制机制(如:持仓限额、可用资金)
合约设计	标　的	1992 年发行,于 1995 年 6 月到期的 3 年期国债	面值为 100 万元,票面利率为 3%的名义中期国债
	票面利率	票息+保值贴补率+贴息形成的浮动利率	固定利率
	保证金	1%(自营会员)	2%(最低交易保证金)
	交割方式	单一券种交割,后改为多券种混合交收	一篮子可交割债券(用转换因子折算成标准券)
	报价方式	全价(含应计利息)	净价(不包含应计利息)
	交易所监管水平	没有涨跌停板制度、监管措施不完善	有涨跌停板、保证金、持仓限额、限仓制度

现货存量达到7万亿元。国债规模的扩大使得国债价格被操控的可能性大大减少,从而有效遏制了国债期货市场上的投机行为。国债的期限结构也日趋合理,自2002年以来,国债期限包括了1年、2年、3年、7年、10年、15年和30年,在长短期限配搭上较以前分布更为科学,从而使中国国债市场的收益率曲线更为完整。在法律法规方面,自1999年以来有关部门陆续出台了《期货交易管理条例》等一系列法律法规,初步建立了中国期货市场统一的法规体系,使整个市场的发展逐渐步入法制化、规范化的良性发展轨道。以2000年中国期货业协会这一行业自律组织的成立为标志,中国期货市场已经形成了由证监会、期货业协会、交易所组成的三级监管体系。在公司内部控制和交易所风险控制方面,自2000年以来公司内部管理和控制机制日渐完善,相比于之前证券交易所的期货系统缺乏有效的控制机制,中金所的期货交易系统具备前端控制机制(如持仓限额等)。

二、中国国债期货市场的重启

自从1995年结束国债期货试点以来,中国经济一直保持着快速发展的势头,在这个过程中社会主义市场经济体系在慢慢健全和完善,同时金融改革也初步取得了一定的成效。经过18年的发展和充分准备,中国开展国债期货试点交易的条件已经初步构建了起来。

2013年9月6日,国债期货在中国金融期货交易所重新上市交易,其中2013年12月合约(TF1312)挂牌基准价为94.168元,2014年3月合约(TF1403)挂牌基准价为94.188元,2014年6月合约(TF1406)的挂牌基准价为94.21元(表1-3给出了中国国债期货市场自2013年重启以来所有国债期货合约基本情况)。国债期货上市首日市场总体运行平稳,并未出现投资者担心的暴涨暴跌现象。中国国债期货在2014年年末之前只有5年期品种,合约标的为面值100万元人民币、票面利率为3%的名义5年期国债,合约到期月份首日剩余期限为4—5.25年的记账式附息国债可以作为交割物。5年期国债期货上市以来对现货市场交易的带动作用非常明显,但仅上市一个利率产品,难以满足投资者对不同利率期限的风险管理需求,同时也制约了国债期货市场功能的充分发挥。2015年3月开始,中金所又推出了10年期国债期货,合约标的为面值100万元人民币、票面利率为3%的名义

10 年期国债,合约到期月份首日剩余期限为 6.5—10.25 年的记账式附息国债可以作为交割物(表 1-3 给出了中金所现有的两种国债期货合约的基本情况)。在国内外资本市场上,10 年期都是国债期货发行的关键期限,10 年期国债期货也被视为利率市场的风险标,受到市场的普遍关注。至 2015 年 10 月末,共有 9 张合约已平稳交割,依次是 TF1312、TF1403、TF1406、TF1409、TF1412、TF1503、TF1506、TF1509 和 T1509 合约。

中金所之所以从 5 年期国债期货开始,主要是由于从境外经验来看,在国债期货市场建立初期,交易所通常会先推出一种最适合、最为市场接受的产品,以确保市场流动性和产品功能的充分发挥。同时为了满足对不同期限利率风险管理的需要,进一步增加利率的期限结构,在 2013 年推出了 10 年期国债期货合约。与 5 年期国债期货相比较而言,10 年期国债期货主要是在每日价格最大波动限制与最低交易保证金上有所不同,其中每日价格最大波动限制较之 5 年期国债期货而言范围更大,这意味着对于 10 年期国债期货市场的波动有更大的浮动空间,最低交易保证金较之有所增加,这意味着对于 10 年期国债期货市场而言对交易者要求更加谨慎。目前,中国 5 年期国债期货已经平稳运行近两年且交易数量明显大于 10 年期国债期货的交易数量,10 年期国债期货交易量保持平稳增加,但是从交易数量上来说较之 5 年期国债期货仍有差距(见图 1-1)。

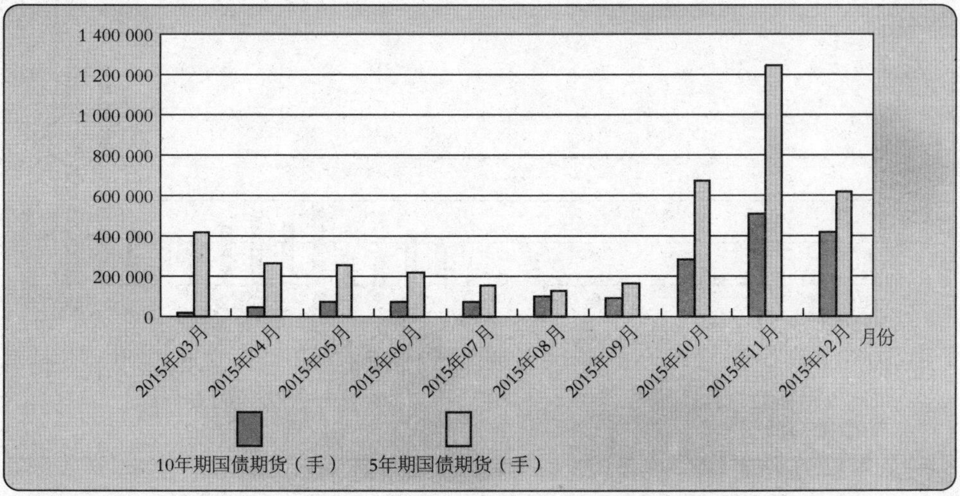

图 1-1　自 2015 年 3 月—12 月 5 年期国债期货和 10 年期国债期货的月成交量

• 数据来源:中金所。

从成交金额看，在 2015 年 10 月和 11 月，中国国债期货成交量大幅增加。如图 1-2 所示，前期除了第 1 个月尝试性交易较多、成交相对活跃外，每月总成交保持在 200 亿—400 亿元之间，与股指期货 1 天的成交量相当。自 2014 年 11 月以来，降息预期点燃了国债期货市场的做多热情，2014 年 11 月，成交金额 2 208.2 亿元，为 10 月成交金额的 3.3 倍。但考虑到期货成交量统计的是合约总价值，国债期货的保证金比例最初是 3%，2013 年 12 月又下调到 2%，也就是说国债期货实际发生交易的保证金总额更低，而且国债期货市场成交规模相比国债存量还较小，到 2014 年 12 月末，中国国债托管规模为 8.55 万亿元，每个月成交合约所能覆盖的利率风险敞口不足 3%，可见中国国债期货市场的活跃程度还有待增强。进入 2015 年后，前两个月的成交金额有所下降，降至 130 多亿元。随后，由于中金所在 3 月新推出了 10 年期国债期货合约，月成交金额增长 2.08 倍达到 4 209 亿元。从 4 月份开始，由于股市上涨，国债期货市场成交缓慢降低，在 2 000 亿—3 200 亿元的月成交金额之间徘徊。随着股市崩盘和债券市场走热，国债期货市场的月成交量在 10 月和 11 月实现了大幅增长，分别达到 9 539.96 亿元和 15 555.28 亿元。由

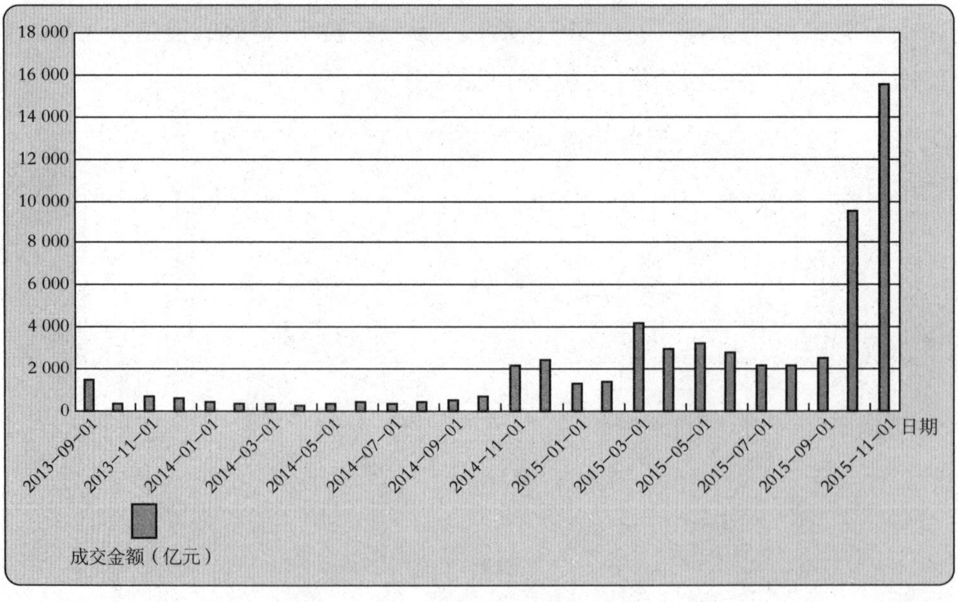

图 1-2　国债期货市场 2013 年 9 月—2015 年 11 月的月成交金额

• 数据来源：中金所。

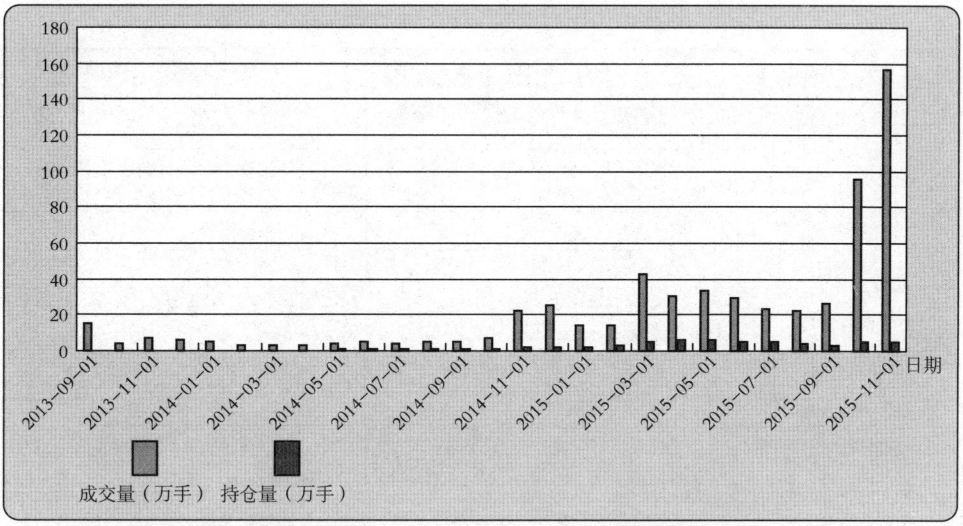

图 1-3 国债期货市场 2013 年 9 月—2015 年 11 月的月成交量和持仓量

• 数据来源:中金所。

图 1-2、图 1-3 可知,月成交量的变化趋势与月成交金额一致,而持仓量则呈现稳定增长的变化趋势,从 2013 年 9 月的 0.4 万手上升到 2015 年 11 月的近 5 万手。从成交量的结构来看,距交割日还有 2—4 个月的合约成交相对更活跃,而离交割日时间较长和临近交割的合约都成交冷淡(张翔等,2015)。

中金所于 2015 年 2 月 27 日发布修订后的《5 年期国债期货合约》,根据修订后的相关规则,5 年期国债期货合约的最小变动价位由 0.002 元调整为 0.005 元;5 年期国债期货合约的可交割券范围由“合约到期月份首日剩余期限为 4—7 年的记账式附息国债”调整为“合约到期月份首日剩余期限为 4—5.25 年的记账式附息国债”;最低交易保证金由 1.5%调整为 1%,交割月份前一个月下旬的前一交易日结算时起,交易保证金为合约价值的 1.5%,交割月份第一个交易日的前一交易日结算时起,交易保证金为合约价值的 2%;涨跌停板幅度由±1.5%调整为±1.2%。其中,最小变动价位的调整将于 2015 年 3 月 16 日结算时起实施;可交割券范围、保证金标准和涨跌停板幅度的调整适用于新上市合约,已上市合约仍按照 2014 年 11 月 3 日起实施的《5 年期国债期货合约交易细则》执行(见表 1-3、表 1-4、图 1-4)。

表 1-3　中国金融期货交易所目前推出的两类国债期货品种

品　　种	5 年期国债期货合约表	10 年期国债期货合约表
合约标的	面值为 100 万元人民币、票面利率为 3%的名义中期国债	面值为 100 万元人民币、票面利率为 3%的名义长期国债
可交割国债	合约到期月份首日剩余期限为 4—5.25 年的记账式附息国债	合约到期月份首日剩余期限为 6.5—10.25 年的记账式附息国债
报价方式	百元净价报价	百元净价报价
最小变动价位	0.005 元	0.005 元
合约月份	最近的 3 个季月(3 月、6 月、9 月、12 月中的最近 3 个月循环)	最近的 3 个季月(3 月、6 月、9 月、12 月中的最近 3 个月循环)
交易时间	09:15—11:30，13:00—15:15	09:15—11:30，13:00—15:15
最后交易日交易时间	09:15—11:30	09:15—11:30
每日价格最大波动限制	上一交易日结算价的±1.2%	上一交易日结算价的±2%
最低交易保证金	合约价值的 1%	合约价值的 2%
最后交易日	合约到期月份的第二个星期五	合约到期月份的第二个星期五
最后交割日	最后交易日后的第三个交易日	最后交易日后的第三个交易日
交割方式	实物交割	实物交割
交易代码	TF	T

• 资料来源:中金所。

表 1-4　中国国债期货市场自 2013 年以来所有国债期货合约

合约名称	交易代码	上市日期	挂牌基准价	最后交易日	交割开始日	最后交割日
国债 1312	TF1312	2013-09-06	94.168	2013-12-13	2013-12-02	2013-12-18
国债 1403	TF1403	2013-09-06	94.188	2014-03-14	2014-03-03	2014-03-19
国债 1406	TF1406	2013-09-06	94.218	2014-06-13	2014-06-03	2014-06-18
国债 1409	TF1409	2013-12-16	92.254	2014-09-12	2014-09-01	2014-09-17
国债 1412	TF1412	2014-03-17	93.382	2014-12-12	2014-12-01	2014-12-17
国债 1503	TF1503	2014-06-16	94.876	2015-03-13	2015-03-02	2015-03-18
国债 1506	TF1506	2014-09-15	93.82	2015-06-12	2015-06-01	2015-06-17
国债 1509	TF1509	2014-12-15	96.182	2015-09-11	2015-09-01	2015-09-16
国债 1512	TF1512	2015-03-16	99.122	2015-12-11	2015-12-01	2015-12-16
国债 1603	TF1603	2015-06-15	98	2016-03-11	2016-03-01	2016-03-16
国债 1606	TF1606	2015-09-14	98.67	2016-06-13	2016-06-01	2016-06-16
长债 1509	T1509	2015-03-20	96.15	2015-09-11	2015-09-01	2015-09-16
长债 1512	T1512	2015-03-20	96.19	2015-12-11	2015-12-01	2015-12-16
长债 1603	T1603	2015-03-20	96.23	2016-03-11	2016-03-01	2016-03-16
长债 1606	T1606	2015-09-14	96.41	2016-06-13	2016-06-01	2016-06-16

• 资料来源:国泰安数据库。

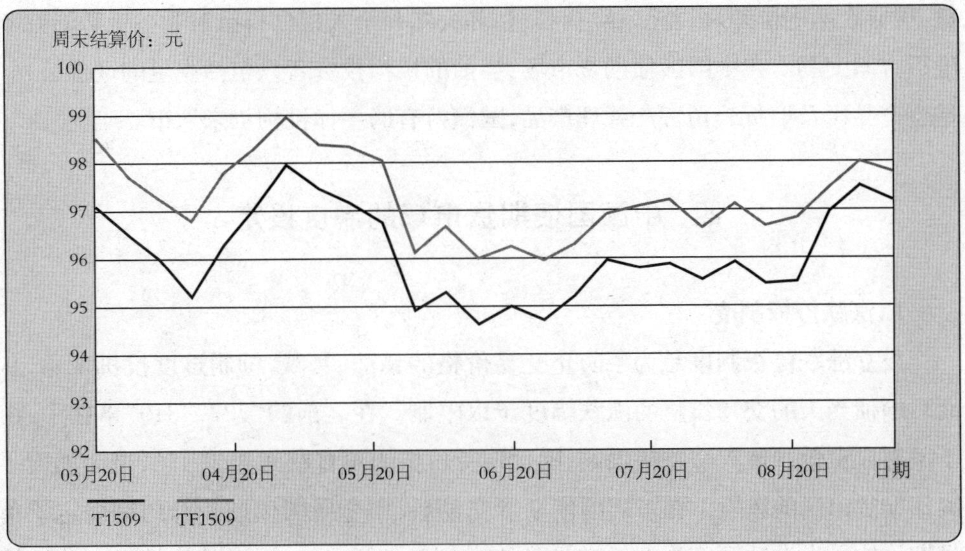

图 1-4　TF1509 和 T1509 合约 3—9 月的周成交价变化情况

• 数据来源：中金所。

三、国债期货市场目前的投资者类型

按照交易目的分类，通常可以将交易者分为套期保值、套利和投机三类。套期保值类交易者的目的是规避利率风险，以国债期货对冲相应的现货利率风险，达到最终锁定收益的目的。进行套期保值的交易者通常是持有大量债券现货的机构，如银行、保险公司等。套利者的交易目的则是利用期货与现货，或者不同期限的期货之间的价差波动捕捉市场机会，获取无风险收益。他们在为自己赚取收益的同时实际上也帮助市场维持其期货价差在一个合理的区间内，同时也为其他交易者提供流动性。通常进行套利交易的投资者包括证券公司、私募公司等。投机交易者则根据自己对利率走势的判断进行方向性交易。国债期货因为具有高杠杆、流动性好的特点而成为投机者的理想工具，进行投机的交易者多为私募公司或个人交易者。

在国债期货市场上，银行、保险公司等套期保值交易者会同时持有现券和国债期货，这样的投资组合不再承担利率风险；证券公司和一些私募公司根据国债期货、现券之间的价差进行无风险套利；私募公司和个人根据自己对利率走势的判断进行方向交易。在中国国债期货市场，当前的机构投资者只包括少量的证券公司、基金产品以及期货公司资产管理产品，国债持有的主体机构仍未入市。

四、中国国债期货市场的制度设定

1. 涨跌停板制度

设立涨跌停板制度是为了防止交易价格的暴涨、暴跌，抑制过度投机现象，从而对国债当天的交易价格的涨跌幅度予以限制。在之前的“327”“319”事件中，由于没有设定单日最大涨跌幅限制，国债期货价格的单日跌幅超过 4％，极大加剧了国债期货市场的风险。在重启国债期货交易后，中金所国债期货合约则规定了单日期价的最大波动幅度为上一交易日的－2％—2％。另外，涨跌停板幅度的计算是采用前一日的结算价而不是收盘价作为比较标准，这是因为结算价采取了最后一小时的加权平均作为基准，更加稳定而难以操纵，相对而言更加公平。

设立该涨跌停板制度有以下两点作用：首先，它可以有效抑制市场的过度反应。设立涨跌停板可以有效减少合议制突发事件和过度投机行为对期货市场价格的冲击，平稳投资者恐慌的心理，给市场一定的时间来充分化解这些因素对市场可能造成的影响，通过价格约束来防止其狂涨狂跌，从而维护市场的正常秩序。其次，它有助于降低面临价格不利变动的交易者的信用风险。如果不设立涨跌停板，当市场价格出现大幅波动时，投资者的仓位损失可能会大大超过其保证金账户的金额，其弃仓动机增强。有了涨跌停板，价格波动范围受到限制，投资者的损失不会超出其保证金，从而能有效降低投资者的违约风险，同时在一定程度上防范了恶意违规操作行为的出现。

美国芝加哥交易所为了有效控制风险曾长期对中期和长期国债期货品种设立涨跌停板制度，后于 2002 年取消。目前国际上，国债期货市场的参与者一般以机构投资者为主，普遍没有设立涨跌停板制度。从历史经验看，在市场发育初期对国债期货设立涨跌停板制度能够有效维护市场的正常运作，等到市场成熟以后再撤销涨跌停板。由此可见，中国国债期货市场应该设立涨跌停板制度。

2. 保证金制度

国际上流行的期货保证金设定方式大致分为静态保证金和动态保证金。静态保证金是指保证金的收取比例或额度是固定的。它的好处是收取方式简单方便，但缺点是未考虑期货合约的价格波动性，无法与实际的市场风险大小相结合。而动态保证金的特点是交易所收取的保证金不是固定不变的，而是根据每日的交易行情数据，综合各种相关因素进行每日动态计算分析合约风险大小，不定期或实时调整保证金。这种保证金收取方式考虑了期货市场价格波动的大小，与期货合约仓位多面临的市场风险相适应，能够有效弥补合约价格波动带来的仓位损失，并且在市场风险较低时能够降低投资者的机会成本，增进市场流动性。

对于上市时间比较长、比较成熟的期货品种而言，动态保证金的收取方式不仅能有效控制市场风险，而且能够有效降低期货合约的持有成本，因此是一种比较理想的保证金收取方式。因此，国际上主要的期货交易所，如芝加哥期货交易所、欧洲期货交易所等都采取动态保证金的方式。反之，在新的期货合约品种上市之初，市场交易数据量比较少，交易所以最大程度控制市场风险为主要目标，静态保证金是比较合适的选择。目前，韩国证券期货交易所采取静态保证金收取方式。在中国国债期货上市初期，考虑到投资者对该品种的熟悉程度和市场发育程度，采取静态保证金的收取方式，有利于控制市场风险。等市场逐渐成熟之后，就应该改用基于风险的、动态保证金收取方式，以利于降低投资者成本，从而活跃市场。

保证金水平的设定实际上是权衡风险控制效果和交易成本的结果。若保证金水平过低，容易出现保证金账户透支，交易者违约；若保证金水平过高，则会提高交易者的资金成本，降低其参与市场的积极性，从而降低整个市场的流动性。从中国的实际情况出发，控制风险是第一位的。目前，中金所国债期货交易收取保证金水平为 2%，临近交割时保证金会仿照商品期货的处理方式逐步上调，交割前一个月中旬上升到 3%，交割前一个月下旬起上升到 4%。这样的设计可以降低交割月合约持仓量，保障国债期货市场的安全平稳运行。与国际上几个主要交易所相比，这一保证金水平比目前境外国债期货的保证金水平都高。

3. 持仓限额制度

对投资者来说，持仓限额制度可以防止其风险过度集中，使持仓规模不超过自身成熟的风险水平；对于交易所来说，它可以防止过度投资和操纵市场的情况发生，保证市场平稳运行，同时还可以减少逼仓事件发生的可能性。中金所参照股指期货的管理模式，对国债期货也引入持仓限额，控制单一投资者能够持有的最大合约数量。通过从严设置、梯度降低持仓限额标准，结合套期保值、套利额度管理制度，引导以套期保值为主的商业银行等机构投资者公平有序地参与交易。在《5 年期国债期货合约交易细则》对进行投机交易的客户分别设置了 1 000 手、500 手、100 手的梯度持仓限额标准。某一国债期货合约结算后单边总持仓量超过 60 万手的，结算会员下一交易日该合约单边持仓量不得超过该合约单边总持仓量的 25%。

该制度意在严控交割月的待交割现券数量，虽然市场上 4—7 年期限的可供交割国债的绝对数量并不少，但持有者主要是银行、保险公司等配置型机构，它们有近 70%。考虑到实际流动性，中金所设置持仓限额是非常必要的。当然，1 000 手的最大持仓限额是很难满足机构投资者的需求的，若银行、保险公司等机构需要更大规模的持仓，对其持有的大量债券现券进行套期保值，可以向中金所申请套期保值或者套利账户，套期保值账户仅能进行套期保值交易，套利账户仅能进行套利交易。投资者需要对其交易目的进行说明，不得频繁交易，但持仓限额上可以与中金所申请，获得符合自身套期保值或逃离所需要的数量。

4. 实物交割和最低交割标准

表 1-5 列出了国债期货实物交割和现金交割的对比情况，可以看出实物交割

表 1-5　实物交割和现金交割的比较

	实物交割	现金交割
基本条件	a. 交割成本可控 b. 交割标的流通性高 c. 交割标的等级范围广 d. 交割标的具有同质性	a. 价格具有代表性，不易被人为操纵 b. 价格须具有连续性，不可有中断现象
优点	a. 有助于现货市场旧债流动性提高 b. 以期货价格为参考，避免人为炒作现货 c. 辅助建立债券市场收益率曲线 d. 对于持有债券的交易者，避险效果较佳	a. 期货保证金可以立即释放 b. 免除交割双方资金调度问题 c. 不必担心违约风险 d. 有利于散户参与
缺点	a. 配合现货交割期间，影响释放保证金 b. 可交割国债数量不足时，交割风险加大	a. 现金交割计价标准难以确定 b. 现货市场流动性不足，结算价易遭操纵 c. 避险效率不高

• 资料来源：中国期货业协会编：《国债期货》，中国财政经济出版社 2013 年版。

和现金交割各有优缺点。采用实物交割,可交割国债数量是主要关注的问题;采用现金交割,现金结算价的决定则成为主要关注的问题。无论是从理论还是国际实践来看,中国国债期货目前采取实物交割的方式更为合适。为了减少交割违约风险,中金所增加了最小交割标准为 10 手的规定。考虑到国债期货合约标的为面值 100 万元的名义中长期国债,最低交割 10 手就是要在市场上收价值 1 000 万元的现券,这对普通投资者具有很大难度,从而提高了国债期货的交易门槛。

五、重启交易以来国债期货的功能发挥

国债期货的主要功能有规避利率风险,活跃国债现货市场、套利和价格发现等。其中避险功能是国债期货产生的内生动力;活跃国债现货市场是中国重启国债期货交易的主要原因之一;套利可以活跃国债市场,也可以规避利率风险;而价格发现功能则有利于形成基准收益率体系,从而推进利率市场化。这里以一些实证数据来说明中国国债期货重启交易一年多来主要功能的发挥情况。

第一,国债期货有避险功能,但作用有限。国债期货主要功能是避险,国内外学者均从不同角度证明了国债期货可以规避债券市场风险。贺强、辛洪涛(2012)从国债期货和利率市场化的互动性角度说明,国债期货是随着规避利率风险的需求应运而生并逐步发展的。所以,有效的国债期货市场应该可以平滑现货市场的波动性。夏秀相、侯擎天等(2015)选取 2013 年 9 月 6 日—2014 年 4 月 11 日国债期货数据和 2013 年 1 月 4 日—2014 年 4 月 11 日国债指数数据,设立虚拟变量,建立 GARCH、GJR 等模型,得出"国债期货推出后,利好消息和利空消息对中国国债现货市场波动性产生的冲击均有所下降,使国债现货市场风险有所降低,但对国债现货市场波动性影响十分有限"的结论。以上实证研究证明了重启后中国国债期货平抑现货市场波动确有作用,但有待进一步发挥。

第二,国债期货的推出有助于增强现货市场流动性,但本身流动性有待增强。一是国债现货品种结构发生变化。2013 年 9 月重启国债期货交易,5 年期国债期货上市前,市场交易最活跃的中长期国债——10 年期国债,上市后被 7 年期国债成功取代。2012 年 1 月—2013 年 8 月,7 年期国债的成交量与 10 年期国债成交量的比值是 0.97;上市后 2013 年 9 月—2014 年 12 月,该比值已提高到 2.92。说

明5年期国债上市带动相近国债现货品种的流动性。二是二级市场“旧券”被盘活。国债期货上市前,二级市场新发行的国债交易较活跃,上市超1年的国债(“旧券”)几乎没有交易;国债期货上市后,一些“旧券”依然保持了较强的市场活力。这说明国债期货对于盘活历史旧券作用逐步显现。

但是,由于中国国债期货交易重启较晚,推出的品种较为单一,加上18年前的“327”事件记忆犹新,保证金、涨跌停板限制、持仓限额等制度设计较为严格,国债期货市场本身尚不够活跃。张翔、贺裴菲等(2015)用重启国债期货交易以来5年期品种的成交额分析发现,2013年9月—2014年年底,除第1个月尝试性交易较多和2014年最后两个月受降息预期影响外,这段时间每月成交额保持在200亿—400亿元之间,只相当于股指期货1天的成交量。国债期货市场成交规模相比国债存量较小,每个月成交合约覆盖的利率风险敞口不足3%;且比较国债期货市场和美国5年期国债期货市场的流动水平,中国国债期货的非流动比例均值为211.9,远高于美国市场的13.7。近期,10年期国债期货的推出丰富了国债期货品种,有效满足了市场机构对长期利率风险管理的需求,借助期现套利机制,可以形成国债期现货市场互动发展的良好局面,从而进一步提高现货市场的流动性。

第三,国债期货市场具有明显的期现套利功能,但需要有一定的风险控制意识。虽然国债期货的基本功能之一是套利,但是如果国债期货价格经常处于偏离市场价格的状态,必然给市场增加风险,难免会出现“327”国债事件。叶永刚和黄河(2004)回顾了“327”国债事件,认为正是当时市场定价严重背离了无套利定价理论这一基本规律,才最终使得早期的国债期货市场被叫停。张翔、贺裴菲等人(2015)对国债期货交易重启以来5年期品种做市场套利机会分析发现,总体来看,国债期货的隐含回购利率和市场利率(银行间市场的7天回购利率)基本保持一致,但是随着国债期货市场的成交逐渐回落,上述利率偏离逐渐加大,少数情况下出现明显的期现套利机会,增加了市场风险。但问题是:如何在套利功能(活跃市场)和稳定市场利率功能(避险)中取舍。针对中国国债市场流动性仍然不强的现状,我们认为,活跃的期现货市场是国债期货发展的基础,目前应以活跃市场为先,对套利行为无须过多限制,而应通过实时监测,关注价格变动,适时采取风险监控手段,纠正价格过度偏离的情况。

第四,国债期货较现货市场具有更强的价格发现功能,但国债现货市场的分割给国债期货定价带来难度。一方面,国债期货有助于现货市场定价。张翔、贺裴菲等(2015)采用向量误差修正(VEC)模型检验国债期现货市场的信息传导机制,得出中国国债期货相比现货市场具有更强的价格发现功能,存在显著的国债期货市场向现货市场的信息传导,有助于提高国债现货市场的价格发现效率。另一方面,分割的债券市场不利于国债期现货定价。目前,国内存在证券交易所和银行间债券市场由于交易主体、托管和监管体系不同,处于相互割裂的局面,这种分割状态使得各个债券市场之间缺乏内在联系,导致同一个国债品种形成的利率水平存在较大差别,缺乏统一的资金供求信息,难以形成真正反映市场资金供求状况的、统一的市场基准利率。在这种情况下,无疑给以现货市场定价为依据的国债期货定价带来难度。重启的国债期货为避免价格操纵的可能性,将标的资产设定为一篮子可交割券,篮子国债现货中既有银行间国债,又有交易所国债,两市场的分割和估值标准不一。目前尚没有研究表明将两个割裂市场的同类别国债放在同一个篮子,对国债期货定价的合理性是否有帮助,也无法确定篮子品种多样性是否有助于体现统一国债市场供需的均衡价格。

六、重新推出的国债期货对金融市场发展的意义

国债期货能够规避投资风险,增加投资者的信心,同时能够推动国债二级市场的发展。国债期货作为一种用于规避利率风险的金融衍生品,是国债流通市场的重要组成部分。由于中国国债交易的二级市场发展不完善,国债的流动性一直处于较低的水平,这大大制约了国债一级市场的发展。目前中国国债利率长期处于一个较低水平,人们购买国债的积极性同时也受到了较大影响。随着中国经济的不断加快,影响经济增长的不确定因素也随之增多,故而今后中国利率水平必将有较大的波动,这样就使得规避市场风险对于投资者而言更为重要,而国债期货作为投资者规避利率风险的有效工具也就显得更有价值。同时,随着国债期货交易的不断发展,与之配套的二级市场也必将得到充分的完善,中国的金融市场体系也必将得以进一步规范。

国债期货有利于促进利率价格发现,从而完善中国的利率体系。在一个仅有现货的国债市场上,要形成完整合理的利率体系是十分困难的。现货交易的交易成本高,对市场利率不敏感以及利率的地域性、单一性等特点致使其只能反映当期

利率,无法对未来的利率水平进行合理的预测,从而难以形成一个利率体系。此外,国债期货作为一种利率期货,其在交易过程中所形成的收益率就是市场利率。不同期限的国债期货,其收益率代表了不同期限的市场利率水平,从而形成了一个短期到长期的完整的利率体系,这为国债发行利率的确定提供了参考。因此,国债期货交易是国债利率市场化改革顺利进行的必要保证。国债期货规避利率风险方面的例子有企业债或政府地方债发行时锁定利率成本。

第四节
国债期货市场存在的问题

目前,国债期货市场无论是市场环境,还是规章制度,较 1995 年都已经大有改善,但这并不意味着当前环境下重新推出的国债期货完全没有风险,几个可能存在的问题是必须要仔细考虑的。

一、利率市场化对国债期货市场发展的影响

1. 中国利率市场化进程

一般认为,中国的利率市场化进程开始于 1996 年,该年 1 月 1 日,央行建立统一的银行间同业拆借市场,形成银行间同业拆借市场利率(China Interbank Offered Rate)。在运行半年之后,央行放开对其的上限管制,实现利率水平完全由拆借双方自主决定。同年,财政部通过证券交易所市场平台实现了国债的市场化发行,这是中国债券发行利率市场化的开端。1997 年,央行放开了银行间债券回购利率。1998—1999 年央行连续 3 次扩大金融机构贷款利率浮动范围。2000 年,外币贷款利率和 3 000 万美元以上的大额存款利率被放开。2002 年,央行统一了中、外资金融机构外币利率的管理政策。2004 年 10 月,贷款利率上浮取消封顶,下浮的幅度为基准利率的 0.9 倍,还没有完全放开;同时,允许银行的存款利率下浮且不设下底。2005 年,金融机构同业拆借利率完全放开。2007 年,上海银行间同业拆借利率正式上线,它是利率市场化改革标志性的一步。2013 年 7 月,央行

取消金融机构贷款利率 0.7 倍的下限，由金融机构根据商业原则自主确定贷款利率水平，贷款利率实现市场化。作为利率市场化先决条件的存款保险制度自 2015 年 5 月 1 日开始实施。此后，央行自 2015 年 10 月 24 日起放开商业银行的存款利率上限。但是，取消对存款利率浮动上限的行政限制并不意味着央行不再对利率进行管理，只是利率调控会更加倚重市场化的货币政策工具和传导机制。从此种意义上讲，利率市场化改革进入了新阶段，其核心是要建立健全与市场相适应的利率形成和调控机制。

2. 国债期货存在投机风险

国债期货市场的发展需要利率市场化改革的配合，若没有完全实现真正意义上的利率市场化，国债期货也很难健康发展。一方面，管制利率下，利率波动很小，规避利率风险的需求很少，国债期货就缺少发展的基础。国际上国债期货的产生就是源于金融自由化政策下利率波动风险的增加；另一方面，管制利率下，利率政策的调整直接影响国债收益率，而且这种影响是不可预测的、即时性的，这也就意味着国债期货交易具有政策投机性。中国国债期货试点过程发生的违规事件与政策投机有一定关系，多空双方基于对国债保值补贴的预测进行巨额对赌。

回顾国债期货的产生背景和发展历程，可以发现利率市场化一般先于国债期货而行。目前，尽管中国利率市场化已经有了长足的推进，但是关键的存贷款基准利率尚未放开，也没有其他具有替代参考意义的基准利率，这就意味着利率政策仍会对国债价格产生极为重要的影响，政策投机仍有一定空间，而政策投机正是 20 世纪 90 年代试点时各类巨额对赌事件的根源。国债期货交易的对象是国债利率，而正是市场利率的不断波动产生了国债期货套期保值的需要。要健全国债期货市场，利率市场化势在必行，而利率市场化又必然以资金的自由流动为基础，所以只有实现了资金的自由流动，投机行为才可能被市场的自发调节所抑制。

二、国债现货市场对期货市场交易的影响

1. 国债价格波动有限

中国国债定价机制大体经历了 3 个阶段，按时间先后顺序分别是完全由国家

定价，到谈判协商定价，再到引入市场机制、价格逐步由市场形成。1981 年恢复发行国债，在这之后的 10 年间，国债定价基本是由国家制定并按面值发行。1991 年 4 月，国债发行开始引入市场机制，但国债定价中市场化的成分较低。1993 年，宏观政策导向上提出“利率市场化、期限品种多样化、品种无纸化、交易电脑化”的国债市场化方向，为国债定价市场化创造了条件。1995 年，财政部开始公开招标发行国债，并以市场方式决定国债的收益率。1996 年，财政部发行的国债中有 80% 的上市国债通过招标发行确定利率，标志着国债发行走向全面市场化。

从中国国债定价机制的发展进程可以推测出国债定价机制的逐步市场化是必然趋势。目前，中国储蓄国债的定价机制是以银行存款利率为基础上浮一定比例，票面利率自发行时确定，发行后不随市场利率或储蓄利率的改变而发生变化。应当说目前储蓄国债定价机制是存在不合理之处的，其落后于利率市场化发展所带来的系列问题正逐步凸显，并对国债的发展造成不利影响。图 1-5 给出了国债 19301 和国债 19302 在 2013 年 9 月 30 日—2015 年 10 月 22 日的收益率变化情况，由此可知这两者的收益率波动范围不大，大致稳定在 3%—5%之间，只有极其个别的交易日超出了这个范畴。

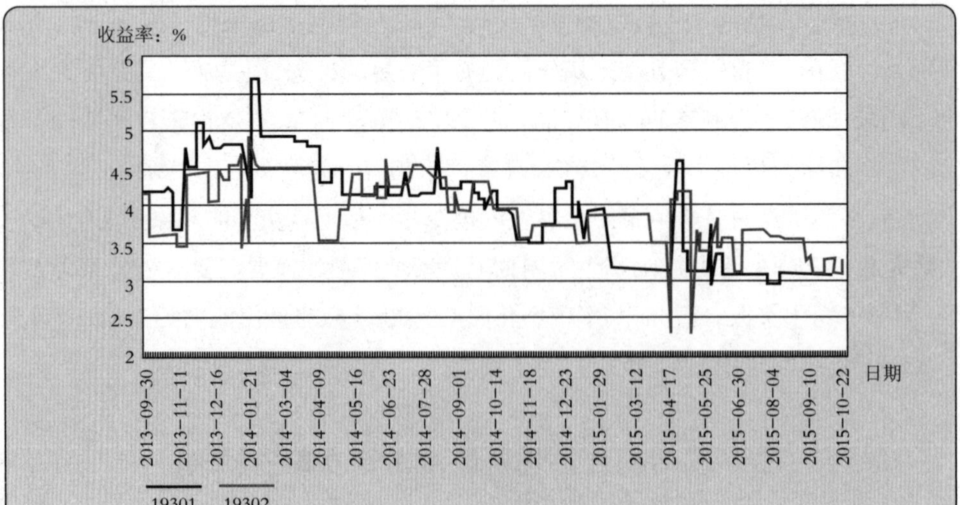

图 1-5　国债 19301 和 19302 的日到期收益率变化趋势

• 数据来源：国泰安数据库。

国债期货合约、交易合约是以3%的5年期或10年期国债为标的,纵观近年来5年期国债收益率的变化,我们可以发现,其走势与CPI趋同,两者的相关系数高达0.77。也就是说若能预测CPI的走势,那么判断国债利率的走势将不会出现大的误差。目前,市场对CPI的预测方法已经较为成熟,尽管不同机构的预测结果稍有差异,但趋势判断大致相同。因此,市场参与者对国债收益率的走势预测也具有较高的相似度。这必然导致国债期货的需求趋同,可能出现集体看空,或集体看多,使得国债期货交易清淡。这种现象在印度和中国台湾地区的国债期货市场都出现过,投资者对国债走势看法趋同导致国债期货交易量逐年萎缩,印度国债期货的交易目前几乎处于停滞状态。

2. 国债市场的流动性较差

国债市场的流动性是指国债市场参与者能迅速进行大量的国债交易,而不会导致国债价格发生显著波动的一个市场特征。度量国债市场的流动性有两个常用指标:换手率和买卖价差(刘爽,2015)。换手率是指在一定时间内交易量与其存量之比。具体到年换手率,是指年度交易量与其存量之比。换手率越高,说明市场流动性越好。近年来,虽然中国国债市场的换手率在持续上升,但与美国市场相比仍有较大的差距,目前仅为美国国债市场换手率的10%左右。同时,与一些亚洲国家也有不小的差距。以2006年为例,中国国债市场换手率是日本的24%、韩国的52%、新加坡的55%。买卖报价价差是当前市场上最优卖出价格与最优买入价格之间的差额。当差价较小时,宽度就较小,流动性较好;反之宽度较大,流动性较差。而中国国债市场的买卖价差远远高于大多数发达国家,甚至超过了部分发展中国家。因此,从上述指标看,中国国债市场的流动性还存在较大的上升空间。而正是由于国债本身流动性较差,以此为标的的国债期货市场活跃度也会受到影响。

3. 国债市场存在的问题

迄今,国债市场做市商制度的作用并没有充分发挥出来,主要表现为通过双边报价达成的交易规模偏小,同时报价的价差和连续性受到市场行情的影响过大,因此导致报价的质量和作用较差。做市商制度存在缺陷的主要原因是做市商的权利和义务不对等,做市动力不足。在权利方面,做市商与国债一级承销商的资格没有明确挂钩，没能享受到一级市场购买的便利，同时在融资融券业务中也没有享受到优惠。但却要承担较多的义务，如报价价差被限制在一定幅度内，必须严格执行中国人民银行对每日双边报价的数量、期限规模等。

目前，中国国债市场主要由三部分组成，即银行间债券市场、交易所国债市场和柜台市场，其中前两者占了交易量的 99%。银行间市场和交易所市场的两市分割格局有其历史原因。1997 年上半年，因为大量商业银行资金以债券回购方式，在交易所违规进入股票市场，造成股市过热。为此，中国人民银行决定商业银行全部退出沪深交易所的债券市场，同时银行间债券市场正式启动。国债市场的分割最主要的是交易主体和交易品种的分割，即最初规定商业银行只能在银行间而不准进入交易所进行债券交易。后来，虽然有限度地放开部分商业银行进入交易所市场。另外，国债虽然可以在两个市场交易，但跨市场交易的品种也依然受到限制。这样使得银行间债券市场在整个国债市场中居于绝对主导地位，两个市场强弱过于悬殊。

三、国债期货交易过程中存在的风险

1. 投资者缺乏专业知识，盲目投资

国债期货是一种技术性很强的产品，同时又具有极大的风险性，并不是每个投资者都能对它有充分的理解，不少拥有专业知识和经验的从业人员和投资机构也难免做出错误的决策。中国的投资者中散户投资者的比例较高，他们对基本的证券知识都不太了解，何况是债期货的套期保值等高深理论和金融实务，因此他们的行为往往缺乏理性的分析和决策。目前，数量有限的机构投资者投资国债期货的效果也不好，也说明对于国债期货这种独特的金融衍生品，投资者有更大的决策风险。

2. 法律政策多变与行政干预过多

国债期货交易在中国面临的政策风险也比较大。政策多变，证监会在期货方面的管理能力相对薄弱，对中国国债期货市场缺乏足够深入的理解和研究，导致制定政策缺乏原则性和一贯性，只有针对问题解决问题的临时性政策，而没有太多考

虑到公债期货市场长远发展的政策制定。中国国债期货市场不能按照市场规律有规则地运行,一旦发生系统性风险,就会频繁变换规则。例如取消交易品种,宣布某段时间交易无效,实行协议平仓等,不适当的行政干预严重损害了市场规则的权威性,不仅使交易者和代理者受过多的行政干预,而且也危害了国债期货市场的良性发展和投资机构的健康成长。过多的行政干预不仅没有达到防范风险的目的,反而带来了新的风险。最后,政策的不确定性、传播渠道的违规性,为投机者提供了市场炒作题材,加大了国债期货市场的运作风险。

3. “保证金制度”杠杆产生的交易风险

保证金制度决定了国债期货交易市场比现货市场具有更加特殊的风险。在期货市场上,参与者只需缴纳少量的保证金,即可进行全部价值合约的交易。在保证金的杠杆作用下,交易者可以进行相当于可用资金数倍价值的合约买卖。如果盈利的话,其利润将成倍扩大;反之,则损失也会成倍增加。因此,利用保证金的杠杆作用进行交易时,保证金制度可以使你收获或承担成倍的收益或亏损。

4. 金融体系的低效率运作

国债期货的特点是每日结算制,这要求作为交易信用担保的保证金要根据实际交易状况随时追加到位。一般情况下,交易所收市后在晚间会发出追加保证金的通知,要求在第二天开市前必须到位,否则就会强制平仓。但中国金融系统资金流动速度很慢,无形中给国债期货交易带来了巨大的风险。同时,中国资本市场的运作很不规范,不允许贷款进行期货交易,更加大了国债期货的风险性,另一方面也导致了诸如非法借贷、不正规抵押等案件的层出不穷。

四、国债期货交易的投资者结构与投资行为问题

期货市场的交易需求分为套期保值需求和投机需求。就国债期货而言,套期保值需求主要来自国债现货以及其他固定利率资产的持有者,商业银行和保险公司是这类需求的主力机构,这两类机构持有的国债在国债存量中占比超过 70%,此外其还持有大量包括贷款(商业银行的资产)、存款(保险公司的资产)在内的固

定利率资产(见图1-6)。在这两类机构中,资产分布也比较集中,主要被几大全国性商业银行持有(见图1-7)。国债交易量体现了这种集中性,目前绝大部分的国债现货交易均有全国性商业银行参与。现货资产的集中性必然使得套期保值需求也具有集中性,尽管在保证金、持仓量的限制下,"逼仓"难度增加,但是仍难以排除价格操纵的可能。而从投资行为看,绝大多数国债都被计入商业银行的持有至到期账户,导致国债发行一段时间后流动性迅速减弱。对于国债期货市场,当前的机构投资者只包括少量的证券公司、基金产品以及期货公司资产管理产品,国债持有的主体机构仍未入市。截至2014年年底,商业银行共持有国债59 543.35亿元,占国债存量的69.62%;保险机构共持有国债3 050.94亿元,占国债存量的3.57%。

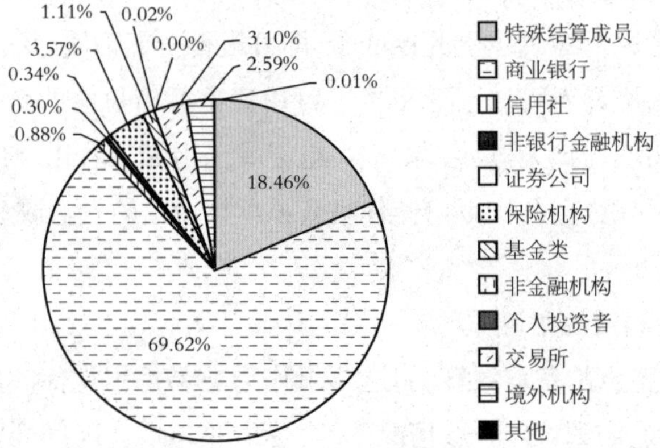

图1-6　2014年年末国债投资者持有结构

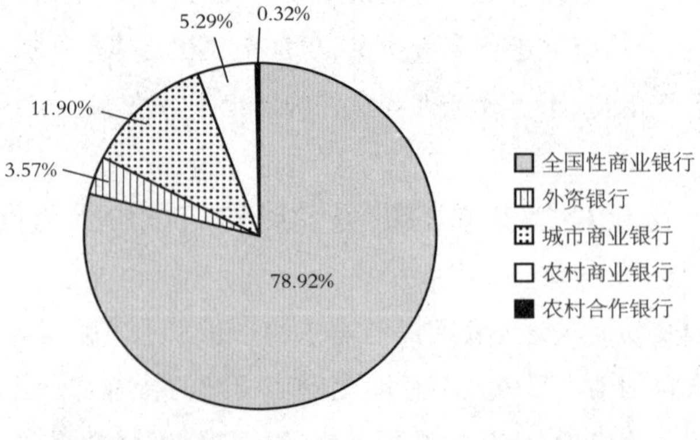

图1-7　2014年年末各类商业银行持有国债的比例

• 数据来源:中国债券信息网。

多元化的投资者结构是增加国债市场流动性的必要条件，有利于形成合理的价格水平和加大市场的活跃程度。与发达国家相比，当前中国国债投资者结构存在以下问题：一是国债过度集中于以持有至到期为目的的机构投资者，交易需求匮乏；二是专业的国债基金数量偏少，难以为市场提供流动性；三是缺乏境外投资者。截至2013年年底，国家外汇管理局审批通过的合格境外机构投资者（QFII）总额度为514.18亿美元，粗略计算仅有15%—20%的比例投资于中国国债市场，即450亿—600亿元人民币，所占比例很小。

一些机构为了牟取暴利无视法律法规，故意采取违规手段操纵市场。国债期货市场是高风险高收益的市场，一些机构投资者为了牟取暴利，会利用其在资金、信息等方面的优势，故意违反国家有关的期货交易规定和交易所的交易规则，违背期货市场公开、公平、公正的原则，单独或合谋使用不正当手段、严重扭曲期货市场价格，扰乱市场秩序。通常情况，大户所采取的手段有分仓、移仓、对敲和逼仓等。另外，过度投机的行为也十分危险。首先，投机量超过了市场的承受能力时，市场规模扩大，风险水平迅速上升。其次，过度投机导致不合理的国债期货价格，反过来影响国债现货市场的供求，从而影响国债的正常发行。再次，过度投机伴随着大量的投机风险，当投机者追逐巨大的收益时，会发生市场操纵行为。

从从业人员的角度看，不少从业人员缺乏国债期货交易的专业知识，因而不能适时地对客户提供建议，达到最好的操作效果。另外，不少从业人员只求交易量，赚手续费，对客户的资信、风险承担能力等资格条件审核不严，甚至为了拉客户而放松风险控制。如随便降低保证金水平或投资保证金；对客户不做最高仓位限制；对国债期货的风险揭示不充分或不揭示，而只宣传它的盈利能力；在接受客户委托时，办理的各种业务手续不全，错漏百出；未经客户许可擅自挪用客户资金；利用客户的报单为自己操作或者先自营后代理。这些都是明显违背职业道德的行为和造成潜在风险的因素。

五、国债期货的监管体制问题

1. 证监会作为期货监管机构的法律地位渐显模糊

1998年《证券法》规定中国期货市场归证监会统一监督和管理，结束了按品种或行业监管的做法。中国期货市场清理整顿的过程，就是以证监会为中心的集中监管模式形成过程。这种监管模式与当时的历史阶段相适应，把中国期货市场由盲目、无序发展导向了理性、有序发展的轨道。证券期货市场统一监管的机制存在明显不足。首先，这会影响期货监管的独立性、权威性和专业性。证监会的主监管对象还是股票市场和债券市场，对于期货市场的关注度不够高，在制定监管政策时可能会依赖于其他金融市场的表现。其次，许多人误认为期货交易等同于股票交易，忽略了“保证金制度”的本质特点，一旦造成巨额亏损经常指责交易所、监管部门监管不力，最终影响买者自负的监管文化。

2. 金融期货市场监管理念有待改善

期货市场监管归根到底是监管理念的问题。期货监管机构应当是金融期货市场重大政策的制定者、期货运作的监管者、利益冲突与矛盾的协调者、市场纠纷的裁决者和对破坏市场秩序行为的制裁者，但不能直接代替投资者做决策。监管机构不应对具体业务加以干涉，而一旦期货市场出现问题，则应立即采取措施。期货市场由于长期实行证监会为中心的监管模式，监管理念上以稳定市场为要务，害怕风险加剧，偏好采取限制性条款。譬如历史上停止股指期货、国债期货、境外交易、关闭交易所等治理措施，都是用行政命令来完成的。在市场化逐渐深入的今天，这种传统的监管理念实际上是以牺牲市场发展换取市场稳定的结果。这表现在监管法规上是以限制为主，严重阻碍国债期货市场的良性发展。

3. 政府过度监管，倾向于移植股票市场监管措施

中国期货市场自一开始就是由政府发起并管理的，经常发生“政府监管失灵”的现象。“政府监管失灵”的主要表现是监管效率低下、过度监管。从目前中国实施的期货市场相关法规看，国外许多期货市场并未禁止或限制的一些行为，中国期货市场却禁止或限制了。在过度监管方面，证监会具有强大的监管权。期货交易所实际上是证监会的下属机构，交易所的高层直接由证监会任免，交易规则必须报经证监会审批生效。证监会在事实上拥有阻止一切违法行为而无须申请法院禁令的权利，可以没收一起欺诈所得并处以相当于欺诈所得 5 倍以下的罚款。另外，证监会拥有强大的规章制定权和高度集中的金融期货行业准入许可权。其中诸如期货机构的资格取得、期货从业人员的资格取得、境外业务的开展等内容已经超出了期货监管的权限，各种行政处罚缺乏完善的调查程序，没有建立一套机制给予被处罚者辩解、申诉的机会。证监会在权衡国债期货市场稳定和保护投资者利益后，不得不动用监管措施影响市场价格。这对国债期货的市场化进程必然带来消极影响。

4. 公司制金融期货交易所监管地位存在缺陷

中国金融期货交易所成立之初即被规定不得从事信托投资、股票交易、非自用不动产投资等与其职能不相关的业务(《期货交易管理暂行条例》)。中金所成为国际上少数实行公司制但却不以营利为目的的交易所。一方面，五大交易所成为中金所的出资人，但没有股东的资产受益权、重大决策权；另一方面，中金所的高层管理人员由证监会直接任免或提名，选择管理者的权利实际上让位于期货监管机构。公司制的交易所，行政任命体系导致负责人在市场运作过程中没有足够的权力，而有权力的证监会却不对市场运作中出现的问题负责。中金所是公司，本应追求营利；会员是市场交易者，希望放松监管；交易所又是一线监管者，必须防范市场风险。交易所实际是作为证监会的行政附属机构，很难兼顾市场和会员的现实利益。

5. 期货业协会的独立性和自我管理有待加强

中国期货业协会自治不足的主要原因是国家对行业协会的定位不准确、对社会重要资源控制过严、制度上有缺陷以及经济结构不合理等。它使期货业协会成为一种“授权型协会”。因此，中国期货业协会扮演的角色是执行而非决策，与证监会的合作多以执行性的参与为主，无法使期货行业与政府进行平等的协调和沟通。协会对证监会存在很大的依赖性，某种程度上它只是构成了一个下设机构。另外，期货交易所和期货业协会之间的自律管理职能分工与合作不够。期货交易所更多的是从市场管理的角度，而不是从交易所会员的自律角度来进行工作，很难自发协调、参与乃至支持期货业协会的工作。

附表　中国国债期货大事记

时　　间	事　　件
1992 年 12 月	上海证券交易所率先推出国债期货交易
1993 年 10 月	国债期货交易向个人投资者开放
1995 年 2 月 23 日	“327”风波爆发
1995 年 5 月 10 日	“317”恶性违规事件
1995 年 5 月 17 日	中国证监会发出《关于暂停中国范围内国债期货交易试点的紧急通知》
2011 年 12 月	中金所表示正在积极筹备国债期货
2012 年 2 月	中金所启动国债期货仿真交易联网测试
2012 年 3 月	首次顺利完成合约 TF1203 的仿真交割
2012 年 4 月	国债期货仿真交易开始向全市场推广
2012 年 6 月	中金所进行了国债期货交易结算测试
2013 年 8 月 30 日	证监会批准中金所挂牌推出 5 年期国债期货合约
2013 年 9 月 6 日	国债期货在中金所重新上市
2015 年 3 月 20 日	中金所正式上市 10 年期国债期货

• 资料来源:中国证券网。

第二章
国债期货市场发展的国际比较

发展国债期货市场建设已经成为中国金融市场建设的重要环节之一。从发达国家金融市场发展的趋势来看，在市场化环境中，金融市场的核心市场之一是金融衍生品市场，而金融衍生品市场的核心市场又是国债期货市场。因此在中国金融市场建设中，发展国债期货市场具有十分重要的现实意义。

发达国家国债期货市场的发展已经经历了40年的历程，研究其发展规律，总结其经验和教训，有助于中国少走弯路，稳妥地推进国债期货市场的发展。基于以上判断，本章将对发达国家国债期货市场发展的历史和现状展开比较分析。

第一节
国债期货市场的产生和功能

一、国债期货的产生

1. 美国国债的历史

国债期货于20世纪70年代首先产生于美国，在此简单回顾一下美国的国债市场，从而对国债期货的产生背景有所了解。美国国债市场是目前世界上规模最大、交易最为活跃的国债市场，也是最具创新活力的市场。美国国债市场的发展演变引领着全球债券市场，国债期货、国债期货期权、本息分离交易、通货膨胀指数联系型债券等众多交易品种和交易方式的创新都源自美国。

美国发行国债的历史超过200年，战争和实行扩张性财政政策的需要是发行国债的主要动因。美国独立以前，美国政府的前身“大陆会议”于1776年首次发行债券，用于为独立战争筹措资金。19 世纪上半叶，美国的国债余额较低，但 19 世纪 60 年代的南北战争后国债发行迅速增加。进入 20 世纪，两次世界大战及 30 年代的经济大萧条使美国国债大规模增加。第二次世界大战后美国国债维持了 20 年的低速增长，但越南战争后又开始大幅上升。20 世纪 80 年代，里根政府的减税政策和巨额的国防开支使美国国债余额达到新的高峰，20 世纪 90 年代，由于克林顿政府削减开支财政赤字增长速度有所减缓，但随着布什政府的上台再度呈现加速增长的态势。在 2008 年全球金融危机后，美国政府为了推动经济复苏，在短短 5 年内使美国国债余额从 9.5 万亿美元上升到 18.2 万亿美元，几乎翻了一番。

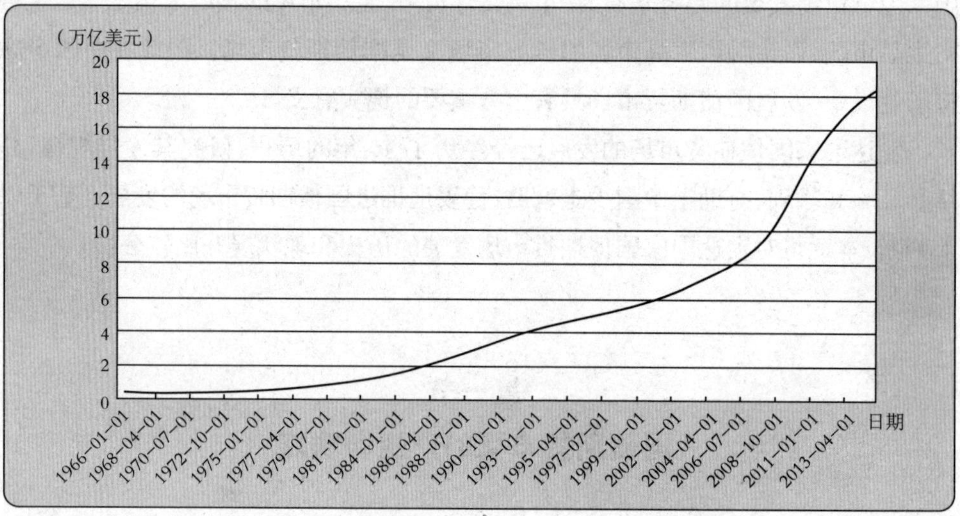

图 2-1　美国联邦政府总公共债务（1966—2015 年）

· 资料来源：美国圣路易斯联邦储备银行 FRED 数据库。

2. 美国国债的投资者结构

美国国债市场是目前世界上规模最大、市场深度最高、最为开放的国债市场，因此吸引了世界各国的主权财富基金、专业投资公司、跨国金融机构等投资者。美国国债市场以机构投资者为主，除国债交易商之外的各类机构投资者所持有的国债占全部可流通国债的 1/3 以上。据 Bloomberg 数据库的数据，截至 2015 年 6 月，美国联邦政府债务总额 14.35 万亿美元，其中美联储持有 2.46 万亿美元，占总额的 17.1%；外国持有人共持有 6.17 万亿美元，占总额的 43%；其他持有人共持有

5.72 万亿美元,占总额的 39.8%。截至 2015 年 9 月,美国国债的主要持有人及其持有比例如表 2-1 所示。

表 2-1 美国国债的主要持有人 (金额单位:10 亿美元)

	持有金额	%	比上月变动金额	%
主要持有人	6 624.3	100	−37.6	−0.6
美联储	2 461.9	37.2	0.1	0
中国大陆	1 258	19	−12.5	−1
日 本	1 177.1	17.8	−19.9	−1.7
加勒比	321.8	4.9	−7.2	−2.2
欧佩克	291.3	4.4	−1.9	−0.6
巴 西	251.6	3.8	−3.7	−1.4
瑞 士	227.6	3.4	4.9	2.2
爱尔兰	222.5	3.4	6.1	2.8
英 国	213.9	3.2	−8.9	−4
中国香港地区	198.6	3	5.4	2.8

• 数据来源:Bloomberg 数据库。

美国国债市场的显著特点是高度开放,其主要持有人除为执行货币政策而持有国债的美联储外,其余均为境外持有人。截至 2015 年 9 月,美国国债的主要境外持有人及其持有比例如表 2-2 所示。

表 2-2 美国国债的主要境外持有人 (金额单位:10 亿美元)

境外持有人	金 额	%	境外持有人	金 额	%
中国大陆	1 258	20.6	挪 威	69.8	1.1
日 本	1 177.1	19.3	韩 国	69.4	1.1
加勒比	321.8	5.3	加拿大	69.2	1.1
欧佩克	291.3	4.8	土耳其	68.9	1.1
巴 西	251.6	4.1	法 国	49.8	0.8
瑞 士	227.6	3.7	菲律宾	41.9	0.7
爱尔兰	222.5	3.6	瑞 典	40.2	0.7
英 国	213.9	3.5	荷 兰	39.3	0.6
中国香港地区	198.6	3.3	哥伦比亚	36.8	0.6
卢森堡	191	3.1	西班牙	34.5	0.6
中国台湾地区	178.1	2.9	意大利	33.9	0.6
比利时	135.8	2.2	泰 国	31.9	0.5
新加坡	122.8	2	澳大利亚	31.3	0.5
印 度	113.5	1.9	波 兰	28.4	0.5
俄罗斯	89.1	1.5	智 利	27.8	0.5
德 国	83.4	1.4	丹 麦	18.4	0.3
墨西哥	78.7	1.3	以色列	17.4	0.3

• 数据来源:Bloomberg 数据库。

3. 美国国债市场的作用①

美国国债市场在美国经济中发挥着无可替代的作用。除了弥补政府财政赤字,作为中央银行进行公开市场操作的工具等宏观经济作用以外,国债市场还在金融资产定价、对冲利率风险等多方面发挥着重要的微观经济作用。

(1) 为政府的财政赤字融资

弥补政府因战争和扩张性财政政策而积累的财政赤字是国债的传统功能。在战争时期军费支出额巨大,在没有其他筹资办法的情况下,即通过发行战争国债筹集资金。发行战争国债是各国政府在战时通用的方式,也是国债的最先起源。在平时,政府可以通过发行国债弥补财政赤字。一般来讲,平衡财政收支可以采用增加税收、增发通货或发行国债的办法。以上三种办法比较,增加税收是取之于民用之于民的做法,固然是一种好办法,但是增加税收有一定的限度,如果税赋过重,超过了企业和个人的承受能力,将不利于生产的发展,并会影响今后的税收。增发通货是最方便的做法,但是此种办法是最不可取的,因为用增发通货的办法弥补财政赤字,会导致严重的通货膨胀,其对经济的影响最为剧烈。在增税有困难,又不能增发通货的情况下,采用发行国债的办法弥补财政赤字,可以避免政府直接向中央银行透支所引发的通货膨胀问题,有利于经济的持续稳定发展。中长期国债能够减缓政府的偿债压力,短期国债和现金管理国债则能够满足政府的短期现金管理需要。

(2) 中央银行实行货币政策的金融工具

公开市场操作是美联储调控货币供给的主要手段,而国债是美联储用来进行公开市场操作的主要工具。通过在债券市场上直接买卖国债以及进行回购交易,美联储能够使联邦基金利率稳定在目标利率水平附近,使货币政策的目标得以实现。联邦基金利率是银行间的贷款利率,而不是美联储向银行贷款的利率。多数情况下,美联储并不直接向银行贷款,而是通过公开市场操作来影响联邦基金利率。公开市场操作是指美联储通过买卖债券向市场投放或者收回货币的行为。比如美联储买入债券时,付给对方美元,就增加了市场中美元的供应;反之,美联储卖出债券时,就从市场收回了美元。在公开市场操作中,美联储买卖的债券一般主要

---

① 参见郎晓龙(2010)。

是短期政府国债。这是因为国债风险较小,不容易造成美联储投资损失。而且由于美国国债市场容量大,不会因为美联储的交易产生剧烈波动。联邦基金利率的变化会直接影响其他短期利率,之后会进一步改变长期利率,后者的变化又会影响到消费和投资,进而影响经济形势。

(3) 金融市场操作的基础工具

美国国债市场形成的收益率曲线是其他债券定价的重要参考,联邦代理机构债券、市政债券、公司债券等债券的收益率都是以国债的收益率水平为基准的。此外,国债的回购利率也被作为无风险利率而成为范围更广泛的衍生金融工具等其他金融资产定价的基准利率。国债作为零风险金融资产,既是其他所有金融资产定价的"基准",也是多种衍生金融资产的基础,同时还是从事金融交易时对冲风险的主要工具。因此,央行公开市场操作或者传统货币工具调整会通过金融产品价格的变动,特别是国债市场显示出政策意图。美国国债还可以用来对冲利率风险。具有相近期限的国债和私人债券的收益率通常是高度相关的,这意味着国债及其衍生品可以作为对冲利率风险的有效手段。例如通过在回购市场进行逆回购获得国债并抛售,可以对冲私人债券的价格下跌风险。由于国债市场的流动性很高,能够以很低的成本完成对冲操作,极大地促进了私人债券市场的发展和市场流动性的提高。特别是在国债现货基础上产生的国债期货交易,为对冲利率风险提供了方便高效的工具。

(4) 在发生金融危机时成为主要的避险资产

在金融市场发生动荡时,对资本安全的需要会超过对盈利的追求。投资者会将资金从风险较大的市场转移到安全性高的市场,国债市场则为这些资金提供了庇护的场所。2007 年全球金融危机以来,美国国债的避险效应十分明显,已经有 3 次。第一次是 2007 年 4 月,新世纪金融公司破产,在造成短暂的恐慌后,当市场意识到金融危机风险初期,美国国债显示出避险作用,形成了从 2007 年 7 月到 2008 年 3 月的下降,美国国债收益率从 5%左右降到 2%左右。值得一提的是,2007 年美国国债净发行额 5 490 亿美元,2008 年暴增至 1.47 万亿美元,但是巨量的供给并没有提高国债收益率,说明市场对避险资产的需求十分强烈。第二次是欧债危机发生后。2009 年 12 月,欧洲债务危机最早在希腊爆发,希腊乃至整个欧洲的债务危机由此拉开序幕。截至 2010 年 4 月底,已经蔓延至欧元区内经济实力较强的葡萄牙、意大利、爱尔兰和西班牙。资金再次进入美国国债避险，造成了持续到2010年11月的美国国债收益率下降。美国国债收益率从2%左右降到1%左右。第三次是2012年年初，标准普尔宣布将法国等9国主权信用评级下调，法国主权信用被踢出AAA级。同时，德国的情况也不容乐观，市场避险情绪浓厚，国债收益率出现断崖式下降，并在美国2012年9月宣布第三轮量化宽松的时点出现下调，击穿了1%。

此外，由于美国在世界经济中的地位，美国国债在国际金融市场上也发挥着重要的作用。美国国债的收益率是国际债券市场的定价基准和全球债券指数的重要成分，许多国家的政府都将美国国债作为外汇储备的重要组成部分，大量的外国投资者将美国国债作为对冲利率风险的工具和资产组合的一部分。

二、美国的国债期货市场

1. 美国国债期货的推出背景

美国的国债期货是由芝加哥期货交易所(CBOT)首先推出的。一般而言，金融创新都是在特定的经济环境下为了满足特定的需求而产生的，国债期货的诞生和发展便是源于利率自由波动所带来的利率风险。从第二次世界大战结束到20世纪60年代中期，由于美国政府及有关金融部门的限制，美国金融市场的利率一直处于较低水平和相对平稳的状态，尤其是长期金融市场上各种国家债券的利率非常稳定。因此，美国金融市场对国债期货的需求并不强烈。但是，进入20世纪70年代以后，这种状况发生了根本性的变化。

20世纪70年代，受两次“石油危机”影响，美国采取扩张性货币政策，结果直接导致通货膨胀日益加剧。虽然美国政府不断提高利率水平以稳定物价，但是收效甚微。而随着利率的不断上行，社会失业率骤升，政府又被迫降低利率。而政府宏观调控的直接结果便是利率浮动开始加剧，特别是布雷顿森林体系崩溃，美联储将货币管制的目标转移到控制货币供应量之后，利率波动更加频繁、剧烈。这给固定利率国债的持有者带来了极大的利率风险，风险管理和套期保值需求急剧攀升。因此，在这一时期，美国国债市场投资者面临的风险急剧加大，频繁而剧烈的利率波动使得金融市场中的借贷双方特别是持有国债的投资者面临着越来越严重的利率风险，投资者的经济利益无法得到基本保证。同时，其他金融商品的持有者也面临着日益严重的利率风险的威胁,为保证运营资本不受利率影响,保值和规避风险的需求日趋强烈,市场迫切需要一种便利有效的管理利率风险的工具。在这一背景下,国债期货应运而生。

2. 美国国债期货交易的发展历程

美国的第一张利率期货合约是政府国民抵押协会抵押凭证(Government National Mortgage Association Certificates, GNMA)期货合约。它是美国芝加哥期货交易所(CBOT)在参照原来农产品、金属产品等期货合约的基础上于1975年10月推出的。1976年1月6日,芝加哥商品交易所(CME)的国际货币市场(IMM)率先推出90天美国短期国库券期货交易。次年8月,长期国债期货合约正式在芝加哥交易所(CBOT)挂牌交易,标志着国债期货市场的建立。1979年,芝加哥期货交易所推出4—6年期中期国库券期货合约,与此同时,国际货币市场则开办3—4年期中期国库券期货合约交易。1982年,芝加哥期货交易所又推出了10年期的中期国库券期货合约。到目前为止,美国10年期国债期货合约不仅在芝加哥期货交易所是成交量最大的一个品种,也是全球利率期货市场最活跃的交易品种之一。①

在随后的一段时期,美国的国债市场规模继续扩大,与此同时,美国到1986年的利率实现了完全市场化,利率波动日益频繁。美国国债市场的机构投资者已经习惯于利用国债交易进行套期保值以分散和转移利率风险。因此,国债期货的成交量大幅攀升,其中美国的10年期国债期货交易量由1993年的1 660万手迅速发展为2014年的3.4亿手,成为仅次于欧洲美元的最重要的利率期货交易品种。

美国的国债采取定期发行制度,每月最后一个营业日发行两年期国债,2月、5月、8月、11月发行3年期、5年期、10年期及30年期国债,1月、4月、7月、10月发行7年期国债,3月、6月、9月、12月的最后一个营业日发行4年期国债。充足的国债现货发行量为期货市场的发展提供了活跃的交易品种,而从国债现货市场的发行量来看,2000年以来国债发行稳步上升,受2008年金融危机影响,美国实行量化宽松政策,国债发行量大幅度增加。持续的发行使得现货市场保持了一定的市场规模,从交易额来看,2005年以来(2009年除外)平均每天的成交额都在

① 参见东吴期货研究所(2013a)。

5 000 亿美元以上，流动性非常活跃。

美国 CBOT 国债期货交易的主要产品特征如表 2-3 所示。

表 2-3　CBOT 国债期货合约详细内容

国债期货类型	2 年期中期国债期货	5 年期中期国债期货	10 年期中期国债期货	长期国债期货	超长期国债期货
面额	20 万美元	10 万美元	10 万美元	10 万美元	10 万美元
可交割到期期限(年)	1¾—2	4⅙—5¼	6½—10	15—25	25—30
合约月份	3 月份每季周期:3 月、6 月、9 月及 12 月				
交易时间	公开喊价:(美国中部时间)上午 7:20 至下午 2:00,周一至周五;电子交易:周日下午 5:00 至周五下午 4:00,该时间段内 24 小时交易				
最后交易日与最后交割日	合约月份的最后营业日;交割可在合约月份最后交易日之前的任意一日发生,包括该月的最后一天营业日		合约月份最后七(7)个营业日之前一日;交割可在合约月份最后交易日之前的任意一日发生,包括该月的最后一天营业日		
最低变动价位	以票面价值与票面价值 1% 的 1/32 的 1/4 之间的百分比为准	以票面价值与票面价值 1% 的 1/32 的 1/4 之间的百分比为准	以票面价值与票面价值 1% 的 1/32 的 1/2 之间的百分比为准	以票面价值 1/32 与票面价值 1% 的 1/32 之间的百分比为准	以票面价值与票面价值 1% 的 1/32 之间的百分比为准
最低变动价值	15.625 美元	15.625 美元	15.625 美元	15.625 美元	15.625 美元

• 资料来源:芝加哥商品交易所。

3. 国债期货的基本功能

国债期货从 20 世纪 70 年代在美国推出后，迅速发展到其他发达国家和一些新兴经济体，交易规模不断扩大，这说明国债期货具有很大的市场需求。市场需要国债期货，因为它具有以下基本功能：

(1) 套期保值

期货自创立之初就被赋予了价格发现与规避风险这两种功能，其中规避风险最常用的方法就是套期保值。套期保值就是通过在期货和现货市场上进行方向相反的交易，然后在未来某个时间点于期货市场上采取与最初相反的操作来使两个市场的总收益维持在一个相应的水准，以此来对冲现货市场上价格风险。国债期货的套期保值一般用来对冲利率风险。在利率市场化的条件下，国债利率受国债资金的供求状况、经济运行周期、通货膨胀率、国际利率水平以及汇率等多种市场力量的影响，往往处于不断的波动之中。由于国债利率变化不定，国债投资者随时都面临着利率风险。存在风险的地方，一定会产生回避风险的需求。若投资者预计将来要在现货市场上买进或卖出国债，于是现在就在期货市场上也买进或卖出一定份数的国债期货合约，以对冲现货市场价格波动所带来的风险。由于现货市场的变化方向与期货市场的变化方向相同，因此套期保值下国债期货合约的盈亏正好可以抵补国债现货市场上的亏盈。国债期货交易正是适应人们规避利率风险的需要而建立和发展起来的，这也是国债期货交易得以存在的客观经济依据。所以，规避利率风险的功能是国债期货交易的首要经济功能。

国债期货不仅能对国债进行套期保值，还能对其他债券品种进行套期保值。从理论上来看，只要套期保值的标的包含利率风险，那么就可以运用国债期货来对冲利率风险。例如一般信用债的收益率可以分为无风险收益率和信用利差，相对应的，其风险也包括利率风险和信用风险，如果预计未来一段时间内信用利差波动不大，而利率波动较大，投资者就可以运用国债期货对信用债进行套期保值以对冲利率波动带来的风险。

(2) 价格发现

价格发现是指在一个公开、公平、高效、竞争的国债期货市场中，通过国债期货交易形成的期货价格，具有真实性、预期性、连续性和权威性的特点，能够比较真实地反映出未来国债价格变动的趋势。国债期货交易是在专门的期货交易所进行的，而期货交易所作为一种有组织的、正规化的统一市场，聚集了众多买方和卖方，不仅有套期保值者还有投机者，大量的不同目的的交易者的参与确保了市场的流动性，而且期货交易所通过公开竞价的方式避免了欺诈和垄断行为，所有的信息都是公开透明的。通过在交易所进行的国债期货交易，交易价格不断报出、修正和传播，从而使潜在的价格信息揭示得更充分、更合理，能够较为真实地反映供求状况和人们对某种国债未来价格的综合预期，这种集中交易形成的价格变市场的滞后调节为预先调节，成为投资者决策和规划资金的依据。

国债期货作为一种利率期货，对国债现货投资者而言有着价格发现功能。期货价格水平代表未来期间的价格走势，以此换算出的收益率反映了未来利率水平，从而形成一个短期到长期的利率体系，为新国债的市场化发行利率提供了参考依据，并帮助债期货市场的套期保值者、投机者、套利者合理规划自己的投资策略，规避和降低他们的投资风险。同时，国债期货交易能促使国债利率成为市场化利率体系中的基准利率，促进国家利率市场化结构发展。

(3) 套利

套利是指利用国债现货市场和国债期货市场的价格差异获取收益的交易行为。价格差异又包括期货和现货的价格差异、不同市场同一品种的价格差异、同一市场同一品种不同期限的价格差异和同一市场不同品种的价格差异,因此套利策略具体又可以分为期现套利、跨市场套利、跨期套利和跨品种套利。

期现套利是指某种期货合约,当期货市场与现货市场的价差出现变动,从而利用两个市场的价差走势,进行对冲交易以获取收益的方式。对于国债期货而言,基差就是用适当的转换因子调整后的国债期货合约价格与相应的现货价格间的差额。基差是期货价格与现货价格之间实际运行变化的动态指标。理论上,期货和现货之间的基差应该等于持有成本。一旦基差与持有成本偏离较大,就出现了期现套利的机会。

所谓跨市场套利就是利用同一品种期货合约在不同市场上存在的价差和这种价差关系的变化,在一个交易所买入(或卖出)某一交割月份的某种期货合约,同时在另一个交易所卖出(或买入)同一交割月份的同种期货合约,以期在有利时机分别在两个交易所对冲在手的合约获取利润的交易活动。这种套利可以在国内交易所之间进行,自然也可以在国内交易所与国外交易所之间进行。

跨期套利就是在同一期货品种的不同月份合约上建立数量相等、方向相反的头寸,最后以对冲或交割方式结束交易、获得收益的方式。是套利交易中最为普遍的一种套利交易策略。国外各期货交易所进行交易的国债期货的交割月份一般是3月、6月、9月、12月4个季月。跨期套利就是利用远期与近期的价差变化在期货市场上同时买卖两个不同月份的同一品种期货合约,利用价差的扩大和缩小来赚取利润。在跨期套利中,客户一般不用关注单一月份期货合约的涨跌,而只需关注合约之间价差的变动。

国债期货跨品种套利主要是指在买入或卖出某种国债期货合约的同时,卖出或买入相关的另一种合约,当两者的差价收缩或扩大至一定程度时,平仓了结的交易方式。套利者进行跨品种套利交易时,着眼点不在于债券现货市场上涨或下跌的整体运动方向上,关键是相对于另一种国债期货合约而言,某种国债期货合约在多头市场上是否上涨幅度较大或在空头市场中下跌幅度较小,由此确定该种国债期货合约是否为相对强势合约。

第二节 世界主要国债期货市场的发展现状

一、全球主要国债期货产品的交易概况

在介绍世界主要国债期货市场的发展之前，我们先来分析一下全球交易的主要国债期货产品。如表 2-4 所示，目前全球交易的主要国债期货产品有 21 种，其中北美地区 6 种，欧洲地区 10 种，亚太地区 5 种。

表 2-4　全球金融市场主要的国债期货交易品种

国债期货品种	价格(美元)	收益率(%)	交易量(份)	合约存量(份)
北美				
美国超长期国债期货	157-08	3.067	385	607 369
美国长期国债期货	154-14	2.519	231 433	451 635
美国 10 年期国债期货	126-21＋	2.907	928 515	2 436 648
美国 5 年期国债期货	119-01＋	1.98	1 568	2 109 020
美国 2 年期国债期货	109-01＋	1.397	407 591	953 058
加拿大 10 年期国债期货	139.82	1.662	93 359	363 524
欧洲				
欧元超长期国债期货	157.76	1.571	28 228	122 455
欧元长期国债期货	158.02	0.149	485 668	1 266 411
欧元中期国债期货	129.89	0.017	339 085	1 096 374
欧元短期国债期货	111.615	0.177	206 348	1 094 994
英国 10 年期金边国债期货	118.17	1.986	136 687	419 142
欧元意大利 10 年期国债期货	140.02	1.65	73 129	235 030
欧元法国 10 年期国债期货	154.06	0.456	74 213	199 952
欧元意大利短期国债期货	112.72	1.641	15 608	83 061
瑞典 5 年期国债期货	129.171	0.141	566	50 839
瑞士长期国债期货	166.38	−0.468	87	4 830
亚太地区				
日本 10 年期国债期货	148.41	148.41	3 259	106 332
韩国 10 年期国债期货	124.47	2.252	40 448	69 495
韩国 3 年期国债期货	109.25	1.818	86 290	215 413
澳大利亚 10 年期国债期货	97.07	2.93	36 028	791 351
澳大利亚 3 年期国债期货	97.86	2.14	26 197	762 879

• 注：表中数据的日期为 2015 年 11 月 20 日。

分析表 2-4 中数据可知,欧美发达国家是全球主要国债期货的提供者,其中最主要的市场是美国国债期货市场。美国 5 种期限的国债期货产品,至 2015 年 11 月 20 日的合约存量约为 655.7 万份,其中美国 10 年期国债期货的合约存量就达到约 243.7 万份。欧元区的国债期货市场也很发达。欧元 4 种期限国债期货的合约存量约为 358 万份,另有三种以意大利、法国国债为标的债券的欧元国债期货产品约 51.8 万份。澳大利亚的国债期货市场发展很快,两种期限的国债期货产品,至 2015 年 11 月 20 日的合约存量约为 155.4 万份,是美国和欧元区之外最大的国债期货市场。韩国是新兴经济体中国债期货市场发展最快的,两种期限的国债期货产品,至 2015 年 11 月 20 日的合约存量约为 28.5 万份。

从全球主要国债期货产品的交易量分析,美国 10 年期国债期货的交易量最大,2015 年 11 月 20 日的当日成交量约为 92.8 万份,约占世界总量的 28.9%。交易量第二位的是欧元长期国债期货,当日成交量约为 48.6 万份,约占世界总量的 15.1%。美国 2 年期国债期货和欧元中期国债期货的成交量分别约为 40.7 万份和 33.9 万份,占比为 12.7%和 10.5%,分别居第三和第四位。这四种产品的交易量占总量的 67.2%。其他品种的日交易量均不足总量的 10%。

二、美国国债期货市场

(一)美国国债期货市场交易总体状况

与美国发达的国债市场相适应,美国的国债期货市场在全球国债期货市场中也占有非常重要的地位。

从交易量来看,美国的长期国债期货交易远比中短期国债期货交易活跃。目前,美国中长期国债期货交易主要有 2 年期、5 年期、10 年期、长期和超长期 5 个品种。由于长期国债对利率波动的敏感性要比短期国债大,因此,美国长期国债期货的交易量远大于短期国债期货。

图 2-2 是芝加哥商品交易所提供的 2000—2012 年美国 5 种期限国债期货合约的日均交易情况。我们可以看到,2000 年,30 年期限的国债期货合约交易量最大,其次是 10 年期国债期货和 5 年期国债期货。从 2001 年开始,10 年期国债期货

的交易量超过 30 年期国债期货,居第一位,此后 10 年期国债期货的日均交易量不断扩大,直至金融危机前的 2007 年占全部国债期货交易的一半以上。金融危机后 10 年期国债期货的日均交易量有所降低,但仍是交易量最大的一个品种。

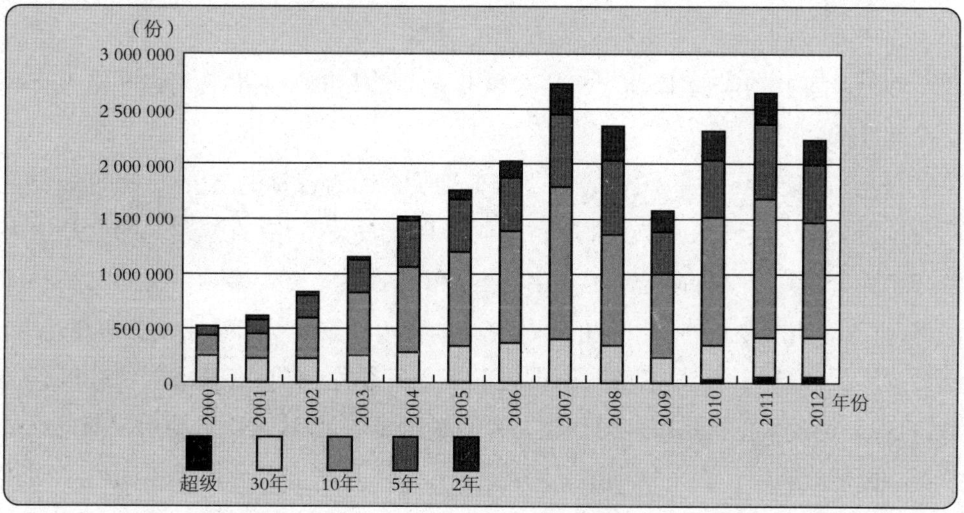

图 2-2 美国国债期货日均交易量

• 资料来源:芝加哥商品交易所网站。

Bloomberg 提供的交易数据显示,2014 年 10 月 30 日以来的一年内,从日均交易量看,交易最活跃的是 10 年期国债期货合约,日均交易量达 130.49 万份,其日均持仓量达 275.53 万份。

交易活跃排第二的是 5 年期国债期货合约,日均交易量达 74.34 万份,日均持仓量为 211.56 万份;交易活跃排第三的是 2 年期国债期货合约,日均交易量达 32.91 万份,日均持仓量为 128.9 万份;交易活跃排第四的是长期国债期货合约,日均交易量达 29.95 万份,日均持仓量为 58.03 万份;交易最不活跃的是超长期国债期货合约,日均交易量为 11.24 万份,平均持仓量 58.56 万份。

2013 年,美国 10 年期国债期货以 3.25 亿手的水平成为全球国债期货成交量排名第一的品种,同时,在 2013 年全球国债期货成交量排名前十的产品中,10 年期国债期货的成交量占比达到 55.43%,中期和短期产品成交量占比则分别为 25%和 19%。可见 10 年期国债期货在整个国债期货体系中的地位和优势。总的来说，随着美国政府中期国债市场的发展，芝加哥交易所推出的这一系列相应的债券期货合约，几乎可以完全覆盖美国国债收益率曲线。

（二）美国 10 年期国债期货市场分析

鉴于美国 10 年期国债期货产品在市场上的特殊重要性，我们对近一年来其成交状况进行分析。

图 2-3 是最近一年来美国 10 年期国债期货合约的每日交易价格、当日成交量和当日持仓量。我们知道，对国债价格（或者到期收益率）有直接影响的就是中央银行的货币政策。央行通过调控利率、债券和货币供应直接影响银行间市场利率水平，从而影响国债价格。国债价格的涨跌和货币政策的松紧紧密相关。在这里，微妙的是，市场利率上升周期中，国债收益率上升往往在前，而基准利率的调整在后，也就是说政策工具是跟随国债收益率的变化而变化，政策工具动用预期也反过来影响国债收益率。在市场利率下降周期中，往往是基准利率的调整引发了国债收益率的变化，也就是说，政策工具将国债收益率拉了下来，所以往往是基准利率降到位之后，国债牛市也就走到尽头了。

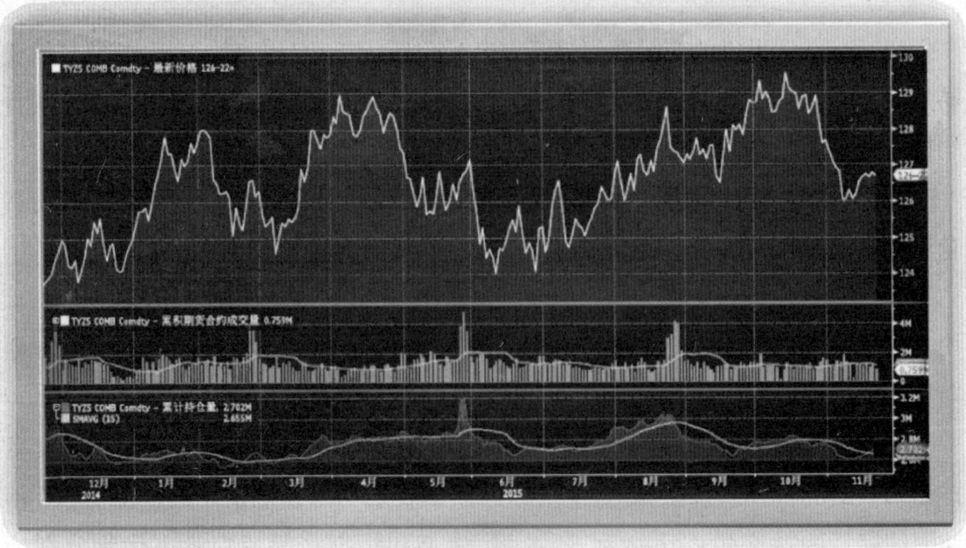

图 2-3　美国 10 年期国债期货的交易情况

• 资料来源：Bloomberg 数据库。

国债的供需关系也同样会对国债价格产生重要影响，投资者要计算每年到期的债券资金与当年新发行债券的计划资金。如果到期债券资金大于当年新发债券计划资金，就会导致债券需求大于供给，债券价格有可能上升；反之，如果债券发行量大于当年到期债券资金，债券的价格就可能下跌。例如美国在 20 世纪末克林顿总统执政时期，财政出现大量盈余，于是财政部决定提前回购一些债券，由于原有的供求关系发生变化，结果凡是被财政部列为回购的债券的价格都大幅上升。

由于国债可以看作没有信用风险以及具有固定收益属性，所以国债往往被作为避险资产来对待。也就是说当股市、大宗商品等风险资产出现明显下跌的时候，大量资金会转投国债，结果就是国债走势和股市之间呈现出跷跷板的效应。

如图 2-3 所示，近一年美国 10 年期国债期货的平均价格为 125.96，平均每天成交量为 130.49 万份，平均累积持仓量为 275.5 万份。在过去一年里，美国 10 年期国债期货的价格出现了 3 次周期性上涨和下跌。第一个周期是 2014 年 11 月—2015 年 2 月，第二个周期是 2015 年 3—6 月，第三个周期是 2015 年 7 月至今。第一个周期的最高价格出现在 2015 年 2 月 3 日，10 年期国债期货合约价格达到 128。第二个周期的最高价格出现在 2015 年 4 月 16 日，10 年期国债期货合约价格达到 129。第三个周期的最高价格出现在 2015 年 10 月 14 日，10 年期国债期货合约价格达到 $129\frac{17}{32}$。此后价格波动下降，最近 1 个交易日（11 月 19 日）的价格为 $126\frac{25}{32}$。

在过去一年里，美国 10 年期国债期货的每日交易量曾有三个峰值时期。第一个是 2015 年 2 月 23—26 日共 4 个交易日，平均每日交易 309.4 万份，是近一年平均每日交易量的 2.4 倍。第二个是 2015 年 5 月 26—28 日的 3 个交易日，平均每日交易 408.6 万份，是近一年平均每日交易量的 3.1 倍。第三个是 2015 年 8 月 24—27 日的 4 个交易日，平均每日交易 360.7 万份，是近一年平均每日交易量的 2.8 倍。这三个交易高峰期的第二个以买入为主，因此对应出现了累计持仓量的高峰期，即 5 月 27 日累计持仓量 319.3 万份。

下面我们分析一下美国 10 年期国债期货价格与对应的现货价格之间的关系。根据金融学原理，期货和标的现货价格之间会存在较强的相关关系。这种相关关系表现在两个方面。

其一,期货与标的现货价格走势基本一致。虽然现货市场与期货市场是两个各自独立的市场,但由于期货价格最主要的影响因素就是标的现货的价格,因而一般情况下两个市场的价格变动趋势是基本一致的。如果期货与标的现货价格的走势出现偏离,有无风险套利机会存在,则市场套利者会进行操作,最终使得期货与标的现货价格回复到无套利的市场均衡价格上。

其二,随着期货合约到期日的临近,现货市场与期货市场价格趋向一致。期货合约的交割制度保证了标的现货与期货价格随期货合约到期日的临近而趋于收敛。如果在交割日,期货价格与现货价格不同,例如期货价格高于现货价格,那么套利交易者就会卖出高价的期货合约,同时买入低价的现货,在无风险的情况下交割获利。这种套利交易最终使国债期货价格和现货价格趋向一致。

在不考虑交易成本的情况下,基差应该等于持有成本(即拥有可交割债券而支付的融资所得利息与筹措这项投资的成本之间的净利息差额)与交割期权价值之和。影响国债期货基差的因素非常复杂,因为基差决定于现货价格与期货价格,凡是可以影响这两者的因素最终都会影响基差,一般包括可交割债券近期、远期的市场供需状况,距期货合约到期期限,持有成本变化,市场预期,政策因素等。

具体来说,可交割债券特别是最便宜可交割债券的供求关系是影响国债期货合约基差的重要因素。这是因为市场上短期利率水平与长期利率水平的关系经常会出现变动,这使得交割债券供求关系出现变化,从而影响不同期限可交割债券的持有成本。期货合约到期期限也是影响基差的一个重要因素。至合约到期的时间愈长,持有成本愈大,反之则愈小,因此到期期限较长的期货合约的基差也往往较大。而随着合约到期日的临近,持有成本逐渐降低,基差也逐渐缩小。当非常接近期货合约到期日时,期货市场对应的现货价格应与最近期的期货价格接近,持有成本等于0,基差亦缩小至0,即所谓的基差收敛。

如图2-4所示,过去一年里,美国10年期国债期货(TYZ5)的价格比较平稳,以2014年11月24日的价格为指数100,则10年期国债期货的价格指数在99—103之间波动。而10年期国债现货的价格波动比较剧烈。以2014年11月24日的价格为指数100,10年期国债现货价格指数最低时在2015年1月30日,只有71.14,而最高价格指数为2015年6月26日的107.21。

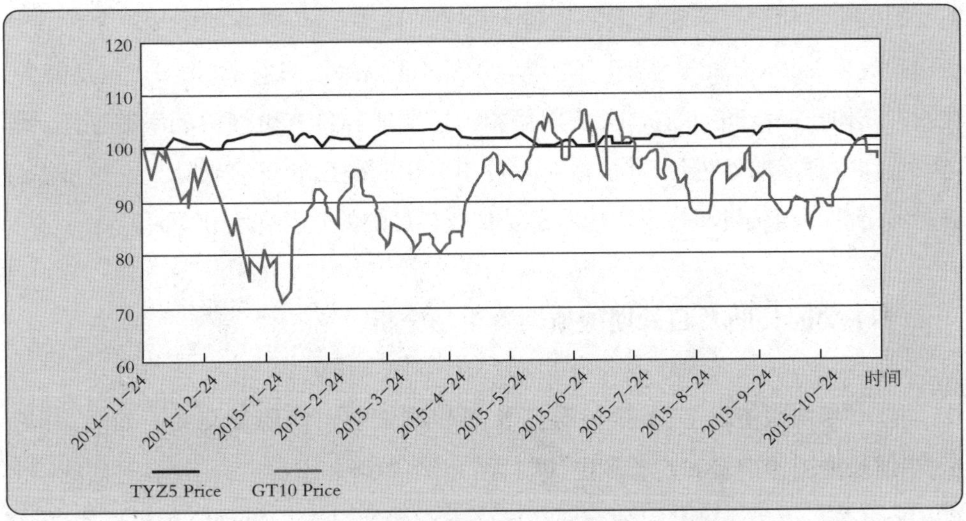

图 2-4　美国 10 年期国债期货价格与现货价格指数

• 资料来源:Bloomberg 数据库。

(三) 美国中短期国债期货市场分析

5 年期和 2 年期国债期货属于美国中期国债期货。如图 2-5 所示,5 年期国债

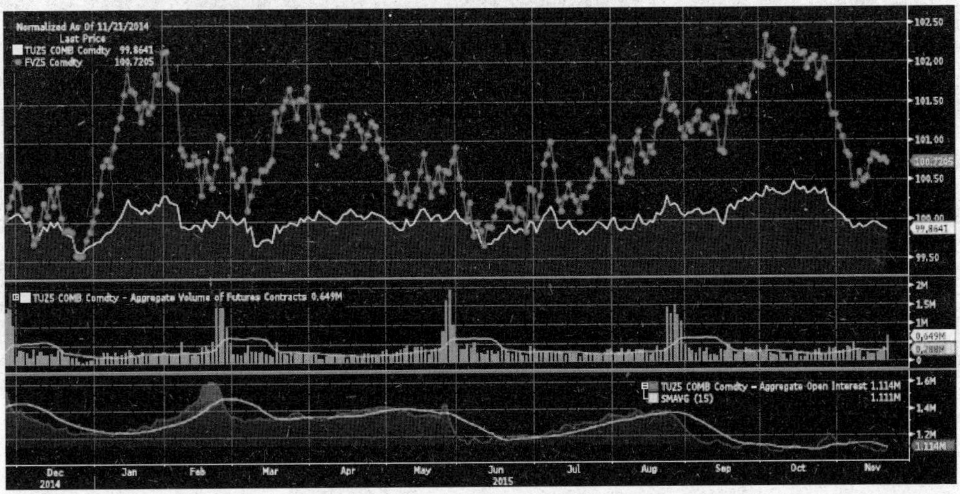

图 2-5　美国 5 年期和 2 年期国债期货的交易情况

• 资料来源:Bloomberg 数据库。

期货的价格波动比 2 年期国债期货要大得多。过去一年，5 年期国债期货的价格变异系数为 0.006 8，而 2 年期国债期货的价格变异系数只有 0.002 6。这是因为，在所有其他情况相同的前提下，长期债券比短期债券具有更强的利率敏感性。固定收益债券到期期限越长，其价格对收益率变化所作出的反应则越大。这可以理解为：在到期期限越长时，人们越能感受到较长期限的收益率变化。

（四）美国长期及超长期国债期货市场分析

在 10 年期国债以上，美国还存在长期和超长期国债期货交易。如图 2-6 所示，美国长期国债期货和超长期国债期货的价格走势非常接近，在许多时期两条曲线几乎重叠在一起。这是因为，长期（可交割剩余期限 15—25 年）和超长期（可交割剩余期限 25—30 年）国债期货的价格受到市场对未来美国和世界经济趋势预期的影响更大，而这种预期对于 15—25 年后的未来和 25—30 年后的未来大致是相同的。

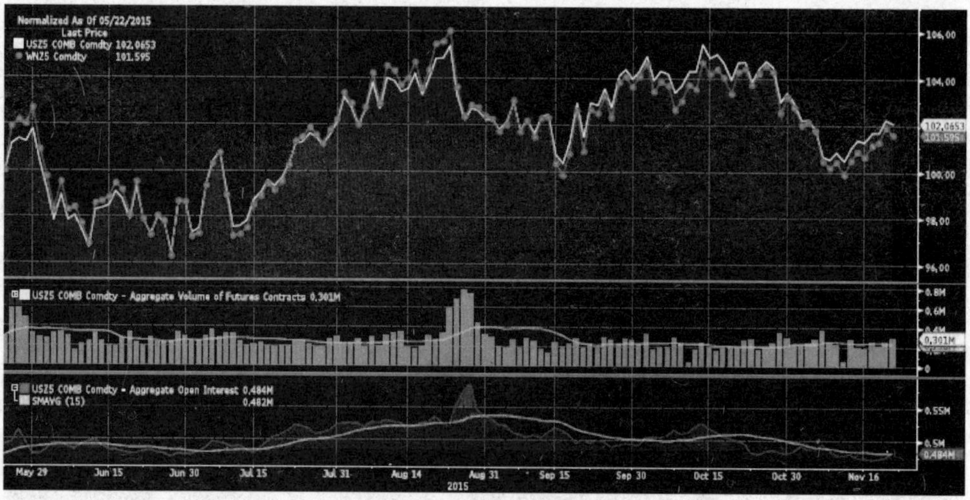

图 2-6　美国长期和超长期国债期货的交易情况

• 资料来源：Bloomberg 数据库。

同时我们看到，美国长期和超长期国债期货的价格波动远比中短期国债期货价格波动剧烈。过去一年里，美国长期国债期货价格变异系数为0.027 7，超长期国债期货的价格变异系数为0.031 3，而10年期国债期货的价格变异系数为0.011 4。长期国债期货合约的价格波动比短期国债期货合约更大，说明长期国债期货合约受到的不确定性影响因素更多。

三、日本国债期货市场发展

（一）日本国债市场概况

日本国债发行最早可以追溯至1870年，至今已有130多年的历史，其国债市场发展可以分为六个阶段。[①]

第一阶段：1870—1894年。以1870年日本明治政府为筹集铁路建设资金发行近500万日元的国债为开端，日本政府逐渐利用发行国债进行财政筹资活动。

第二阶段：1895—1945年。随着资本主义制度的确立和经济发展，日本走上了对外扩张道路。尤其是1931—1945年第二次世界大战期间，日本国债发行大量增加，完全陷入非正常状态。

第三阶段：1946—1964年。第二次世界大战结束后，在美国的主导下，日本进行了全面的非军事化和民主化改革，制定了新宪法。在财政领域，颁布新的《财政法》，确立了新的财政预算体系，这段时间，日本坚持平衡预算原则，没有发行国债。

第四阶段：1965—1974年。为加强宏观经济调控，减少经济周期波动影响，日本政府于1965年重新恢复国债发行，但发行量不大。这一时期，国债政策的主要目标是压低国债筹资成本，以国债为核心形成低利率机制，为经济快速增长创造低利率环境。

第五阶段：1975—1993年。1975—1980年，日本国债发行规模快速上升。国债发行市场化水平不断提高，10年期国债率先通过招标方式发行。同时，国债二级市场也快速发展，1985年，东京证券交易所推出10年期和20年期国债的期货交易，1986年后开始允许国外投资者参与国债期货交易，并相继推出了利率互换

① 参见东吴期货研究所(2013b)。

和期权等其他衍生产品。

第六阶段:1994 年至今。虽然日本于 1990 年停发了赤字国债,但随着经济泡沫的破灭,日本重新启用扩张性的财政政策,以刺激经济复苏,这就使 1990 年刚出现的财政盈余逐渐减少。为促进国债顺利发行,发展完善国债市场,日本采取了一系列改革措施:1999 年,停止征收有价证券交易税;2001 年,国外投资者可以购买日本国债;2003 年,引入本息拆离债,对资本金 1 亿日元以上的企业持有的国债停止征收利息税;2004 年,发行了通胀指数国债。

(二) 日本国债期货市场的发展

自 1975 年大量发行之后,日本国债发行余额从 1975 年的 14.9 万亿日元增长到 1985 年的 132.9 万亿日元,10 年间增长了 10 倍。而国债交易额从 1975 年的 492 亿日元增长到 1985 年的 47.9 万亿日元,10 年间增长了 974 倍。国债现货市场的快速发展为国债期货的推出奠定了良好的现货市场基础,至 1985 年日本推出国债期货时,国债余额和 GNP 之比为 9.9%。

日本国债规模的大幅增加,伴随利率市场化和金融自由化的逐步推进,导致企业和投资者面对越来越大的利率变动风险。在此背景下,1985 年日本议会通过了证券交易法的修正法,决定同年 10 月创设债券期货市场,其中修正法还允许银行等金融机构参与证券交易所的债券期货交易,于是 1985 年 10 月日本国债衍生品市场应运而生。

1985 年,10 年期日本国债期货合约在东京证券交易所上市交易,1986 年,该合约的交易量一度超过了芝加哥商品交易所(CBOT)的美国长期国债期货合约的交易量。近几年,日本 10 年期国债期货合约年度交易量超过 1 000 万手(日均约 4 万手),在全球主要利率期货品种中占据一席之地。

自东京证券交易所(TSE)1985 年推出 10 年期日本国债期货合约后,1988 年推出 20 年期日本国债期货合约,该合约由于无交易量,已于 2002 年年底暂停交易;1989 年推出日本长期国债期货合约,该合约于 1999 年暂停,2001 年退市;1996 年推出 5 年期日本国债期货合约;2009 年 3 月推出 10 年期迷你日本国债期货合约。国债期货市场建立之后,参与的机构投资者如银行、保险公司等不断增加,由于这些机构投资者的投资具有分散性、大宗性和长期性等特点,使得其面临较大的价格风险,为适应其避险需求,TSE 又于 1990 年上市了国债期货期权合约。当前 10 年期日本国债期货合约为日本国债期货的主要品种,其他合约品种的交易量都不大。

(三) 日本 10 年期国债期货市场交易分析

图 2-7 是近半年来日本 10 年期国债期货合约的市场交易情况。近一年的平均价格为 147.42,平均每天成交量为 3.43 万份,平均累积持仓量为 10.2 万份。过去半年,日本 10 年期国债期货大致经历了一个价格周期。从 2015 年 3 月开始,日本 10 年期国债期货价格波动下降,2015 年 6 月 11 日达到最低价格 145.61。2015 年 7 月开始,日本 10 年期国债期货的价格又开始大幅上升,10 月 29 日达到此次周期的最高价格 148.63。此后价格波动下降,最近 1 个交易日(11 月 20 日)的价格为 148.39。

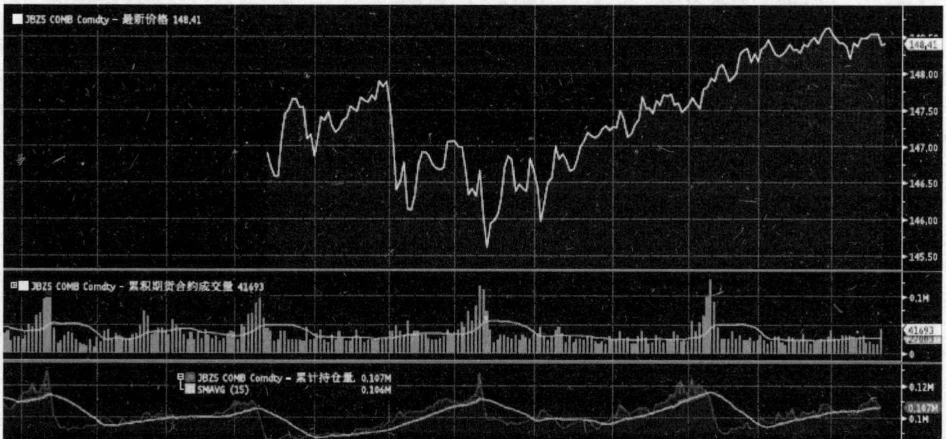

图 2-7 日本 10 年期国债期货的交易情况

• 资料来源:Bloomberg 数据库。

在过去半年,日本 10 年期国债期货的每日交易量曾有两个峰值时期。第一个是 2015 年 6 月 8—11 日共 4 个交易日,平均每日交易 9.5 万份,是近一年平均每日交易量的 2.8 倍。第二个是 2015 年 9 月 7—9 日的 3 个交易日,平均每日交易 10.5

万份，是近一年平均每日交易量的 3.1 倍。这两次交易高峰期均是以买入为主，因此对应出现了累计持仓量的两个高峰期，即 2015 年 6 月 10 日累计持仓量 11.3 万份，9 月 9 日累计持仓量 10.1 万份。

（四）日本 10 年期国债期货与美国 10 年期国债期货的比较

比较日本 10 年期国债期货价格与美国 10 年期国债期价格在过去一年的走势可以发现，日本 10 年期国债期货的价格相对比较剧烈，且一直低于美国 10 年期国债期货的价格水平（见图 2-8）。日本 10 年期国债期货的价格变异系数为 0.076 1，而美国 10 年期国债期货的价格变异系数为 0.011 4。这说明市场对美国经济未来发展的预期比较稳定，并且预期日本经济的增长率低于美国。

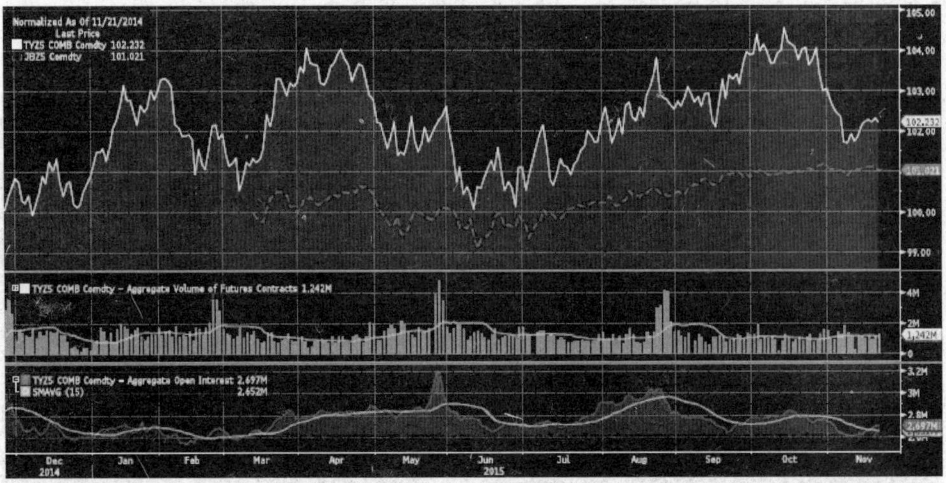

图 2-8　日本与美国 10 年期国债期货的交易情况

• 资料来源：Bloomberg 数据库。

四、欧元区国债期货市场发展

（一）欧元区国债市场概况

欧洲国债期货市场起源于 1982 年，伦敦国际金融期货及期权交易所（LIFFE）

首次推出了以英国 20 年长期金边债券为标的物的英国 20 年期国债期货。随后，法国在 1986 年，德国在 1992 年陆续推出了国债期货。通过 30 年来的发展，欧洲国债期货市场目前已成为世界上第二大国债期货交易市场，2012 年总成交量达 388 万亿美元，占全球市场的 38%。欧洲国债期货市场主要包括两个部分：欧元区国债期货市场和英国国债期货市场。此外还包括瑞士国债期货等市场。

在欧洲，最主要的国债期货合约分别是德国长、中、短期国债期货合约和英国政府金边债券期货合约。因为欧元区的设立，德国长、中、短期国债期货后变为以欧元计价的欧元国债期货。因为欧洲市场的国家众多，每个国家的经济发展不同，各个品种的国债期货合约呈现不同的发展趋势，但随着欧元区的建立和欧洲各交易所间合并的增多，欧洲国债期货品种间不断趋同并发生了新的变化。

欧元区国债期货的基础是德国国债期货。德国国债期货的诞生受到国际因素的影响。1988 年伦敦国际金融期货及期权交易所率先上市德国国债期货，上市第二年就超过英国金边债券期货。这促使德国期货交易所(DBT)在 20 世纪 90 年代初上市德国国债期货。东西德合并以来，由于预算赤字较大，联邦政府为了满足国库支出的需要和降低国债筹资风险，以发行长期国债为主，因此，国债余额主要集中在 10—30 年期。近年来，联邦财政部注重调整国债的期限结构，扩大了 6 个月期以下的国库贴现债券的发行比重，同时，有目的地下调了长期国债的发行占比。经过努力，德国国债平均期限大幅度缩短。因此，短期欧元债券期货的持仓量不断上升并超过了长期欧元债券期货。值得注意的是，在成交量上长期欧元债券期货还是占有主要地位，这主要是由于长期欧元债券期货的波动性更强，从而促使投机和套利者参与其中。

1998 年 9 月，DTB 与瑞士期权和金融期货交易所(FOFFEX)组成欧洲期货交易所(EUREX)。凭借领先的技术优势并利用欧元成立的契机，市场和投资者呼吁利率趋向统一，不同欧元区国家国债收益率曲线趋同、价差收窄。经过激烈的竞争后，其他国债的债券期货最终消失。1998 年 10 月，EUREX 上市了欧元计价的国债期货。经过半年的过渡期后，原有的以德国马克计价的国债期货品种在 1999 年 3 月全面退市。欧元国债期货成为管理欧元区利率风险的主要工具，是全球成交量最大的期货合约之一。目前在德国市场上交易的国债期货品种有息票利率为 6%的长期欧元债券期货(Euro-Bund Futures)、息票利率为 4%的超长期欧元债券期货(Euro-Buxl Futures)、中期欧元债券期货(Euro-Bobl Futures)、短期欧元债券

(Euro-Schatz Futures)、瑞士长期国债期货(SWISS FED Futures)、瑞典 5 年期国债期货(SWEDISH Futures)。欧元区的其他国债期货品种还有欧债危机以后出现的短期欧元意大利国债期货(Short-term Euro-BTP Futures)、长期欧元意大利国债期货(Euro-BTP Futures)和长期欧元法国国债期货(Euro-OAT Futures)。

1986 年,法国国际金融期货交易所(MATIF)推出了法国国债期货;1991 年,LIFFE 推出了意大利国债期货,但两者随着欧元区的建立和德国国债期货的兴起,在 20 世纪 90 年代末分别退市。但是,2009 年发生的欧债危机使得欧元区各国的国债收益率价差扩大,经济实力较弱的边缘国家发行的国债遭到市场的大幅抛售,债券收益率波动剧烈,仅利用德国国债期货难以实现针对其他国家国债现货收益率变动的风险转移,难以覆盖多种风险管理需求。因此,2009 年 9 月,EUREX 推出 10 年期意大利国债期货,随后推出意大利短期国债期货。2012 年 4 月,EUREX 又推出了法国长期国债期货。由于在次贷危机期间上市,意大利长期国债期货能够为实力较差主权国家的国债提供风险管理工具,一上市便大获成功,随后推出的意大利短期和中期国债期货更完善了产品线结构。以意大利长期国债期货为例:两年内持仓量从刚上市不足 5 000 手增加到 2013 年的 9 万余手,增长率接近 20 倍;成交量从上市初期约 5 000 手增加到目前约 3 万手,增长率约 6 倍。

法国和意大利国债期货的重新上市是对市场欧元区债务危机的一个合理反应。欧元区各国虽然统一了货币,推行了共同的货币政策,但是财政政策仍然由各成员国自行实施,也没有有力的转移支付机制。意大利等财政状况不佳的国家发行的国债虽然与德国发行的国债同样以欧元计价,但是其风险特征显然相差甚远。因此意法国债期货的重新上市能为市场提供新的且有效的风险管理工具。意法两国的国债期货为投资者提供了与欧元国债期货套利的工具,投资者可以寻找德国国债、法国国债和意大利国债之间的价差进行套利交易。同时,由于意法两国的信用级别被降低,因此还可以用于较高级别的公司债的套保和套利交易中。

(二)欧洲 10 年期国债期货交易情况

图 2-9 是近半年来欧元区 10 年期国债期货合约的市场交易情况。近半年的平均价格为 155.23,平均每天成交量为 69.4 万份,平均累积持仓量为 126.1 万份。

过去半年,欧元区 10 年期国债期货大致经历了一个价格周期。从 2015 年 3 月 9 日的 156.95 开始,价格的最高点出现在 2015 年 4 月 20 日,最高价格 160.41。此后价格波动下降,2015 年 6 月 20 日达到最低价格 148.97。2015 年 7 月开始,欧元区 10 年期国债期货的价格又开始大幅上升,10 月 27 日达到这个周期的最高价格 158.35。此后价格波动下降,最近 1 个交易日(11 月 20 日)的价格为 157.99。

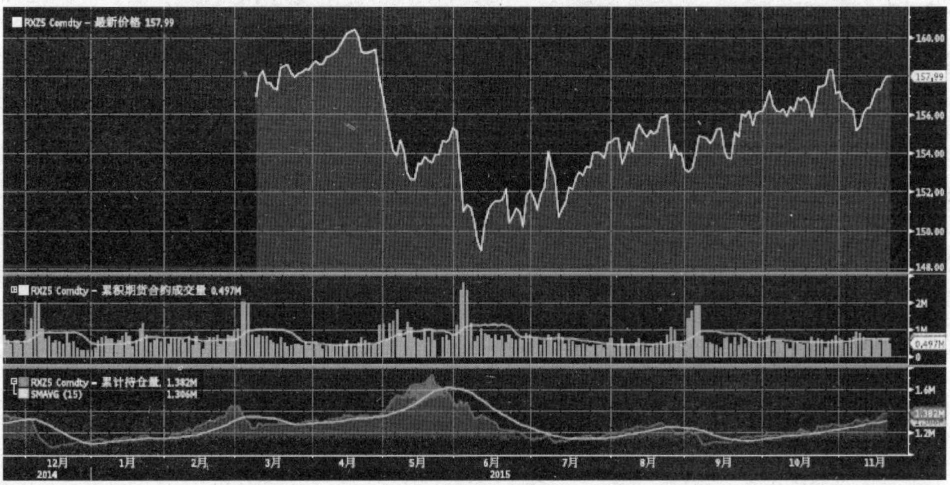

图 2-9　欧元区 10 年期国债期货的交易情况

• 资料来源:Bloomberg 数据库。

在过去半年,欧元区 10 年期国债期货的每日交易量曾有两个峰值时期。第一个是 2015 年 6 月 1—5 日共 5 个交易日,平均每日交易 201.3 万份,是近半年平均每日交易量的 2.9 倍。第二个是 2015 年 9 月 1—4 日的 4 个交易日,平均每日交易 171.4 万份,是近一年平均每日交易量的 2.4 倍。这两个交易高峰期均是以卖出为主,因此累计持仓量的高峰期出现在这两个交易高峰期之前,即 2015 年 5 月 21 日累计持仓量 172.94 万份。

(三) 欧元区 10 年期国债期货与美国 10 年期国债期货比较

如图 2-10 所示,欧元区 10 年期国债期货(RXZ5)的价格波动大于美国 10 年期国债期货(TYZ5),且价格水平低于美国 10 年期国债期货的价格水平。欧元区

10 年期国债期货(RXZ5)的价格变异系数为 0.016 6，大于美国 10 年期国债期货的价格变异系数 0.011 4。这说明市场对欧元区经济的未来发展趋势预期分歧比较大，而且预期前景不如美国经济。

图 2-10 欧元区与美国 10 年期国债期货的交易情况比较

• 资料来源：Bloomberg 数据库。

困扰欧元区经济的债务危机问题并未结束。欧盟统计局的数据表明，2015 年第一季度，欧元区 19 国政府债务达到了历史新高，占国内生产总值达 92.9%，同比增加了 1 个百分点。欧盟 28 国政府债务也从 2014 年第一季度的 86.2%上升到 88.2%。其中，希腊主权债务占国内生产总值比例为 168.8%；意大利、葡萄牙主权债务比例分别为 135.1%和 129.6%。一向被视为欧元区经济引擎的德国，其债务比例也超过了欧盟规定的 60%这一界限，达到 74.4%，法国则高达 97.5%。

2015 年下半年以来，叙利亚和中东难民问题成为欧元区和欧盟面临的最大困难。欧盟正在团结和安全之间痛苦抉择，各国政府艰难应对来自叙利亚、阿富汗和非洲之角的难民，此事正在很多国家引发政治后果。德国总理默克尔敦促欧盟国家向难民开放大门，但其他领导人认为最重要的事情是控制欧盟的外部边境，限制移民流入，将更多未被接受避难的人驱逐出境，以及向第三方国家支付金钱让他们将难民留在国内。欧盟国家在难民政策问题上的分歧加剧了市场对欧元区经济前景的担忧。因此我们看到，2015 年下半年以来欧元区 10 年期国债期货的价格一路上升。

（四）欧元区 10 年期国债期货与欧元意大利 10 年期国债期货的比较

欧元区 10 年期国债期货的基础是德国国债期货，因此其价格走势更多地反映了市场对德国经济前景的看法，相对来说还是比较有信心的。而意大利的经济形势不如德国，这就导致以意大利国债为基础发行的欧元区意大利 10 年期国债期货的价格（IKZ5）与欧元区 10 年期国债期货（RXZ5）之间出现了明显的差异。如图 2-11 所示，在过去的半年，欧元区意大利国债期货的价格一直低于欧元区国债期货，而且其波动也更加剧烈。欧元区意大利国债期货的价格变异系数为 0.072 1，远大于欧元区 10 年期国债期货（RXZ5）的价格变异系数 0.016 6。

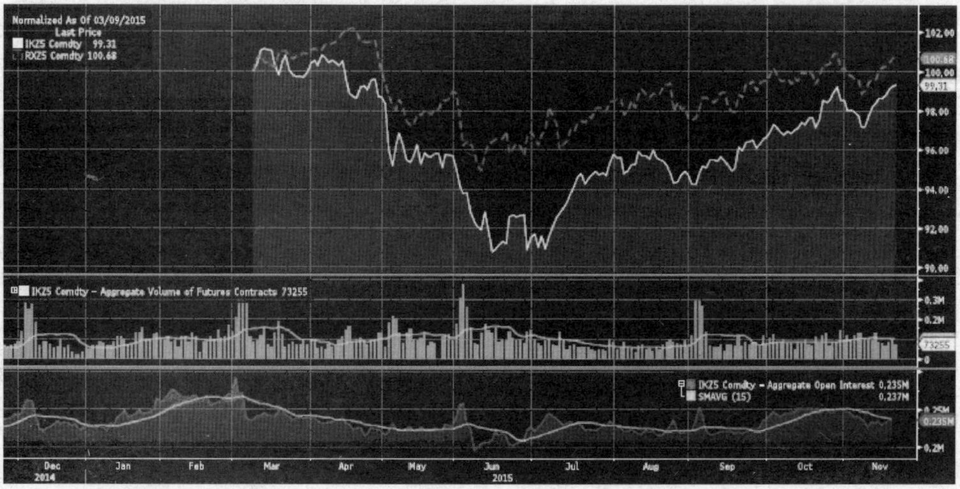

图 2-11　欧元区 10 年期国债期货与意大利 10 年期国债期货的交易情况比较

• 资料来源：Bloomberg 数据库。

五、英国国债期货市场发展

（一）发展概况

英国国债期货的标的是英国财政部发行的金边债券，因此英国的国债期货也被称作金边债券期货。1982 年 9 月 30 日，LIFFE 正式营业，并于同年开始经营政府债券期货。1986 年英国利率市场化完成后，英国的国债期货交易得到了长足的发展，很快成为美国之外的最大的国债期货和期权市场。1992 年 3 月，伦敦期权交易所(London Traded Options Exchange)与 LIFFE 合并，仍称为 LIFFE。

成立之初，LIFFE 是一个会员制交易所。当时英国国债发行利率和二级市场上国债流通收益率基本实现市场化，完整的国债收益率曲线基本形成，初步实现了国债市场的价格发现功能。由于利率管理的放松，利率的波动突然变大，刺激了很多新的套保和套利者进入市场，成交量也因此放大。同时期，英国国债市场供应充足，发行量仅次于美国和日本，促成了金边债券期货合约成为 LIFFE 最活跃的期货合约。

英国国债期货交易的产生和迅速发展主要有以下三方面原因：一是国际金融形势变化所产生的风险管理的需要，伦敦作为欧洲最大的国际金融中心，其资本市场和货币市场日趋国际化，吸引了大量的跨国公司参与其中；二是 20 世纪 80 年代以来，美国金融期货交易不断创新，特别是长期国债期货的巨大成功为英国推出自己的国债期货品种提供了可以借鉴的经验，同时也增加了伦敦作为传统国际金融中心的紧迫感，客观上推动了 LIFFE 国债期货的发展；三是伦敦具有的金融优势和英国金融当局的支持是国债期货交易发展的有效保证。

从 LIFFE 长期金边债券期货的成功可以看出，LIFFE 长期金边债券期货一直在所有利率衍生品中保持前列，这与英国国债期货的兴旺与国债现货的发行量以及利率风险事件有着很大的联系。从 20 世纪 90 年代至今的经验来看，当政府财政政策扩张时，国债现货存量的增加能大大地促进国债期货市场的快速发展。同时，利率风险事件往往也能刺激国债期货成交量和持仓量的增加。从 LIFFE 其他中短期国债期货产品(不包括短期的利率期货品种)的失败可以了解到交易所技术的革新和合约设计的合理性是产品能否长期稳定地在市场中发展的关键。LIFFE 技术系统的落后、合约设计在交割机制上的缺陷使得中短期国债期货在市场中一直难以发展。

(二) 英国 10 年期金边国债期货市场分析

图 2-12 是 2015 年半年来英国 10 年期国债期货合约的市场交易情况。半年

的平均价格为 116.87,平均每天成交量为 18.62 万份,平均累积持仓量为 42.85 万份。2015 年上半年,英国 10 年期国债期货大致经历了一个价格周期。从 2015 年 3 月 30 日的 118.93 开始,英国 10 年期国债期货的价格波动下降,2015 年 6 月 25 日达到最低价格 113.8。2015 年 7 月开始,英国 10 年期国债期货的价格又开始大幅上升,10 月 2 日达到最高价格 119.73。此后价格波动下降,11 月 20 日的价格为 119.17。

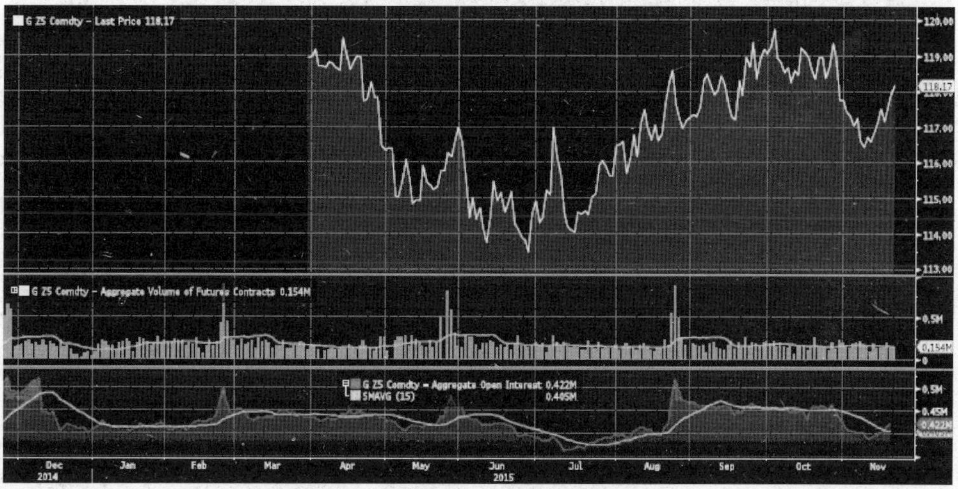

图 2-12　英国 10 年期国债期货的交易情况

• 资料来源:Bloomberg 数据库。

2015 年下半年,英国 10 年期国债期货的每日交易量曾有两个峰值时期。第一个是 2015 年 5 月 22—27 日共 4 个交易日,平均每日交易 64.1 万份,是 2015 年下半年平均每日交易量的 3.5 倍。第二个是 2015 年 8 月 24—26 日的 3 个交易日,平均每日交易 63.9 万份,是 2015 年下半年平均每日交易量的 3.5 倍。这两个交易高峰期均是以买入为主,因此对应出现了累计持仓量的 2 个高峰期,即 5 月 27 日累计持仓量 48.3 万份,8 月 25 日累计持仓量 51.8 万份。

(三) 英国 10 年期国债期货与美国 10 年期国债期货比较

图 2-13 是 2015 年英国 10 年期国债期货(GZ5)与美国 10 年期国债期货(TYZ5)的价格走势比较。我们看到,英国 10 年期金边国债期货的价格波动远远

大于美国 10 年期国债期货。英国 10 年期金边国债期货的价格变异系数为 0.014 1，大于美国 10 年期国债期货的价格变异系数 0.011 4。这是因为，英国金融市场的规模相对于美国要小很多，因此英国国债期货的价格波动更大。

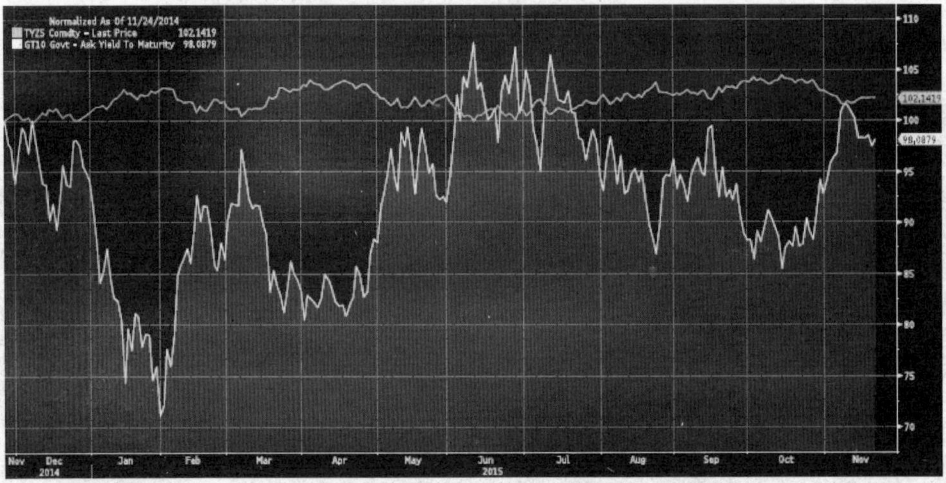

图 2-13　英国与美国 10 年期国债期货的交易情况比较

• 资料来源：Bloomberg 数据库。

六、澳大利亚国债期货市场发展

澳大利亚的利率期货市场自建立至今，已经有 30 年的发展历史。悉尼期货交易所(Sydney Futures Exchange, SFE)是美国之外第一家推出金融期货的交易所，早在 1979 年 10 月，澳大利亚就推出了 90 天银行票据合约。由于澳大利亚金融系统的开放性以及其利率的高度波动性，该合约交投一直很活跃。1984 年 2 月，SFE 首次在美国市场之外推出 2 年期国债期货。但由于交易不活跃，两年后该产品被迫退市。1984 年 12 月，SFE 推出了 10 年期联邦债券合约，在经历了 20 世纪 80 年代后期新债发行减少，以及澳大利亚财政部倾向于采用短期债务工具的挑战后，该合约最终延续了下来。1988 年 5 月，SFE 推出了 3 年期联邦政府债券合约，该合约也取得了巨大的成功。[1]

---

① 参见东吴期货研究所(2013c)。

经过多年的发展，澳大利亚的利率期货市场已经成为世界上流动性最好的市场之一。在 2008 年全球长期利率期货合约的成交排名中，澳大利亚 3 年期国债期货和 10 年期国债期货的成交量分别位列第 10 位和第 12 位。另外，澳大利亚的短期利率期货品种也比较活跃，其中 90 天银行票据期货、30 天银行间现金利率期货和 3 个月新西兰票据期货的成交量分别位列 2008 年全球短期利率期货品种的第 6、第 9 和第 10 位。

图 2-14 是 2015 年下半年澳大利亚 10 年期国债期货合约的市场交易情况。2015 年下半年的平均价格为 97.18，平均每天成交量为 12.32 万份，平均累积持仓量为 72.33 万份。2015 年下半年，澳大利亚 10 年期国债期货大致经历了一个价格周期。2015 年 6 月 16 日—8 月 24 日，价格波动上升，最高价格 97.475。此后价格波动下降，2015 年 11 月 13 日达到最低价格 97.01。11 月 20 日的价格为 97.07。

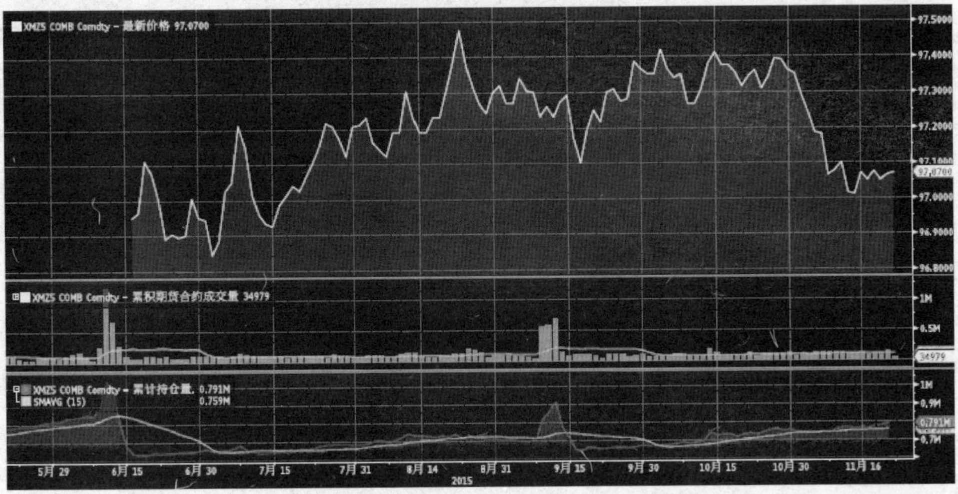

图 2-14 澳大利亚 10 年期国债期货的交易情况

• 资料来源：Bloomberg 数据库。

2015 年下半年，澳大利亚 10 年期国债期货的每日交易量曾有一个峰值时期，即 2015 年 9 月 9—14 日共 4 个交易日，平均每日交易 49.7 万份，是 2015 年下半年平均每日交易量的 4.1 倍。这个交易高峰期均是以买入为主，因此对应出现了累计持仓量的一个高峰期，即 2015 年 9 月 11 日累计持仓量 91.4 万份。

七、加拿大国债期货市场发展[①]

加拿大国债期货由蒙特利尔交易所推出。蒙特利尔交易所是加拿大的金融衍生品交易所，成立于 1874 年，是加拿大历史最悠久的交易所。1975 年，蒙特利尔交易所率先在加拿大推出股票衍生品交易，随后又在 20 世纪 80 年代早期开始期货交易。2008 年 5 月，多伦多证交所集团完成对蒙特利尔交易所的并购，蒙特利尔交易所也成为多伦多证交所集团下属的一个专业经营金融衍生产品的交易所。

蒙特利尔交易所交易的国债期货产品有加拿大 2 年期国债期货(CGZ)、10 年期国债期货(CGB)、30 年国债期货(LGB)，在 3 个国债期货合约中，CGB 是占绝对优势的品种，2007 年，CGB 交易量占所有国债期货交易量的 99.9%。

加拿大 10 年期国债期货的合约标的是面值 100 000 加元，票面利率 6%的名义国债，合约月份为 3 月、6 月、9 月和 12 月。报价方式为每 1 点等于 1 000 加元，最小价格变动为每个合约 0.01 点，即 10 加元。10 年期国债期货的最后交割日为交割月份最后一个工作日前的 7 个工作日。对交割债券的要求是：从交割月份第一日到债券到期日的时间应该在 8—10.5 年之间；债券的市场流通面值不少于 35 亿加元；是由加拿大政府招标发行的 10 年期债券；发行日应在交割月份第一交易日前至少 15 天。

1999 年，蒙特利尔交易所开始从传统的“喊价”交易模式向现代化的电子交易模式转变。2001 年，蒙特利尔交易所基于 Tandem、AS400 等专用平台实现了第一代的电子化交易结算系统，成为北美首家完全电子化交易的金融衍生品交易所。2005 年，蒙特利尔交易所为了减少运营成本，决定抛弃昂贵的 Tandem、AS400 等封闭式主机，转向灵活、成本低廉的开放式系统。同年，蒙特利尔在自主开发的开放式系统平台上实现了新一代的电子化交易系统 SOLA。2006 年，蒙特利尔交易所将 SOLA 交易系统进一步推广到波士顿期权交易所 BOX。2007 年，基于波士顿证券交易所的监管要求，蒙特利尔交易所 ITS 为 BOX 开发了 SOLA 监察系统。蒙特利尔交易所 ITS 开发的 SOLA 结算系统于 2008 年上线，替换原有基于

① 部分内容参见王琦(2013)。

AS400 的结算系统。

加拿大国债期货交易的交易撮合原则为价格优先、时间优先的原则。由于 2 年期国债期货的流动性较差,为了提高其交易流动性,蒙特利尔交易所指定了 TD 银行与 RBC 银行作为 2 年期国债期货的做市商。而流动性较好的 10 年期国债期货与 30 年期国债期货则没有采用做市商制度。加拿大国债期货的结算业务由加拿大衍生产品结算公司(Canadian Derivatives Clearing Corporation, CDCC)负责处理。

图 2-15 是 2015 年以来加拿大 10 年期国债期货合约的市场交易情况。2015 年的平均价格为 140.14,平均每天成交量为 6.98 万份,平均累积持仓量为 37.11 万份。2015 年,加拿大 10 年期国债期货大致经历了两个价格周期。第一个价格周期是 2014 年 12 月—2015 年 6 月,价格的最高点出现在 2015 年 2 月 2 日,最高价格 143.85。此后价格波动下降,2015 年 6 月 26 日达到最低价格 136。2015 年 7 月开始,加拿大 10 年期国债期货的价格又开始大幅上升,8 月 24 日达到第二个周期的最高价格 143.88。此后价格波动下降,11 月 20 日的价格为 139.82。

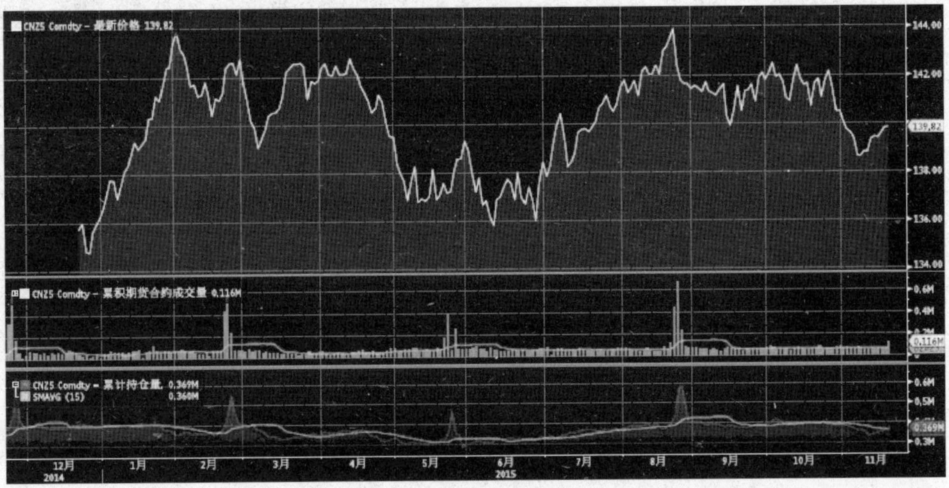

图 2-15　加拿大 10 年期国债期货的交易情况

• 资料来源:Bloomberg 数据库。

2015 年,加拿大 10 年期国债期货的每日交易量曾有 3 个峰值时期。第一个是 2015 年 2 月 20 日、23 日、24 日共 3 个交易日,平均每日交易 41.4 万份,是 2015

年平均每日交易量的7倍。第二个是2015年5月21—26日的4个交易日，平均每日交易22.5万份，是2015年平均每日交易量的3.2倍。第三个是2015年8月21—26日的4个交易日，平均每日交易36.5万份，是2015年平均每日交易量的5.2倍。这三个交易高峰期均是以买入为主，因此对应出现了累计持仓量的3个高峰期，即2015年2月24日累计持仓量54.8万份，5月26日累计持仓量35.0万份，8月26日累计持仓量58.7万份。

八、韩国国债期货市场发展

韩国债券市场自韩国政府成立以来不断发展，政府对其从最初的种种管制到对外开放，使得韩国债券市场在近年来尤其是1997年亚洲金融风暴之后发展迅速，已成为亚洲第三大债券市场，仅次于日本和中国。

韩国的政府债券主要可以分为四种：中央政府发行的公债，又称国库券(Treasury Bonds，简称KTB)；国家住房债券(National Housing Bonds，简称NHBs)；外汇稳定债券(Foreign Exchange Stabilization Bonds，简称FESBs)以及谷物安全债券(Gain Securities)。

总体来看，韩国国债期货市场的发展相当成功。韩国于1999年9月推出韩国3年期国债(KTB)期货，2002年5月推出KTB利率期货期权，2003年8月，上市5年期韩国国债期货。2008年2月推出10年期国债期货。短短的5年间，韩国的国债期货与期权日交易量就从1999年的30万张跃升到2005年1 122万张。在韩国的利率衍生品当中，3年期国债期货已经成为全球国债期货和期权市场上最为活跃的金融期货品种之一。2007年，韩国3年期国债期货成交量达到1 271万手。[①]

韩国自1999年推出3年期国债期货以来，刚开始市场的表现一般，交易并不活跃。开始一年左右的时间内，平均每月的交易量不足10万手，人气不旺。到了2001年1月，情况出现了变化，随着债券现货市场的一系列变化，3年期国债期货渐渐获得了市场的认可，月交易量跃升50万手以上，并一度达到每月160万手的

---

① 参见东吴期货研究所(2013d)。

交易量，随后交易量逐渐稳定下来，成为韩国国债期货市场的主要交易品种。2000年10月，韩国政府第一次发行了10年期国债(收益率为6.56%)。为了提高10年期国债的流动性，韩国证券与期货交易所(KRX)于2008年2月28日上市了10年期国债期货合约，该合约采用实物交割。但是该合约上市初期的交易并不活跃，平均日交易量只有几十手。

图2-16是2015年下半年以来韩国10年期国债期货合约的市场交易情况。2015年下半年的平均价格为124.09，平均每天成交量为4.79万份，平均累积持仓量为7.03万份。2015年下半年，韩国10年期国债期货大致经历了一个价格周期。从2015年6月17日的121.06开始，价格波动上升，最高点出现在2015年10月5日，最高价格126.75。此后价格在这个高位上波动，10月28日达到新的最高价格126.81。此后价格波动下降，11月11日达到近期的最低价格124。11月20日的价格为124.47。

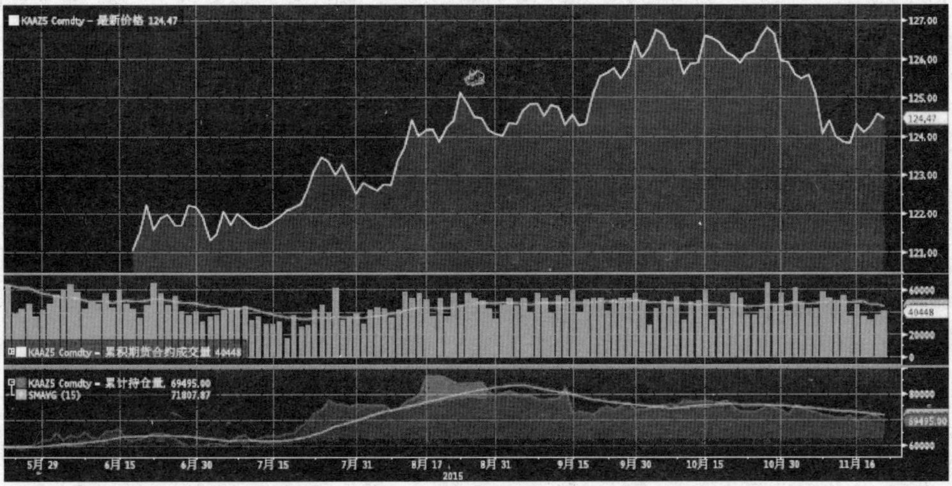

图 2-16 韩国 10 年期国债期货的交易情况

• 资料来源：Bloomberg 数据库。

2015年下半年，韩国10年期国债期货的每日交易量相当平衡，没有出现明显的峰值时期。累计持仓量的高峰期出现在2015年8月17日，当日累计持仓量8.69万份。

第三节
世界主要国债期货市场的监管

一、美国国债期货市场的监管体制

美国商品交易法修正案于1974年出台，授权商品期货交易委员会(CFTC)作为监管所有商品期货交易的唯一机构，在此之后的1975年10月，CBOT推出第一张利率期货合约，随后推出的国债期货也被纳入CFTC管辖之下。美国国债期货市场监管由政府监管机构、行业协会组织、期货交易所自我监管三者结合，强调政府干预并通过加强立法来管理期货市场。这一体系对于国债期货市场的发展起到了有力的促进作用，保障了交易的公正性和交易主体的财务健全性，使市场得到持续健康的发展。

(一) 监管框架①

美国期货市场的主要监管机构是商品期货交易委员会(CFTC)，全国期货业协会(NFA)等自律性组织也负责对从业人员的监管。CFTC是美国的金融监管机构之一，是美国政府的一个独立机构，负责监管商品期货、期权和金融期货、期权市场。CFTC的任务在于保护市场参与者和公众不受与商品和金融期货及期权有关的诈骗、市场操纵和不正当经营等活动的侵害，保障期货和期权市场的开放性、竞争性和财务上的可靠性。

CBOT于1848年成立时，美国并没有期货交易方面的法律规范，而是由交易所自行制订交易规则。由于缺乏监管，导致市场上囤积现货、操纵期货价格、非法交易和欺诈事件屡屡出现。为规范期货市场，美国国会于1922年制定了《谷物期货法》(Grain Futures Act, GFA)，并于1936年进行修订，更名为《商品交易法》

---

① 部分内容参见东吴期货研究所(2013a)。

(Commodity Exchange Act, CEA),成为美国商品期货交易的法律基础。1974年,CFTC 正式成为美国政府的一个独立监管机构。

CFTC 的宗旨是促进期货市场的开放、透明、竞争和金融稳定,避免系统性风险,保护市场投资者、消费者和社会公众不受到衍生金融产品类欺诈、操纵等违法行为的损失。①

为了增强美国期货市场的国际竞争力,促进场外交易的发展,美国于 2000 年 12 月 21 日通过了《商品期货现代化法》(Commodity Futures Modernization Act of 2000, CFMA)。《商品期货现代化法》大幅修订了《商品交易法》,减少了对期货市场的诸多限制,同时降低了衍生品市场的系统风险。

此外,CFTC 根据《商品交易法》制定了相应的交易规则,全国期货业协会(NFA)制定有期货业自律性规章,期货交易所也有自己的章程规则,都起到了规范期货交易的作用。

在美国,证券业和期货业由不同的政府机构管理。期货行业由 CFTC 管理,证券业则由证券交易委员会(Securities and Exchange Commission, SEC)负责。对于股价指数期货等同时涉及期货和证券两个行业的品种,2000 年《商品期货现代化法》规定可以在期货交易所或证券交易所交易,因此 CFTC 及 SEC 都有管辖权,交易所必须同时向 CFTC 和 SEC 提出申请。

CFTC 监管的主要目的是防范市场操纵和欺诈行为,保障市场的正常运行,使期货市场发现价格和规避风险的功能得以实现。目前其主要权限是:审批各交易所交易的期货合约;审批各交易所的交易规则;批准自律性组织的成立;制定和执行大户报告制度;处理异常情况;发布市场信息;监视市场的运行等。

CFTC 的监管功能主要通过四个部门实现。清算及风险部(DCR)监管衍生品清算机构(DCOs)及其他市场参与者的清算过程,包括期货交易商、互换交易商、主要互换参与者以及大的市场交易者等。DCR 监管期货、期权和互换的清算过程,评估 DCOs 遵守业务规则的情况,并进行风险评估。稽核部(DOE)负责调查和检举各种违反《商品交易法》及 CFTC 业务规则的行为,包括交易过程中的数据伪造、欺诈行为、交易所之外的违法行为、市场操纵行为、交易违规行为以及违反注

---

① 见 CFTC 网站,http://www.cftc.gov/About/MissionResponsibilities/index.html。

册规定的行为等。

市场监管部(DMO)确保衍生金融市场反映市场供求的力量,避免受到欺诈行为的干扰。DMO负责监管交易设施的首次认定以及已有交易设施的继续监管,包括新注册期货交易所以及衍生品交易设施。该部的监管职能包括市场监管、交易情况回顾及研究、规则执行情况、产品相关规则和市场相关规则的修订工作。交易商和中介机构监管部(DSIO)负责中介管理政策的制定及中介机构的监管,同时也负责清算政策的指定以及清算机构的监管,包括期货市场自律监管机构(SROs)。按照美国国会2010年通过的华尔街金融改革和消费者保护法(Dodd-Frank法案)的授权,DSIO还负责与机构注册、商业行为标准、资本充足率等要求相关的规则制定。

(二) 全国期货业协会(NFA)

在1974年修订的商品交易法中,除了规定成立CFTC之外,还在该法的第17条提出成立期货行业的自律性组织。全国期货业协会(U.S. Derivatives Exchanges and the National Futures Association, NFA)于1976年作为一个非营利性会员组织成立。NFA的主要职能包括:审计和监督会员满足NFA的财务要求;制定和执行投资者保护的规则和标准;对期货相关争议的仲裁;审查和批准从业人员资格。

根据《商品交易法》第17条的规定,NFA代替CFTC履行登记注册的职能,期货经纪商(FCM)、介绍经纪商(IB)、商品交易顾问(CTA)、商品基金经理(CPO)都要在NFA注册登记。此外,CFTC还授权NFA负责场内经纪商和交易商的注册。证券衍生品从业机构必须加入NFA成为其会员并接受其监管,其目的是确保每一个在美国期货市场参与交易的机构遵守关于业务操作的同样的高标准监管。目前,NFA的会员包括约4 100家企业和5.7万个机构。[①]2010年Dodd-Frank法案通过后,CFTC制定了监管规则,要求所有的互换交易商和主要的互换参与者注册为NFA的会员。

NFA对在美国期货市场上参与交易的公司和个人实施非常严格的监管。NFA有权拒绝、宣告无效、质疑,以及限制公司和个人的注册登记行为,同时也审计和监控其会员的财务状况,在过去很多年,NFA的监管覆盖面很广,包括广告、

① 参见https://www.nfa.futures.org/NFA-about-nfa/index.HTML。

电话开户游说、风险揭示、相机交易、费率揭示、最低资本要求以及熟练测试等。NFA也获授权对那些违规的会员实施处罚，处罚包括从发出警告信到正式提出投诉，投诉而引致的处罚包括责难、申斥、每次违反最多25万美元的罚款、开除、停止一段时期的资格以及永久性的市场禁入。NFA也会同CFTC、FBI以及其他执法机构合作，以确保期货市场的正常运转。

（三）美国国债期货市场的风险管理

期货交易所的首要任务是利用期货市场的价格发现功能、风险管理功能以及投资功能为其会员以及客户提供一个具有高度流动性的透明的合约市场。期货市场也允许遍及世界的投机者参与交易，事实上，投机者往往扮演着流动性提供者的角色。然而，期货市场也有发生被操纵、不恰当交易以及欺诈交易的风险。

国债期货市场上面临的主要风险是最便宜可交割债券的逼仓问题。逼仓一般出现在可被交割的现货量不大的情况下，这时逼仓者是市场中的买方。买方既拥有大量的现货仓位，又拥有大量的期货仓位，这导致没有现货的空方或卖方在进入交割月后只好以较高价格平仓。在一篮子可交割债券制度下，剩余年限在一定范围内的国债都可以参与交割。由于收益率和剩余期限不同，可交割国债的价格也有差异。即使使用了转换因子进行折算，各种可交割国债之间仍然存在细微差别。一般情况下，由于卖方拥有交割券选择权，合约的卖方都会选择对他最有利，通常也是交割成本最低的债券进行交割，对应的债券就是最便宜可交割(CTD)债券。

为了保证国债期货市场的价格公平和富有流动性，防止和解决逼仓问题就变得异常重要。当交易者持有大量多头且买或借入大量CTD时，操纵性逼仓事件便会发生。1997年，伦敦国际金融期货交易所发生国债逼仓事件。客户通过持有最便宜的可交割券(CTD)27%的流通份额开始了逼仓活动，并通过远期回购交易(FTR)大量持有FTR头寸，进行价格操纵。到1997年12月，逼空者手中持有的FTR头寸有21亿英镑，CTD国债超过50亿英镑，导致了期货和现货价格的严重扭曲。在历史上，德国国债期货在5年期和10年期品种上也曾经发生逼仓情况，这与欧式交割的交割制度有一定的关系。

国债期货市场上的逼仓行为可以归结为如下几个因素：第一，在国债期货市场上的一些大玩家拥有比散户相对多的信息优势;第二,标的资产的发行量相对于期货合约面值而言较小;第三,现货和回购市场的交割过程无助于提高期货与现货市场之间的套利效率,例如,在现货和回购市场上交割失败只被施以薄惩,而在期货市场上交割失败却被处以重罚,使得套利者很难在存在逼仓可能的市场上运用回购为现货头寸融资;第四,国债期货市场上可交割债券的篮子还是太小。

有几种措施可以用来防范国债期货市场上的逼仓问题。

首先,完善期货保证金制度,当发现市场上有人试图操纵价格时,期货交易所应适时对多空双方或其中一方提高保证金,增加其交易成本。对进入交割月的合约可以分阶段逐步提高保证金,保证实物交割顺利进行。此外,交易所还可以扩大可交割券种篮子以缓解逼仓问题,财政部可以通过回购或再发行可交割的券种来增加可交割券种的供给来缓解逼仓问题。

其次,监管者应该在回购与现货市场的交割问题上施以更加严格的监管以利于期货市场与现货市场之间的套利,包括严格执行限仓制度和大户报告制度。交易所应规定客户的最大允许持仓量,尤其是对交割月前一个月份和进入交割月的合约,应实行分段限制持仓制度。当一个机构的持仓量达到规定比例时,应要求其主动及时地向交易所报告。

再次,期货交易所应该重新定义其期货合约,更多地采用现金交割而不是实物交割。在交割制度的设计上,应保证只要商品符合交割标准,就可以交割期货交易所应该通过报告逼仓的概率来增加市场的透明度,对这些券种逐日盯市以使得市场条件不至于过大偏离事先计算的转换因子。在发生逼仓事件时,交易所应根据交易规则中的异常情况处理办法及时采取暂停交易、限期平仓、提高保证金等紧急措施,必要时由政府监管机构进行干预。

二、日本国债期货市场的监管和经验

(一) 日本国债期货市场的监管概述[①]

日本期货市场采取政府主管部门、行业协会、交易所为主体三级管理模式,但

---

① 本小节部分内容参见东吴期货研究所(2013b)。

每一级的大小和作用与同样采取三级管理模式的欧美国家差别较大。

第一,政府监管。日本的国债期货业务受金融厅统一监管,涉及范围包括交易所的设立、上市品种、交易所制度规则、中介机构资格审核等。金融厅授权证券交易监视委员会对国债期货的违规事件进行调查。证券交易监视委员会得出检查结果后上报金融厅,同时提出处理建议,由金融厅作出最终处理结果。日本政府对金融衍生产品的交易管制严厉,有关期货交易的法律共有三部:一部是有关商品期货交易的《商品交易所法》,一部是有关有价证券期货交易的《证券交易法》,还有一部是有关货币、利率等金融商品期货交易的《金融期货交易法》。

第二,行业自我管理。日本的行业组织多为各类民间组织和民间协会,其协调各交易所之间的利益,维护交易员权益,在一定程度上弥补了"归口管理"下各交易所之间的协调困难,发挥着政府和交易所之间"上令下达,下情上传"的作用。

第三,交易所自我管理。日本的交易所全部采用芝加哥商业交易所(CME)1988 年开发的保证金管理系统,即 SPAN 系统计算保证金以控制风险,其特点是在控制风险的前提下最大限度地降低保证金的要求,提高资金使用效率。交易所对国债期货交易的监管注重实时监控和事后监控。此外,日本的交易所还十分注重信息披露制度,如东京证券交易所为了实现买卖价格公正、有序及买卖渠道畅通,自 1974 年开始采用行市导报系统,及时向投资者传递当日成交数量、价格、未平仓合约数量等各方面信息。

日本证券期货市场原来由大藏省(现财务省)统一监管。1991 年由于日本证券市场发生了"证券舞弊事件",日本根据《国家行政组织法》第六条的有关规定,1992 年 7 月成立了证券交易监督委员会。从此结束了大藏省(现财务省)统管市场的局面。日本金融厅为日本的证券主管机关,是一个全能的金融监管机构,负责对银行业、证券业、保险业、信托业和整个金融市场进行监管。日本证券交易监督委员会是一个相对独立的金融厅内设机构,获日本金融厅授权,主要负责对金融公司进行审查、对行政罚款进行调查等。

交易所是金融厅监管职责的具体执行机构,金融厅在证券市场上的监管职能基本上都要通过与证券交易所协调进行,包括对金融期货交易进行管理和运营。证券交易所通过制定一系列具体的政策性文件,对市场融资融券交易进行引导和规范。另外日本证券期货市场还成立了相应的行业协调组织,主要自律约束机构有日本证券业协会、日本商品期货交易协会(日商协)、商品交易受托债务补偿基金协会等。这些行业自律组织的主要作用是保证期货交易正常有序地进行、协调各交易所之间利益、维护投资者利益、保持期货行业的良好信誉。

(二) 日本证券交易监督委员会①

1991年,在一系列证券和金融丑闻爆发后,日本政府决定建立一个以非歧视的和透明的市场规则为基础的证券市场监管机构,从而将对市场交易的监管与对证券公司和其他市场中介机构的监管分离开来。1992年7月,日本证券交易监督委员会(Securities and Exchange Surveillance Commission, SESC)正式成立,建立之初它是日本大藏省(现财务省)下属的机构,1998年整体移交为日本金融服务局(Financial Services Agency, FSA)下属的专门进行证券行业监管的机构。此后,SESC的监管职能不断扩充,包括监管市场操纵、信息披露、信贷评级机构、集团公司等。

SESC的1名主席和2名委员由日本内阁总理大臣(首相)提名,经国会同意后任命,并在法律授权内独立行使其监管职责。为了确保SESC的独立性,主席和2名委员在其3年任期内一般不得被免职。

SESC的执行局由6个部门组成:协调部(Coordination Division),负责整个监管执行机构的业务协调;市场监管部(Market Surveillance Division),负责日常市场监管和信息收集分析;检查部(Inspection Division),负责金融工具交易和操作的监管,并调查非注册企业;货币监管及处罚部(Administrative Monetary Penalty Division),负责调查市场违法行为;信息披露检查部(Disclosure Statements Inspection Division),负责检查企业的信息披露声明;刑事调查部(Investigation Division),负责对证券市场中刑事犯罪案件的侦察处理。

(三) 日本证券业协会

日本证券业协会(Japan Securities Dealers Association, JSDA)是日本证券行

---

① 参见 http://www.fsa.go.jp/sesc/english/aboutsesc/aboutsesc.html。

业的自律性组织，目前它包括500多个会员，均是日本的证券公司及其他在日本经营证券业务的机构。JSDA的目标是通过保证证券及其他交易的公平和平稳运行来保护投资者利益，并推动日本金融市场的发展。

JSDA的组织结构包括7个机构。会员大会是决策的最高机构；管理委员会负责日常决策和监管；自律委员会负责关于自我管理方面的业务；证券策略委员会负责与主要证券市场相关的业务决策；总务委员会负责JSDA的日常事务；金融教育委员会负责推动向公众普及金融和证券知识；业务准则委员会负责制定协会会员的业务规则。①

JSDA对会员的监督是非常严格的。根据2014年JSDA年报，在2013财政年度，受到JSDA惩处的普通会员机构有5个，其中开除1个、严重警告1个、警告3个。有113个销售代表受到吊销或暂停业务资格的处罚。

三、德国国债期货市场的监管和经验

欧元区国债的基础是德国国债，因此我们以德国为例介绍一下欧元区对国债期货的监管。与欧洲其他国家相比，德国是唯一的场内交易量较大的国家。在衍生品市场中，EUREX是德国国债主要的交易平台，国债期货产品中交易量较大的是10年期国债，参与交易的会员有389个，其中境外会员304个。

德国金融机构(German Finance Agency, GFA)成立于2000年9月19日，是在财政部控制下的由政府单独控股成立的有限责任公司，其主要为德国政府现金管理、预算基金、德国政府在金融市场中的特别资产管理提供服务。此外，GFA还负责德国联邦政府债务的管理，最小化政府债券管理的成本。由于GFA只对国债现货市场流动性有职责，GFA不进行国债期货交易，而只做国债现货和回购。GFA通过互联网的电子平台参与交易，为现货市场提供流动性。

2001年，德国国债市场曾经出现5年期国债逼仓事件。为避免逼仓现象再度发生，2002年德国分别负责监督银行(BAKred)、保险业务(BAV)以及证券期货业务(BAWe)的主管机构合并为一个新的金融监管机构——德国联邦金融监管局

① 参见http://www.jsda.or.jp/en/about/organization/index.html。

(Federal Financial Supervisory Authority-BaFin)。GFA 与 EUREX、BAFIN 及部分市场参与者进行商讨,最终决定在结算前设置限仓,并且 GFA 有权临时性实行应急发债策略。德国 GFA 是全职市场参与者,在进行交易的同时观察市场。如果市场有异常现象,GFA 可以给 BAFIN 等机构通报有关情况。

德国国债期货监管的特点是交易所承担了重要职能。在德国交易所中,欧洲期货交易所(EUREX)近些年发展迅速,其每年的合约交易量超过 15 亿手,居于全球衍生品市场交易领先地位,超过了 CME、Euronext、CBOT 和 LIFFE 等交易所。EUREX 交易监督办公室的交易监督权利有:要求市场参与者提供文件,询问市场参与者,指导境内审计和调查,要求市场获利参与者提供身份确认及持仓和交易相关信息;在法律方面授予的权利有对不予以合作的市场参与者进行罚款,为获得交易所数据与外国监管局或其他交易所相互沟通。另外,交易监督办公室的调查不受第三方干涉,其工作人员由州经济部而非交易所任免。交易监督办公室的主要任务有:系统地记录和分析数据,对交易所和场外交易进行监督管理,调查违规行为,调查可疑的交易模式。①

四、其他发达国家国债期货的监管

由于资料有限,我们对其他发达国家的国债期货监管只做简单介绍。和美国一样,英国现代期货市场管理也是继承了"三级管理"体系,即政府监管、行业自我监管、交易所自我监管的从上而下、分层次监督管理制度。但两国不同之处在于:美国更加强调政府干预并且通过加强立法来管理期货市场,而英国却以"自我监管"为主,政府对期货市场的干预较少,除了某些必要的国家立法外,英国期货市场的管理完全由期货交易所及行业协会等组织机构,以及政府立法领导下制定的一些交易法规、条例来保证期货市场交易的正常运行。英国政府不直接干预市场,只有在市场出现不正常现象时,政府才运用法律手段间接管理市场和调控市场。英国法律体系的健全和稳定为实现期货市场管理的有序性、权威性奠定了基础。②

澳大利亚金融管理办公室(Australian Office of Financial Management,

---

① 参见 http://www.eurexchange.com。

② 参见韦敏(2012)。

AOFM)在联邦政府的协助下负责国债的发行和管理。AOFM 的主要职能包括:通过发行政府债券筹集财政预算所需资金;通过短期的借款和投资等操作,管理澳大利亚政府日常的现金流量表;配合政府的政策目标,投资于相应的金融资产;在风险可承受的范围内,管理债券和金融资产的投资组合;为澳大利亚的财政金融体系提供有力支持。AOFM 通过内部 6 个分组来履行职责,这 6 个分组分别是:财政服务,金融风险管理,投资者关系,报告及信息技术,金融、结算和公司服务,企业风险管理、合规和稽核。澳大利亚国债期货在澳大利亚证券交易所(Australia Security Exchange, ASX)进行交易,日常的市场监督和管理也由 ASX 进行。ASX 是 2006 年由原澳大利亚股票交易所(Australian Stock Exchange)和悉尼期货交易所(Sydney Futures Exchange)合并而来的,是世界前十大交易所。ASX 制定关于期货交易的详细规则来确保市场的有序运行。①

韩国财政经济部(MOFE)是主管韩国全国经济、金融事务的中央级部门,负责制定、批准全国经济、税务、国库及国有资产、财政、金融证券以及外汇等所有方面政策,并进行相关管理和协调。对于证券和期货市场而言,MOFE 负责并制定证券交易法及相关规章。为了执行金融业以及证券期货市场的具体管理职责,在 MOFE 之下又设立了金融监督管理委员会(FSC)、证券期货委员会(SFC)以及金融监督院(FSS)等管理机构。根据证券交易法及金融监督委员会规则,FSC 负责韩国整体金融及证券市场的监督、相关政策的制定、维护市场的公平性、市场相关机构的管理以及有关法令、规定及从业人员的管理等。②韩国交易所(Korea Exchange, KRX)则负责国债期货的日常市场监管和信息收集分析。

① 详细内容参见 http://www.asx.com.au/regulation/rules/asx-clear-futures-operating-rules.html。
② 参见李黎(2005)。

第三章
交易所债券市场、银行间债券市场与国债期货的关系研究

国债现货市场与国债期货市场同为国债流通市场的子市场。两个子市场之间相互依存,互促发展,任何一个市场的快速发展都对另一个市场发展起到推动作用。

国债现货市场是国债期货市场定价的基准,离开了国债现货市场,国债期货市场就成了无源之水、无本之木。其一,国债现货价格提供了国债期货价格的定价基础。国债期货就是对国债现货远期价格的预期,其预期是建立在国债现货价格的基础之上的。在国债现货市场定价效率较高的时候,国债期货价格在大部分时间内围绕着国债现货价格波动。当然,偶尔也会出现大幅度的价格偏离。其二,国债现货市场可以降低国债期货市场的波动。在一个定价效率较高和流动性较充分的国债现货市场,国债期货市场的价格不会出现非理性、大幅度、长时间的同国债现货市场的偏离,从而避免了国债期货市场完全沦为投机市场,而丧失其价格发现和套期保值的功能。其三,国债现货市场是国债期货市场品种开发的载体。国债期货品种的开发有赖于国债现货市场的品种和结构,不同期限的国债现货品种可以对应开发出不同期限和品种的国债期货,极大地丰富了国债期货市场的产品组合,推动了国债期货市场的产品创新。其四,国债现货市场是国债期货市场实现顺利交割的重要保证,尽管一般情况下实物交割的成交量不会太大,但是,极端情况,如“多逼空”也可能存在,这就需要国债现货市场规模和流动性要足够大,中国“327”国债期货事件就是一个明证。

国债期货市场是国债现货市场规避利率风险的有效工具,离开了国债期货市场,国债现货市场就失去了重要支持,只能跛足前行。其一,国债期货市场是国债现货市场规避价格风险和价格发行的重要工具。国债现货面临着利率风险,基准利率的变化会导致国债现货价格的变化,而投资者可以通过在国债期货市场进行套期保值交易来规避国债现货价格波动的风险,同时,国债期货市场提供了连续

性、预期性和透明性的价格，可以为国债现货市场的定价和买卖提供依据。其二，国债期货市场发展能够有效地提高国债现货市场的流动性和定价效率。国债期货的套期保值、套利交易的双重特征和保证交易的以小博大，极大地增加了国债期货的成交量，由此产生的实物交割推动了对最便宜可交割国债的需求，促进了国债现货市场流动性的提高，增进了国债现货市场的定价效率，有助于形成反映市场供求关系的国债收益率曲线。其三，国债期货市场能够增加国债现货市场的发行规模。国债期货的价格发现和套期保值功能，可以为国债现货承销商在投标上提供定价上的参考，同时，可以利用国债期货的套期保值功能锁定利率风险，增强了国债承销商的承销能力和承销规模，进而增加了国债发行的规模。其四，国债期货市场提供了国债现货市场（交易所债券市场和银行间债券市场）互联和互通。由于交易主体和交易方式的不同，交易所债券市场和银行间债券市场一直存在着债券定价的差异，通过交易所债券市场和银行间国债市场的双向流动，国债期货可以消除或者缩窄两个市场在国债定价上的差异，提高债券市场定价的效率。

尽管国债现货市场和国债期货市场存在着上述相互依存和互促发展的相互关系，但是，由于历史的原因，中国的国债现货市场被分割成交易所债券市场和银行间债券市场，国债现货市场的分割导致相同的品种在不同的市场中存在不同的价格和不同的收益率曲线，严重影响了中国国债收益率曲线的形成。解决这一问题有多种办法，国债期货可能是其中之一。国债期货市场的推出，是否会提高国债现货市场的定价效率，并且通过促进银行间债券市场和交易所债券市场的互通互联，缩窄同一国债品种在两个市场上的定价差异，以及是否有助于建立一个有代表性的中国国债收益率曲线呢？这是本章需要着重研究的问题。

第一节
两个国债市场产生的原因、发展现状与问题

一、中国债券市场的发展历程

伴随着从商品经济向市场经济转变，从 1981 年开始，中国债券市场获得了快

速发展。1981 年,中国开始恢复发行国债。经过 30 多年的发展,大体上经历了发展初期的柜台市场、发展中期的交易所债券市场、目前阶段的银行间债券市场和交易所债券市场共存三个阶段。

1. 柜台交易主导的债券市场(1981—1989 年)

在债券市场发展初期,债券柜台交易主要是无记名的实物券,其弊端是实物券存在着跨地区流通上的障碍,全国各柜台的非统一债券交易意味着只能采取分散托管的形式,由此,非统一全国债券市场的交易效率和流动性在不同程度上有所削弱,制约了国债市场的发展,客观上要求建立一个更加高效的债券交易市场。更为重要的是,柜台交易存在着诱发金融风险的因素。比如,机构以代保管单的形式超发和卖空国库券的现象相当普遍,市场风险巨大;以各级财政部门的国债服务部、信托和证券公司为主的无记名实物券国债柜台转让市场,因滥发假国债代保管单而被关闭。[①]上述问题出现后,国家开始清理整顿和压缩柜台交易规模,标志着柜台交易市场逐渐走向了尽头。

2. 交易所债券市场与柜台市场并存发展(1990—1996 年)

在发展中期,为了解决柜台交易中存在的问题,同时也为了推动债券市场的快速发展,交易所债券市场获得了产生和发展的良机。1990 年,上海证券交易所开通债券交易,形成了债券场内和场外交易市场并存发展的格局。1994 年是交易所国债市场的发展年,深圳证券交易所开通债券交易,上海证券交易所推出国债期货交易,财政部加大了国债发行规模,其结果是交易所债券市场的交易规模快速增加。

在债券市场快速发展的过程中,不可避免地出现了一些问题。1995 年,“327”国债事件爆发,不仅导致了国债期货自身失去了存在的机会,同时也对债券市场发展带来了冲击。在反思债券市场发展中存在的问题时,财政部和市场管理部门将实物券流通中所发生的问题归因于场外市场的存在,并认为记账式债券是交易所才可能拥有的特性。随即,1995 年 8 月,国家正式停止了一切场外债券市场,证券交易所变成了中国唯一合法的债券市场。[②] 1996 年,交易所推出了债券回购交易,

---

①② 参见 http://www.southmoney.com/bond/bondknowledge/201407/124745.html。

债券交易新品种的推出活跃了债券市场，在一定程度上推动了债券市场的交易规模迅速扩大，加之财政部的记账式国债重新大规模发行，两个交易所的债券成交量激增，确立了交易所债券市场的主体地位。

3. 交易所债券市场与银行间债券市场独立发展(1997—2001年)

交易所债券市场的快速发展过程中，由于金融监管落后于金融市场创新，金融市场的风险开始集聚，交易所债券市场发展过程中产生了各种各样的问题，如银行通过融资融券业务而超额融资以满足自己的融资需求，银行资金以各种方式流入股票市场，助长股市泡沫，加剧股市震荡，增强了金融系统的风险。[①]如何化解这种风险，政策给出的答案是另起炉灶，隔离商业银行同交易所债券市场、股票市场之间的联系。

1997年6月，中国人民银行要求商业银行退出交易所债券市场的债券交易，同时，商业银行将其所持有的国债、融资券和政策性金融债统一托管于中央国债登记结算公司，债券交易全部转到全国同业拆借中心，可以从事债券现券和回购交易，这一转变标志着银行间债券市场的建立。上述因素是中国人民银行建立银行间债券市场的原因之一。实际上，其他因素也在央行决策中扮演着重要角色，比如货币政策调控方式的转变，央行的公开市场操作必须要有深度和高流动性的国债市场相配合。

1998年，央行在银行间债券市场进行公开市场操作，通过买卖国债释放和回笼基础货币，极大地刺激了银行间债券市场的交易规模和活跃度。与此同时，国家要实施积极的财政政策，客观上同样需要一个具有相当规模、流动性良好的国债市场，如1998—2000年，财政部在银行间市场发行的国债数量大幅度提升，仅2000年发行了国债3 904亿元，占当年发行总量的62%。

上述问题的考虑和执行决定了银行间债券市场获得了最大程度的政策支持，此后，银行间债券市场凭借政策的东风实现了快速发展。到2001年，银行间债券市场债券发行量、交易量与托管量等多个方面超过了交易所债券市场，从而在两个债券市场的共存发展中占据了主导地位，并且保持了快速发展的态势。

---

① 张洪海:《中国债券市场的发展历程》。

4. 交易所债券市场与银行间债券市场融合发展(2002 年至今)

2002 年以来,银行间债券市场持续保持了稳健发展,其市场交易规模日趋扩大,债券种类和交易品种日渐丰富,债券市场制度建设日益完善,交易监督和管理水平日臻提高,更为重要的是,银行间债券市场日益开放,从最初的以商业银行为单一的投资者,发展到非银行金融机构、信用社、证券公司、保险公司及其他非金融机构类投资者,以及境外合格机构投资者都可以进入银行间债券市场。由此,银行间债券市场在中国债券市场发展的主体地位完全确立。尤为重要的是,2003 年,中央银行票据正式成为央行公开市场操作的常规工具,银行间债券市场的重要性得到快速提升和质的飞跃。

交易所债券市场同银行间债券市场相比明显处于下风,为此,交易所债券市场开始制定各种措施推动交易所发展,包括交易所债券市场修订和完善交易规则,修改和调整债券交易方式(如推出了净价交易),创新债券发行方式(如国债远程招标系统),防范金融市场风险和保障投资者权益等。

尽管两者都取得了长足的发展,但是,将银行间债券市场同交易所债券市场对比看,以银行间债券市场为主、交易所和商业银行柜台为辅的市场结构业已形成。[①]债券市场三个市场交易形成的分割制约着全国统一债券市场的形成,如何加速交易所债券市场和银行间债券市场统一、互联工作,一直是摆在决策层面亟待解决的难题。自 2008 年起,中央就陆续出台各项政策推动债券市场互联互通工作。在政策的助推下,互联互通的方向明确了,其关键在于组织和实施。2013 年年底,经央行和证监会批准,国开行在上交所试点发行政策性金融债,先后四次共发行 2 年、5 年和 15 年期限债券 300 亿元,完成政策性金融债的跨市场试点工作,实质性推动了中国证券市场的互联互通。这对于打破中国债市一直以来的银行间和交易所两个市场分割问题具有标志性的意义。[②]不过,债券市场互联互通工作仅仅是开了个好头,如何真正实现两个市场的融合尚有许多工作要做,特别要注意的是国债期货的重新推出对于两个市场互联互通可能产生的一些影响。

---

① 2002 年 4 月 3 日,中国人民银行和财政部颁布了《商业银行柜台记账式国债交易管理办法》,允许中国商业银行开办记账式国债柜台交易业务,以满足没有证券账户的投资者方便地买卖记账式国债的市场需求。它标志着柜台债券交易重回市场。

② 参见 http://finance.sina.com.cn/roll/20140818/103920041814.shtml。

二、中国交易所债券市场和银行间债券市场的发展现状

交易所债券市场和银行间债券市场经过 20 多年的发展，市场制度建设已更加完善，投资者结构也更加多元，债券品种更加丰富，债券市场创新更加活跃，债券市场发行和交易规模不断扩大，债券市场在金融市场中的地位不断提高，债券市场对实体经济投融资的支持不断增强。

1. 银行间债券市场与交易所债券市场的发行规模逐年提高

从发行总量来看，银行间债券市场和交易所债券市场，债券的发行规模都在逐年提高。2014 年，债券市场共发行各类债券 12.08 万亿元，其中，银行间债券市场发行了 11.49 万亿元的各种债券，包括国债、政策性银行债、地方政府债、企业债和资产证券等，银行间债券市场占据了整个债券市场规模的 95.12%，交易所债券市场占了债券市场的 4.88%。国债占整个债券市场发行量的 12%。在国债的发行中，银行间债券市场发行了 14 363.3 亿元，占据了国债发行的 99.03%，而交易所债券市场仅发行了 141.1 亿元，占比为 0.97%。[①]无论从哪一方面对比，银行间债券市场都是绝对的龙头，基本上垄断了债券市场的发行，特别是对于国债的发行来说，交易所债券市场占不到 1%的份额（见表 3-1）。

表 3-1　2014 年两个债券市场的国债发行情况

	发行数量（只）	占　比	发行金额（亿元）	占　比
银行间债券市场	59	59%	14 363.3	99.03%
交易所债券市场	41	41%	141.1	0.97%
总　　计	100	100%	14 504.1	100%

从银行间债券市场和交易所债券市场新发债的券种结构来看，2014 年，交易所债券市场共发行 1 200 只债券，发行面额 5 898.04 亿元（见表 3-2），其中，上交所 1 041 只，深交所 159 只。国债发行了 41 只，发行面额 141.1 亿元。企业债券 540 只，发行面额 1 904.36 亿元，上交所 539 只，深交所 1 只。中小企业私募债 352 只，

① 仅指记账式国债，没有包含储蓄国债（电子式）。

发行面额 664.75 亿元，上交所 230 只，深交所 122 只。公司债 254 只，发行面额 2 861.56 亿元，上交所 225 只，深交所 29 只。剩下为总量相对较少的可转换债券。上述数据显示，国债的发行在两个交易所已处于次要地位，而其主要的发展方向为企业债、公司债和中小企业私募债。

表 3-2　2014 年两个债券市场的债券发行情况

	发行数量(只)	占　比	发行金额(亿元)	占　比
银行间债券市场	6 156	83.7%	114 982.93	95.12%
交易所债券市场	1 200	16.3%	5 898.04	4.88%
总　　计	7 356	100%	120 880.97	100%

我们再来分析银行间债券市场的券种结构。2014 年，国债发行 14 363.3 亿元，同比增长 7.39%，占整个银行间债券市场发行的比例为 12.49%。政策性银行债发行 2.3 万亿元，同比增长 15.1%，占比为 20%。短期融资券和超短期融资券发行 2.15 万亿元，同比增长 35.64%，占比为 18.7%。非公开定向债务融资工具发行 1.02 万亿元，同比增长 80.22%，占比为 8.8%。剩余的为其他债券。从增长速度来看，国债发行的增长速度要低于其他几个券种，国债发行的增速同国家的财政政策和年度发行计划相关，不是市场所能决定的。从占银行间债券市场的份额看，国债发行仍旧占据了三甲的位置。

从国债的发行期限来看，2014 年，1 年期以下期限的短期国债发行 2 889.1 亿元，占比为 14.3%。1—10 年期限的中期品种累计发行占比为 77.1%。10 年期以上期限的长期国债发行 1 560 亿元，占比为 8.6%。其“中间大、两头小”的期限结构特征明显。

从银行间债券市场和交易所债券市场的数据对比来看，国债发行的主战场在银行间债券市场，交易所债券市场沦为国债发行的补充。如果交易所债券市场不能够持续稳定地增加国债的发行规模，交易所债券市场将会越来越多地落后于银行间债券市场。

2. 银行间债券市场与交易所债券市场的托管存量规模稳步提升

从银行间债券市场与交易所债券市场的托管存量来看，债券的托管数量和托管总额在逐年提高。表 3-3 显示，截至 2014 年 12 月末，全国债券市场总托管量达到约 36.89 万亿元，比上年年末增加 6.16 万亿元，同比增幅为 20.9%。其中银行间债券市场托管总额约 34.3 亿元，占全市场托管量的 92.96%，交易所债券市场托管总额约 2.6 万亿元，占比为 7.04%。上述数据说明，银行间债券市场相比交易所债券市场完全处于主导地位。

表 3-3　2014 年两个债券市场的债券发行情况

	托管数量(只)	占　比	托管总额(亿元)	占　比
银行间债券市场	9 675	76.13%	342 998.96	92.96%
交易所债券市场	3 034	23.87%	25 972.48	7.04%
总　　计	12 709	100%	368 971.44	100%

表 3-4 显示，2014 年，交易所登记托管债券数量国债 189 只，比上年增加 12 只。国债托管总值 2 661.03 亿元，同比增加了 328.68 亿元，增加了 14%，占整个交易所债券市场的 10%。企业债 1 503 只，比上年增加 523 只。企业债流通市值 10 853.22 亿元，同比增加了 4 047.66 亿元，增加了 59.4%，占整个交易所债券市场的 40.8%。公司债 687 只，比上年增加 169 只，公司债流通市值 9 953.4 亿元，同比增加了 2 165.68 亿元，增长了 27.8%，占整个交易所市场的 37.5%。其他的券种占比相对较小。从国债托管的数量和存量看，国债在交易所债券市场排名第三，但是，同企业债和公司债相比，比例偏低，说明交易所债券市场发展重点在企业债和公司债。另一种可能是由于银行间债券市场的存在，交易所债券市场在竞争中处于劣势，因而，其国债的托管市值难以做大。

表 3-4　2014 年交易所债券市场的债券托管情况

	托管总量(只)		托管总值(亿元)	
	2013 年	2014 年	2013 年	2014 年
国　债	177	189	2 332.35	2 661.03
地方债	6	7	16.7	17.1
政策性金融债	—	3	—	314.61
企业债券	980	1 503	6 805.66	10 853.22
公司债	518	687	7 787.72	9 953.40
可转换债	27	30	1 610.02	1 695.24
分离债	10	2	580.98	93.45
中小企业私募债	314	613	317.09	996.2
总　计	2 032	3 034	19 504.52	26 584.26

2014 年，银行间债券市场托管总额为 342 998.96 亿元，其中，在中央结算公司托管的债券总量为 28.729 696 万亿元，上海清算所托管总量为 5.57 万亿元，同 2013 年相比，托管总量增加了 20%。银行间债券市场国债（记账式国债，不包含储蓄国债）的托管总量，2013 年为 78 122.85 亿元，2014 年为 85 529.55 亿元（见表 3-5），同比增加了 9.49%。同银行间债券市场整体 20%的增幅相比，国债托管总量的增幅要小于市场总体增幅。不过，同交易所债券市场相比，银行间债券市场的国债托管数量、托管规模和托管增长率等方面都要高于交易所债券市场。在绝对规模上，2014 年银行间债券市场的托管规模为 85 529.55 亿元，要远远大于交易所债券市场约 2 661 亿元的规模。

表 3-5　2014 年银行间债券市场的债券托管情况

	2013 年（亿元）	2014 年（亿元）
政府债券	91 780.65	103 075.49
记账式国债	78 122.85	85 529.55
储蓄国债	5 041.80	5 922.44
地方政府债	8 616.00	11 623.50
政策性银行债	88 719.58	99 574.40
商业银行债券	12 938.00	12 533.65
企业债券	23 358.65	29 366.51
中期票据	23 150.90	38 199.90
短期融资券	12 973.20	17 365.43
非公开定向债务融资工具	9 381.28	17 706.24
同业存单	340.00	5 995.30

3. 银行间债券市场与交易所债券市场的交易规模逐渐扩大

两个债券市场的交易规模也在逐年增加，增加的因素来自多方面，债券品种创新、投资者资产配置需求和回购交易都推动了交易量的大幅提高，其结果是债券市场流动性提高，反过来推动了债券市场交易的提升。2014 年，债券市场现券和回购交易结算量为 352.55 万亿元，同比增长 30.03%，相比 2013 年增速提高了 28.98 个百分点。其中全市场现券结算量为 40.61 万亿元，同比下降 6%；全市场的回购交易结算量为 311.54 万亿元，同比增长 36.88%，比上年提高了 16.2 个百分点。①

① 牛玉锐、孙明洁、焦裕龙、王颖：《2014 年债券市场统计分析报告》。

从现券交易量来看，在2007—2012年间，银行间市场占有的比例都在98%以上，个别年份超过了99%（见表3-6）。数据表明，银行间市场近乎垄断了债券市场。可是，2013年以来，银行间债券市场的现券交易出现大幅度下降，同时，交易所债券市场的现券交易出现了大幅度增加，结果是2014年交易所债券的交易占比达到了整个债券市场现券交易的6.59%。交易所债券市场交易的上升缩小了两个债券市场之间的差距，但是，我们看到，两者之间的差距仍旧偏大，银行间债券市场的龙头地位没有任何动摇。

表3-6 两个市场的现券交易情况

年 份	银行间债券市场		交易所债券市场		总计(亿元)
	交易量(亿元)	比例(%)	交易量(亿元)	比例(%)	
2007	165 916	98.78	2 052	1.22	167 968
2008	408 269	98.96	4 295	1.041	412 565
2009	488 682	99.05	4 660	0.944	493 342
2010	676 872	99.14	5 832	0.854	682 704
2011	677 585	99.00	6 840	0.999	684 426
2012	785 805	98.76	9 853	1.23	795 658
2013	422 146	96.07	17 228	3.92	439 374
2014	395 251	93.40	27 886	6.59	423 137

• 注：银行间债券市场的交易量自2012年以来，由上海清算所和中债登的两个清算所的交易相加而得，其中，2012—2014年，中债登结算的交易量为708 413.22亿元、369 733.59亿元和309 799.1亿元，2012—2014年，上清所结算的交易量为77 392亿元、52 413亿元和85 452亿元。

从国债现券交易量来看，银行间债券市场同样处于龙头地位，2009—2014年，最低一年其占整个国债现券交易的比例仍达到了95.07%，高的年份达到了99%（见表3-7）。2013年后，银行间债券市场的国债交易量呈现了大幅度下跌，但是，

表3-7 两个市场的国债现券交易情况

年 份	银行间债券市场		交易所债券市场		总计(亿元)
	交易量(亿元)	比例(%)	交易量(亿元)	比例(%)	
2009	40 206.42	95.07	2 085	4.93	42 291.42
2010	76 729.80	97.88	1 661	2.12	78 390.8
2011	86 376.2	98.57	1 253	1.43	87 629.2
2012	91 307.68	99.00	914	0.99	92 221.68
2013	55 694.61	98.58	804	1.42	56 498.61
2014	57 291.91	97.85	1 260	2.15	58 551.91

其占银行间债券市场交易份额由2009年的8%增加到了14.5%。交易所债券的国债现券交易近几年相对平稳,保持在每年千亿左右的水平,可是,其占交易所债券交易的份额大幅度下降,从2009年的44.7%降低到2014年的4.6%。上述变化说明,国债在银行间债券市场仍属于主流券种,具有较高的流动性,而国债在交易所债券市场的主流券种地位在逐渐丧失。

三、银行间债券市场与交易所债券市场的差异

中国的银行间债券市场与交易所债券市场发展存在着明显的差异,即交易所债券市场要落后于银行间债券市场的发展。我们这里指的落后不是指债券品种创新上的落后,而是指债券托管和交易规模。为什么会出现如此显著的发展差异呢?这种差异并不能归于市场化的竞争,两个债券市场制度上的设计或许是主要的原因。制度上设计的差异靠两个债券市场自身难以解决,需要监管部门解除设计框架上的约束。当然,其前提是是否需要两个市场,两个市场之间是否需要错位发展,还是两者之间竞争发展。如果是错位发展,还需要监管部门划定发展的方向,哪一个能够快速发展完全取决于政策导向。如果是竞争发展,需要让两个市场能够基本站在同一个起跑线上竞争。

出于切断银行同股市之间风险的关系和规范发展场外债券市场的动机,银行间债券市场从设计上同交易所债券市场存在着显著的差异,早期主要体现在参与市场的投资者结构、交易方式和托管方式的不同。其中,投资者的结构差异对两个市场的发展影响较大。随着两个市场的不断发展,上述的差异呈现出了一些新的变化。

1. 投资者结构早期差异与近期变化

早期,投资者的结构差异体现在两个债券市场分别对投资者实行一定的准入限制。交易所债券市场不准商业银行进入,其他非银行金融机构、非金融机构和个人投资者都可以参与债券市场买卖。银行间投资者为机构投资者参与的市场,主要包括商业银行、非银行类金融机构、资产管理公司、基金公司等金融机构,非金融机构和个人投资者禁止进入银行间债券市场。商业银行作为债券市场最大的投资

主体,其不能参与交易所债券市场直接导致了交易所债券市场需求小于银行间债券市场,严重影响了交易所债券市场发展。

2000 年以后,两个市场投资者结构在主管部门扩大市场投资者思路下逐渐开始发生了改变。2000 年 10 月,人民银行发布《关于开办债券结算代理业务有关问题的通知》,规定由人民银行总行批准符合资格的金融机构法人(甲类户、乙类户)开办债券结算代理业务;非金融机构法人(丙类户)进入银行间债市只能与其结算代理人进行债券交易。2002 年 10 月,人民银行将批准开办债券结算代理业务的商业银行扩展至 39 家,并进一步准许其接受非金融机构法人委托,代理买卖银行间市场债券。在此思路的指引下,2005 年 6 月,央行发布公告,进一步放开了“非金融机构投资者只能与一家结算代理行交易”的原有规定,允许其与银行间债市上所有具备做市商资格或债券结算代理业务资格的金融机构进行债券交易和回购交易业务,扫除了非金融机构进入银行间债券市场的障碍。2013 年,丙类账户暴露了大量违规问题,在受到清理整顿后,2014 年 11 月,债券管理部门发布了非金融机构合格投资者进入银行间债券市场的相关通知,该通知宣告了丙类账户清理整顿基本结束,随后可以重返银行间债券市场。

在银行间债券市场扩大投资者进入市场的同时,交易所债券市场也在谋求债券的最大需求方商业银行的入市。2009 年,证监会 12 号文公布《关于开展上市商业银行在证券交易所参与债券交易试点有关问题的通知》,已经在证券交易所上市的商业银行,经银监会核准后,可以向证券交易所申请从事债券交易。试点期间,商业银行可以在证券交易所固定收益平台从事国债、企业债和公司债等债券品种的现券交易,及经相关监管部门批准的其他品种交易,同时指出,在取得试点经验后,逐步扩大参与交易所债券交易的商业银行范围,以及扩大商业银行在证券交易所从事相关债券业务的范围。在商业银行试点参与交易所债券现券交易的基础上,2014 年,证监会发布 52 号文,文件指出,商业银行可在证券交易所进行债券回购。商业银行及本行理财产品可以通过上交所、深交所设立的债券专用交易单元直接参与债券交易。至此为止,商业银行完全回归了交易所债券市场。

2. 交易方式的早期差异与近期变化

交易所债券市场与银行间债券市场的市场属性决定了两者不同的交易方式。

交易所债券市场同股票市场的交易方式基本相同，使用集合竞价撮合交易的方式，交易准则为价格优先，时间优先。由于集合竞价方式不利于大宗交易，交易所也在尝试着试行类似的做市商制度，如上海证券交易所于 2007 年在大宗交易系统推出了双边报价制度，该制度同银行间债券市场的做市商制度原理一致。深交所于 2009 年也推出了满足做市商制度的交易平台。交易所市场的竞价系统和大宗交易系统之间可以进行跨系统交易。

银行间债券市场采用的是做市商制度，双边报价，实行一对一询价谈判方式，最终与自己选定的交易对手逐笔达成交易。同交易所场内交易相比，银行间债券市场的场外交易方式可以由双方灵活地商定债券价格和数量，明显适合大宗交易。2014 年以来，银行间债券市场开始启动债市分层机制，即以做市为核心，打造一个分层的银行间债券市场，包括做市商分层和投资者分层，即小的投资者直接和做市商交易，做市商再与经纪商交易。

3. 托管与结算方式的早期差异与近期变化

两个债券交易所拥有各自的债券托管系统。银行间债券市场中的债券托管在中国债券登记结算有限公司（中债登或中央结算公司）开立的一级债券托管账户中，由全国同业拆借中心提供其前台的债券交易，后台的债券结算由中证登提供。2010 年，上海清算所成立，同样可以为银行间债券市场提供登记、托管和结算业务。银行间市场实质变成拥有双后台结算的场外市场。银行间市场的债券结算，初期采用实时全额逐笔结算方式，统一通过中债登负责。后期，随着上清所设立，2011 年后，上海清算所在银行间债券市场首先推出了债券现券交易净额清算业务，并引入了中央对手清算机制。

交易所债券市场的托管与结算统一由中证登负责。交易所债券市场实行“中央登记、二级托管”的制度，即中证登负责债券登记，证券公司负责债券托管。交易所债券结算主要采取中央对手方的净额结算机制，由中证登负责债券交易的清算和结算，并作为交易双方共同的对手方提供交收担保。

交易所债券市场和银行间债券市场托管与结算方式的不同，导致两个市场处于割裂的状态，影响了债券市场的运行效率，通过债券的转托管实现互联互通成为投资者的迫切需求。早期，交易所债券市场可以向银行间市场单方向转托管。

2002年后,财政部020015国债跨市场交易与发行标志着转托管进入了双向发展的阶段。目前,银行间市场与交易所市场的转托管机制已经建立,但是,在转托管的效率上有待进一步提高。从市场机构反映看,最快的国债转托管也只能实现T+1到账,大部分只能实现T+2,甚至T+3到账。

四、交易所债券市场与银行间债券市场目前存在的一些问题

鉴于交易所债券市场与银行间债券市场在交易方式、投资者结构与结算及托管上存在一些显著的差异,这些差异不可避免地导致两个市场在债券定价、流动性和波动性等方面产生相应的影响。

1. 国债定价上的问题

同一国债品种在交易所债券市场与银行间债券市场同时发行与上市交易,但是,由于两个债券市场的交易机制不尽相同,交易所的交易系统实行集合竞价,根据价格优先、时间优先的原则撮合定价,银行间市场采取的是询价交易方式,一对一成交并定价,可能引发的问题就是相同的国债品种,两个市场的成交价格存在着一定的差异,因此两个市场也将呈现出不同的收益率曲线。在两个市场高效联通的情况下,国债在两个市场之间的瞬间转入与转出,并在两个市场实现实时的交易,可以将两个市场的价格差异缩小,在套利交易收益等于套利成本时达到均衡,最终两个市场的收益率曲线相当接近。

如果交易所债券市场与银行间债券市场存在着定价上的显著差异,两者的收敛机制如何,是哪一个市场具有支配地位的单项引导,还是有主次的相互引导?张颖(2012)的研究发现,两个市场收益率具有较大的相关性,但是交易所市场收益率期限结构较为陡峭,而银行间市场收益率期限结构较平坦。交易所国债收益率时间序列与银行间国债收益率时间序列在期限较短时相互影响、互为因果,但银行间收益率变化单向领先于交易所收益率变化更为显著。潘婉彬等人(2007)认为国债价格和交易量在两个不同市场的关系,交易所市场在价格方面起着先导作用,而银行间市场在交易量上起着先导作用。杨兵兵(2012)的研究表明,在2009年之前,两个市场之间只存在从交易所债市到银行间债市单向因果关系,两个市场存在较

弱联动性;2009年商业银行重返交易所债市后,银行间债市对交易所债市影响有所增强,两市场变成互为因果关系。上述研究结果表明,两个市场更可能互为因果,存在着双向的引导关系。

2. 国债波动性上的问题

国债定价上的问题直接决定了国债波动性的问题。正如一个硬币的正反面,价格是正面,波动性是反面,波动性反映了债券价格的变化。由于中国存在交易所债券市场和银行间债券市场,两个市场的投资者和交易机制不完全相同,在对同一债券存在定价上的差异导致了债券波动性的不同。譬如,在交易所市场实行的是集中撮合竞价交易制度下,价格发现更为快捷,一旦市场得到影响债券价格的因素发生变化的消息,由于流动性的问题,债券价格瞬间发生较大的变化,而在银行间债券市场实行一对一的询价报价与做市商制度下,即便市场接收到了影响债券价格因素变化的消息,国债价格的波动相比较交易所债券市场要低一些。

在交易所债券市场与银行间债券市场存在着波动性显著差异的情况下,两个市场的波动性是否存在一致性的变化,即在同一消息影响下,两个市场是否会出现波动性的非一致性?比如,在消息开始在债券市场传播时,两个市场投资者的异质性可能会导致两个市场的交易价格出现偏离。在以大户和中小机构主导的交易所市场上,投资者的情绪较不稳定并缺少理性,投资者的盲从和羊群效应导致价格上蹿下跳,价格波动性大,市场稳定性差,而以商业银行为主导的银行间市场,对于产生的同一消息,分析得较为理性,不会根据该消息进行相应的买入或卖出,从而该消息不会影响到债券价格,或者对债券价格的影响非常小,在一段时间后,债券价格就会向均值回归。

3. 国债流动性上的问题

国债流动性的高低直接影响了债券的价格,进而影响到债券的波动性,因而两个债券市场的流动性在一定程度上决定了两个市场的定价差异。国债流动性受到多种因素的影响,包括投资者结构、交易制度与交易方式、信息透明度、交易成本、托管与结算效率等,其中投资者结构与交易制度对国债流动性的影响更大。从银行间债券市场与交易所债券市场投资者结构看,以商业银行为主导的投资类机构和以中小金融机构为主导的交易类机构是两个市场的最大区别。通常意义上看，投资类机构以持有到期为主，对债券的流动性要求不是特别看重，会降低市场流动性供给，交易类机构往往通过买进与卖出调整资产组合，会提高市场的流动性供给与需求。

从交易机制来看，交易所债券市场实行竞价交易制度，债券流动性供给与需求完全由买卖双方根据价格自行提供，在正常交易状态下，市场流动性不会成为问题，但是，竞价交易的一个最大问题是在非正常交易状态下，如市场出现大幅度波动，无论是价格上升或者下降，都可能导致买方和卖方突然消失，导致流动性黑洞的出现。在做市商制度下，做市商一方面充当债券市场的卖方，同时充当债券市场的买方，其双向提供债券流动性，有效平衡了流动性供给与需求的缺口，确保了交易者在所有价位上的买入和卖出指令得到执行。在做市商制度下，交易者根本没有必要担心交易对手的突然消失，极大地提高了市场的流动性，从这个意义上看，银行间债券市场流动性要高于交易所债券市场。但是，目前双边报价商制度离国外真正的做市商制度还差得很远，如更多成交是以成员间相互谈判、直接达成交易为主，没能有效地建立做市商制度降低了银行间债券市场流动性。

第二节 国债期货推出前后交易所债券市场和银行间债券市场主要特征比较

在国债期货推出前，由于制度差异的存在，交易所债券市场和银行间债券市场在国债定价、波动性和流动性存在显著的不同。但是，在国债期货推出以后，国债期货与国债现货之间建立起联动关系，进而套利存在导致两个债券市场之间的联动在增强，同时，为了更好地促进国债现货和期货市场的发展，两个债券市场之间的联通渠道逐步建立。在两个债券市场联动增强的过程中，两个债券市场异质性特征可能会出现一致性趋同，比如，两个债券市场的收益率差是否会缩窄，波动性是否会呈现出同周期性等，这是我们接下来更为关注的问题，即国债期货推出是否导致两个债券市场的趋同。

一、国债期货推出前后交易所债券市场和银行间债券市场定价的变化

理论上看,国债期货具有价格发现功能,即国债期货价格是对国债现货未来价格的理性预期,是利用当前所有可以收集到的信息对国债未来价格的无偏估计。从这个意义上看,国债期货可以对两个债券市场起到同等的作用,国债期货同两个市场债券在长期内都应存在一致性的走势,同时,在跨市场套利存在的条件下,两个债券市场交易的同一国债品种应该出现趋同的过程。为了研究上的需要,我们分别对 2012—2014 年两个国债市场不同期限的收益进行对比,分析国债期货推出对两个市场趋同性的影响。

1. 交易所国债市场和银行间国债市场 1 年期国债收益率对比

图 3-1 显示,在国债期货推出的早期,上交所 1 年期国债到期收益率同银行间债券市场 1 年期国债到期收益率存在着明显的不同,上交所的 1 年期国债收益率要低于银行间债券市场的收益率。在 2012 年的上半年,两个市场的收益率差相当大,但是,在 2012 年的下半年,银行间债券市场 1 年期债券市场收益率开始下降,交易所债券市场收益率开始上升,两个市场 1 年期国债收益率差出现缩窄。

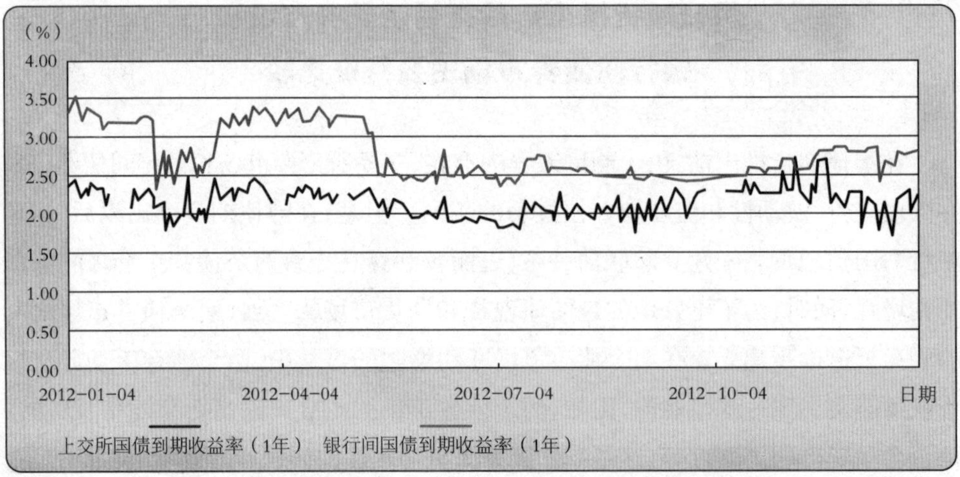

图 3-1 2012 年交易所国债市场和银行间国债市场 1 年期国债收益率对比

图 3-2 显示,2013 年 9 月国债期货推出以前,交易所国债市场和银行间国债市场收益率差在 0.5%左右内波动,不过,同 2012 年的一个显著差别是银行间债券市场 1 年期国债收益率波动加大。在 2013 年 9 月,两个市场 1 年期国债收益率差先是出现了缩窄,后来收益率又呈现出扩大的趋势。

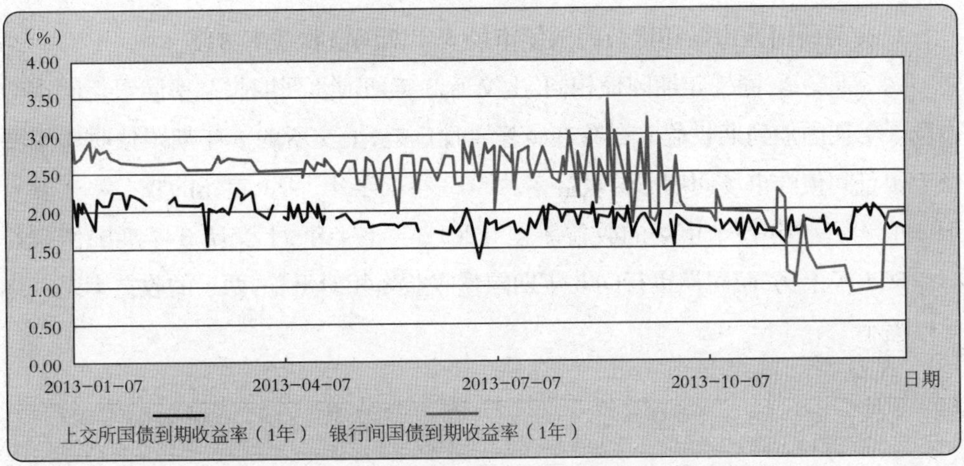

图 3-2　2013 年交易所国债市场和银行间国债市场 1 年期国债收益率对比

图 3-3 显示,2014 年上半年,两个市场 1 年期国债收益率差波动较大,在第一季度,收益率差延续了去年的走势。可是在第二季度,两个市场的收益率开始扩

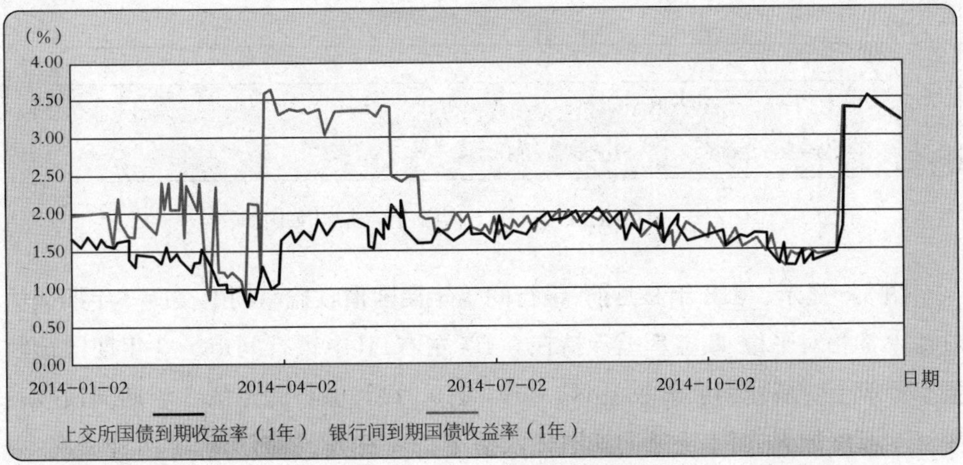

图 3-3　2014 年交易所国债市场和银行间国债市场 1 年期国债收益率对比

大，这一差值甚至超过了国债期货推出前两个市场 1 年期国债的收益率差。进入下半年后，两个市场 1 年期国债收益率出现了颠覆性变化，两个市场的 1 年期国债收益率大致相同，趋势和价格一致性导致收益率差大幅缩窄，两者呈现出高趋同性。

2. 交易所国债市场和银行间国债市场 3 年期国债收益率对比

图 3-4 显示，同 1 年期国债相同，上交所 3 年期国债到期收益率同银行间债券市场 3 年期国债到期收益率存在着显著的收益差，上交所的 3 年期国债收益率要低于银行间债券市场同期国债收益率。2012 年上半年，两个市场的收益率差要大于 2012 年下半年两个市场的收益率差。2012 年下半年，上交所 3 年期国债收益率呈现小幅上扬，而同期银行间 3 年期国债收益率相对平稳，两者的收益率差最终得以缩小。

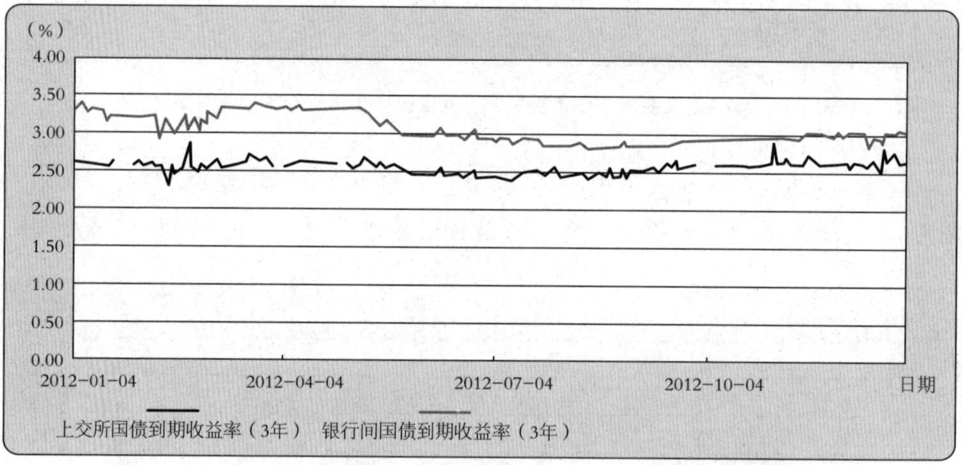

图 3-4 2012 年交易所国债市场和银行间国债市场 3 年期国债收益率对比

图 3-5 显示，2013 年 9 月前，银行间 3 年期国债收益率同上交所 3 年期国债收益率都相对平稳，收益率差保持在 0.4%左右，其中银行间市场 3 年期国债收益率高于上交所同期国债收益率。2013 年 9 月后，银行间市场 3 年期国债收益率波动幅度加大，而上交所同期国债收益率稳中有升，从而出现了两种情况：一是两者收益率差的稳定性消失；二是上交所 3 年期国债收益率多数时间超过银

行间 3 年期国债收益率。

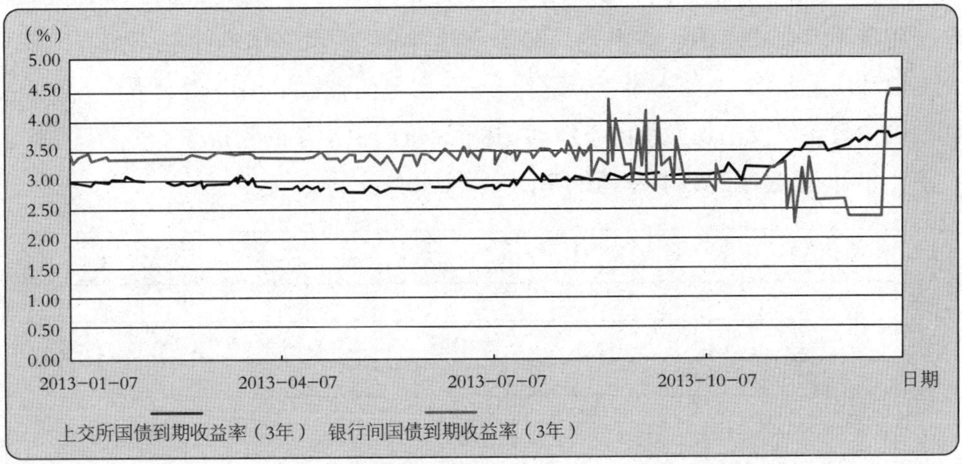

图 3-5 2013 年交易所国债市场和银行间国债市场 3 年期国债收益率对比

图 3-6 显示，在 2013 年出现上交所 3 年期国债收益率超过银行间同期国债收益率后，进入 2014 年，银行间 3 年期国债收益率上升，重新回到了大于上交所同期国债收益率的常态。在 2014 年 4 月前，两者之间的收益率差相对较大，在 0.6%—0.9%之间波动。2014 年 4 月后，两者之间的收益率差开始逐渐趋同，收益率差逐渐缩窄。

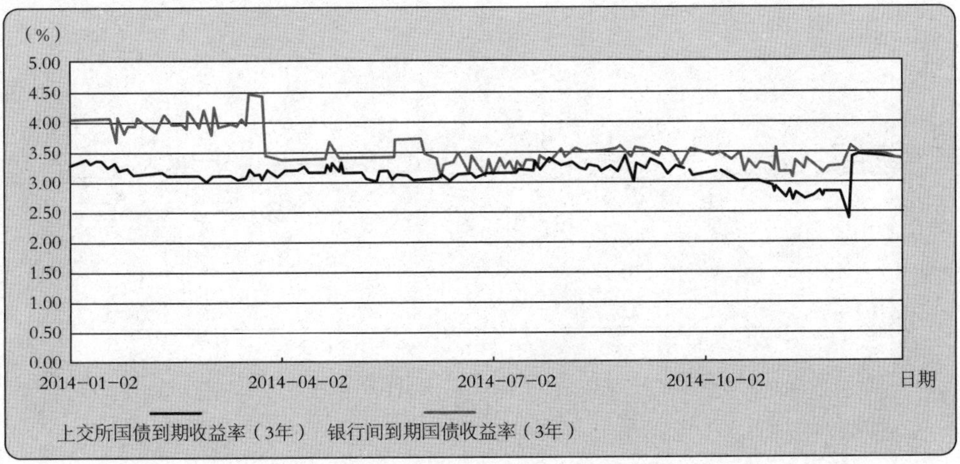

图 3-6 2014 年交易所国债市场和银行间国债市场 3 年期国债收益率对比

3. 交易所国债市场和银行间国债市场 5 年期国债收益率对比

图 3-7 显示，银行间 5 年期国债收益率高于同期上交所国债收益率，但是，在整个年度不存在稳定的收益率差。2012 年上半年，两者之间的收益率差在 0.5%左右波动。进入 2012 年下半年，银行间 5 年期国债收益率出现明显下降，上交所同期国债收益率仅出现微小向下波动，随后又重回上半年的收益率水平，其结果是在下半年，两者之间的收益率差缩窄到 0.2%左右。

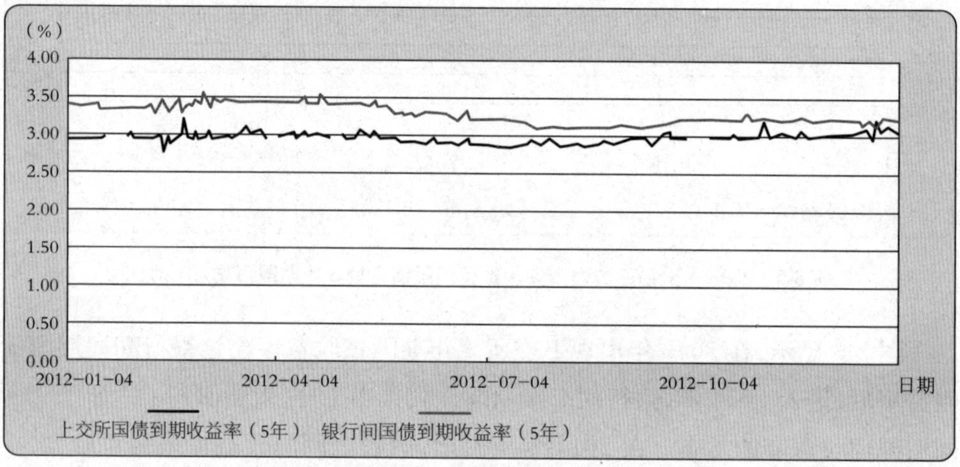

图 3-7 2012 年交易所国债市场和银行间国债市场 5 年期国债收益率对比

图 3-8 显示，2013 年 9 月是个重要的拐点。在此之前，银行间 5 年期国债收益

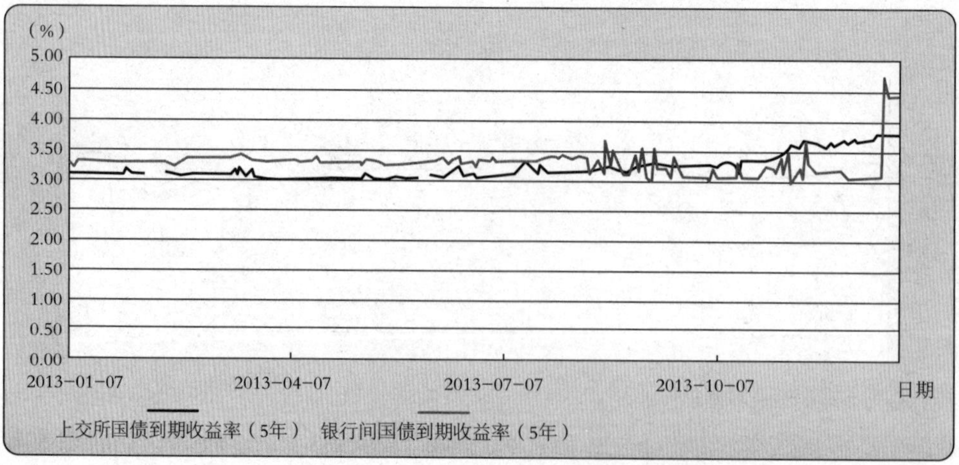

图 3-8 2013 年交易所国债市场和银行间国债市场 5 年期国债收益率对比

率高于同期上交所国债收益率，且两者间的收益率延续了 2012 年下半年的走势，保持了相对稳定的收益率差。进入 2013 年 9 月后，银行间市场 5 年期国债收益率波动加大，收益率呈下降的趋势，同时，同期上交所国债收益率出现了较大幅度的上扬，最终导致两者间的收益率差出现逆转和扩大的趋势。但是，在年底银行间 5 年期国债收益率重新超越了同期上交所国债收益率。

图 3-9 显示，银行间市场 5 年期国债收益率高于上交所同期国债收益率。在 2014 年 4 月以前，两者之间的收益率差相对较大，远远超过前两年的收益率差。进入 2014 年 4 月后，两者之间的收益率差随着银行间 5 年期国债收益率的快速下跌，一度收窄到历史较低的水平。2014 年 6 月后，两者之间的收益率开始拉大，重新回到历史平均水平。

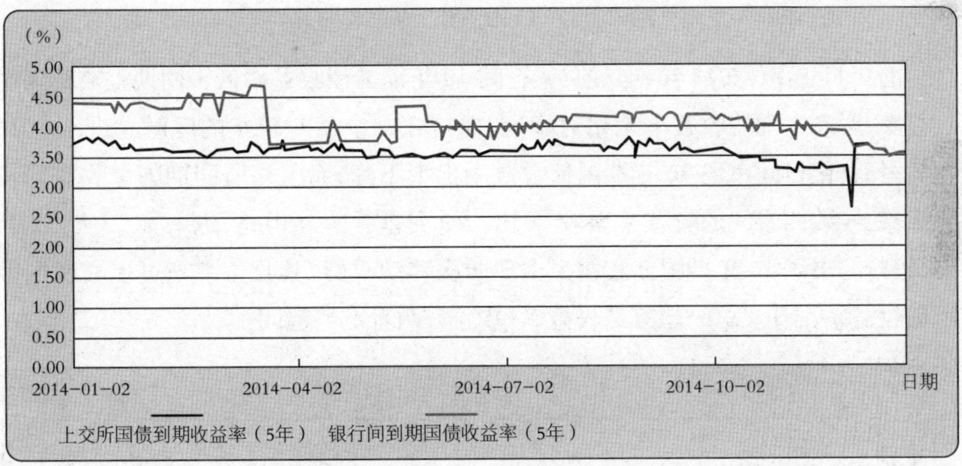

图 3-9　2014 年交易所国债市场和银行间国债市场 5 年期国债收益率对比

4. 交易所国债市场和银行间国债市场 10 年期国债收益率对比

图 3-10 显示，银行间市场 10 年期国债收益率同上交所同期国债收益率之间的差同其他期限国债两者之间收益率差相比更为复杂。在 2012 年的早期，银行间市场 10 年期国债收益率高于交易所市场同期国债收益率，其后出现了一定阶段的趋同，两者的收益率差相对较小，在 2012 年 5 月后，银行间市场 10 年期国债收益率出现了超过上交所市场的下跌，最终导致上交所 10 年期国债收益率大幅度超过

同期银行间市场国债收益率,收益率也随之扩大。

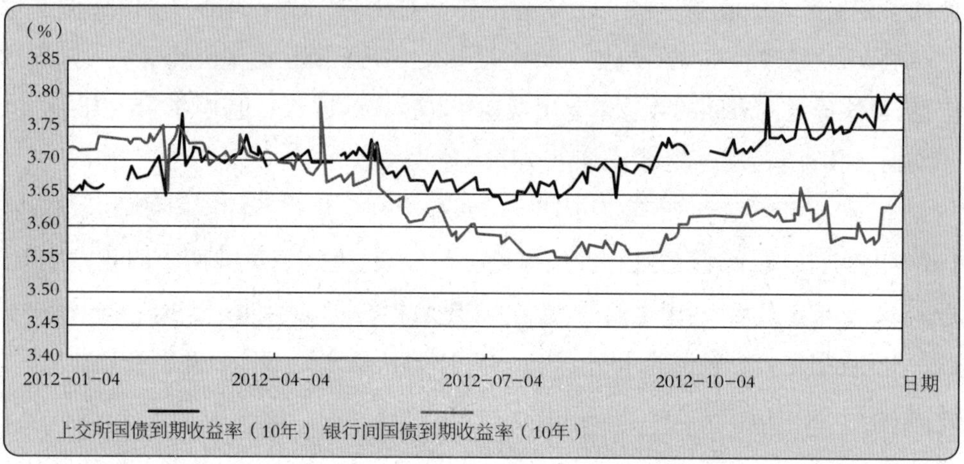

图 3-10 2012 年交易所国债市场和银行间国债市场 10 年期国债收益率对比

图 3-11 显示,2013 年 9 月前,银行间 10 年期国债收益率低于同期上交所国债收益率,两者之间的收益率差相对稳定,保持在一个相对较小的区间。进入 2013 年 9 月后,银行间市场 10 年期国债收益率出现下降,而上交所同期国债收益率较为平稳,导致两者间的收益率差较 2013 年 9 月前扩大。但是,进入 2013 年 12 月份,银行间市场 10 年期国债收益率出现两次移动,导致其收益率超过上交所同期国债收益率,不过,总的趋势是收益率差缩窄,两者走势趋同。

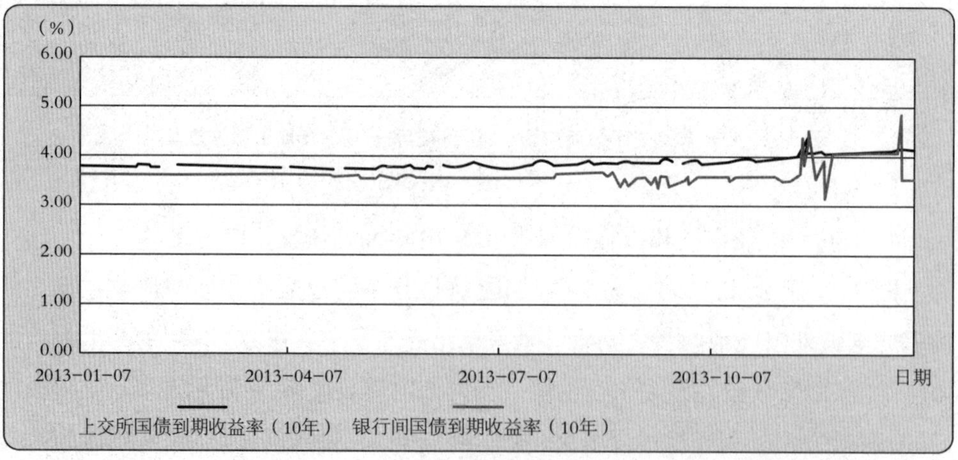

图 3-11 2013 年交易所国债市场和银行间国债市场 10 年期国债收益率对比

图 3-12 显示，银行间市场 10 年期国债收益率同上交所同期国债收益率差呈现两种走势。2014 年 4 月份前，上交所 10 年期国债收益率高于同期银行间市场国债收益率。2014 年 4 月份后，两者之间的收益率差出现逆转，随着银行间 10 年期国债收益率上升，上交所 10 年期国债收益率开始低于同期银行间市场国债收益率。值得注意的是，2014 年 4 月后的收益率差要小于 4 月份前，即收益率差呈缩窄的趋势。

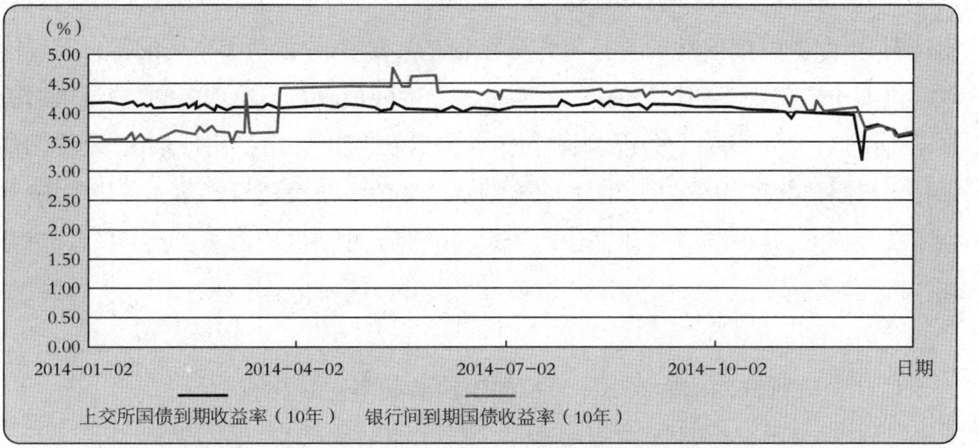

图 3-12　2014 年交易所国债市场和银行间国债市场 10 年期国债收益率对比

5. 国债期货对两个市场收益率影响的主要结论

通过上交所债券市场和银行间债券市场 1 年、3 年、5 年和 10 年期国债到期收益率的分析，我们大致可以得出如下结论：国债期货对国债收益率的长期和短期影响并不一致。

第一，国债期货推出后，两个市场的 1 年期和 3 年期国债收益率差呈现出缩窄的趋势，尽管在国债推出的初期，银行间市场国债到期收益率波动性增加，收益率差稳定性消失，但是，在国债期货推出的后期，收益率恢复了稳定性并出现缩窄，两个市场向趋同性靠拢。

第二，国债期货推出后，两个市场的 5 年期和 10 年期国债到期收益率变化更具复杂性。两个市场的 5 年期国债到期收益率差呈现了趋同、放大到再趋同的走势，但是收益率差同国债期货推出前相比明显增大。两个市场 10 年期国债到期收益率差呈现了扩大、趋同、再扩大到逆转的走势。上述分析说明，国债期货并不必然导致两个市场收益率出现一致性趋同。

二、国债期货推出前后交易所债券市场和银行间债券市场波动性研究

理论上看，国债期货对现货市场的影响具有两面性，即可能增加现货市场的波动性，同时，也存在降低现货市场波动性的可能。一方面，在影响国债价格的信息出现时，大量的国债期货市场套利交易者会进入市场，导致两个市场的错误定价出现向真实价值出现不同程度的回归，两个市场的国债收益率出现趋同，债券价格的波动性降低。另一方面，过度的投机可能会导致国债市场定价出现偏差，致使国债价格出现同基准利率的偏离，同时，国债期货市场的投机会传导到国债现货市场，加剧国债现货市场的波动。至于国债期货对国债期货波动性的影响，我们可以通过分析不同期限国债的历史波动率来比较银行间债券市场和交易所债券市场的波动性。

1. 国债期货推出前后上交所市场的国债波动率

图 3-13 显示，1 年期国债波动率呈现区间波动的特征，区间大致为 0.05%—0.15%。尽管在一些时段，波动性超出此区间，甚至出现异常高或低的波动，但是，这一区间还是相当稳定。1 年期国债在 2013—2014 年整个时间段呈现区间波动说明，2013 年 9 月国债期货的推出对上交所 1 年期国债波动性没有实质的影响。

图 3-14、3-15、3-16 分别为上交所 3 年期、5 年期和 10 年期国债到期收益率

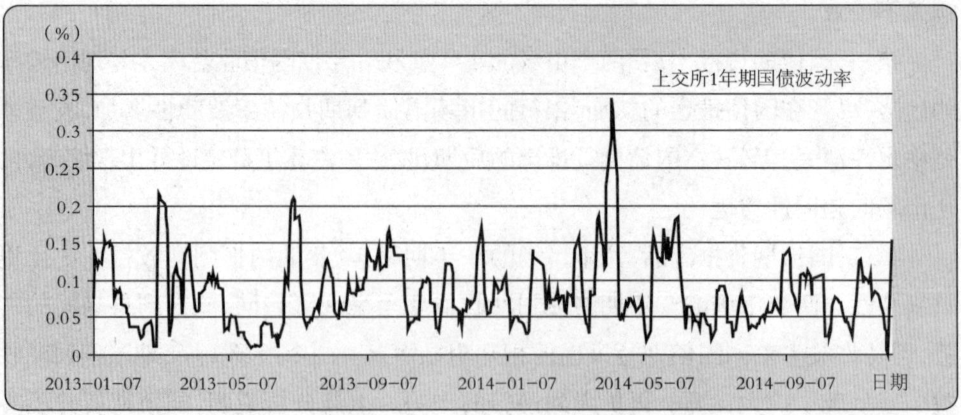

图 3-13　上交所 1 年期国债到期收益率的波动率

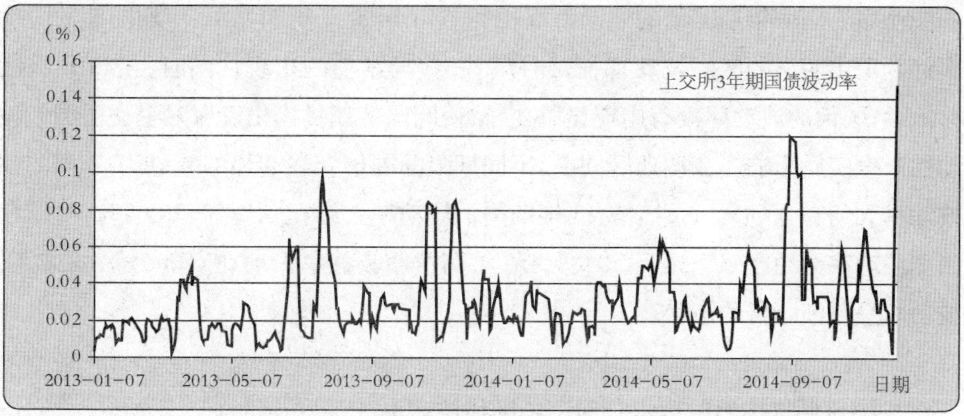

图 3-14 上交所 3 年期国债到期收益率的波动率

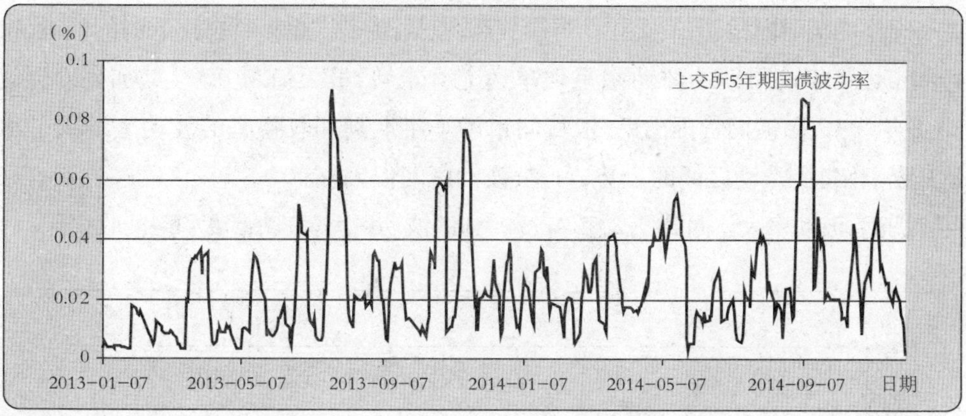

图 3-15 上交所 5 年期国债到期收益率的波动率

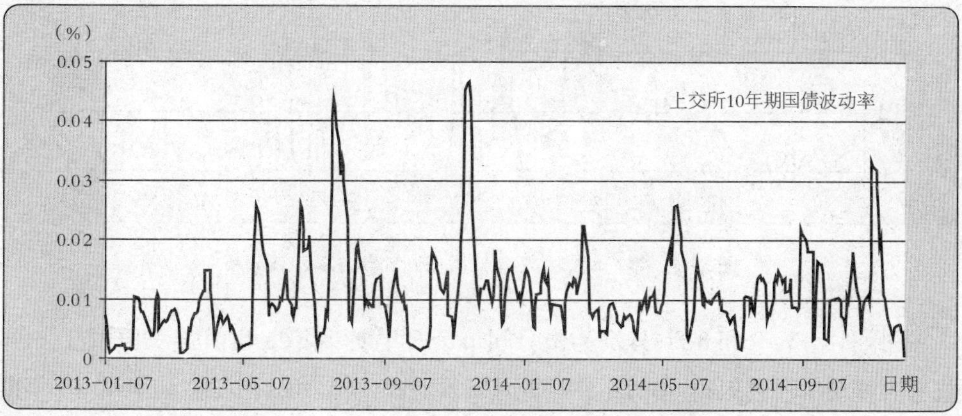

图 3-16 上交所 10 年期国债到期收益率的波动率

的波动率。同一年期国债的波动特征相类似，3 年期、5 年期和 10 年期国债的波动率都呈现出明显的区间波动特征，同样有一些异常值的出现。同时，在 2013 年 9 月前后，国债的波动率没有出现显著变化，说明国债期货推出没有对上交所国债波动性产生实质影响。在波动区间上，不同期限的国债存在明显的差别，1 年期国债波动率大约在 0.05%—0.15%，3 年期国债波动率大约在 0.03%—0.06%，5 年期国债波动率大约在 0.01%—0.04%，10 年期国债收益率大约在 0.005%—0.02%，波动率呈逐渐降低的态势。

2. 国债期货推出前后银行间市场国债波动率

图 3-17 显示，2013 年 5 月前，银行间市场 1 年期国债收益率的波动率基本保持在一个小的范围内波动，最大在 0.1%附近。但是，随着国债期货推出的时间临近，银行间市场 1 年期国债的波动率呈现单边上升走势，最大值从 0.1%增加到 0.5%。2013 年 9 月，国债期货推出后，银行间市场一年期到期收益率的波动率结束了单边走势，恢复到波动区间的走势，可是，波动区间偏大，在 0—0.5%之间。进入 2014 年 6 月后，波动率大体回到了 2013 年 5 月前的波动区间，波动幅度和区间收窄。

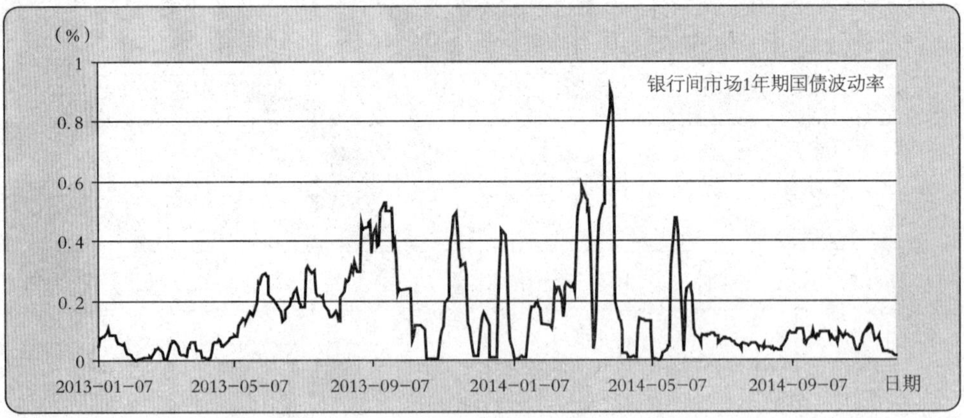

图 3-17　银行间市场 1 年期国债到期收益率的波动率

图 3-18、3-19 和 3-20 分别为银行间市场 3 年期、5 年期和 10 年期国债到期收益率的波动率。同银行间市场 1 年期国债收益率的波动率相类似，3 年期、5 年期和 10 年期国债都呈现了国债期货推出前平稳、推出后波动增加，后期波动降低的

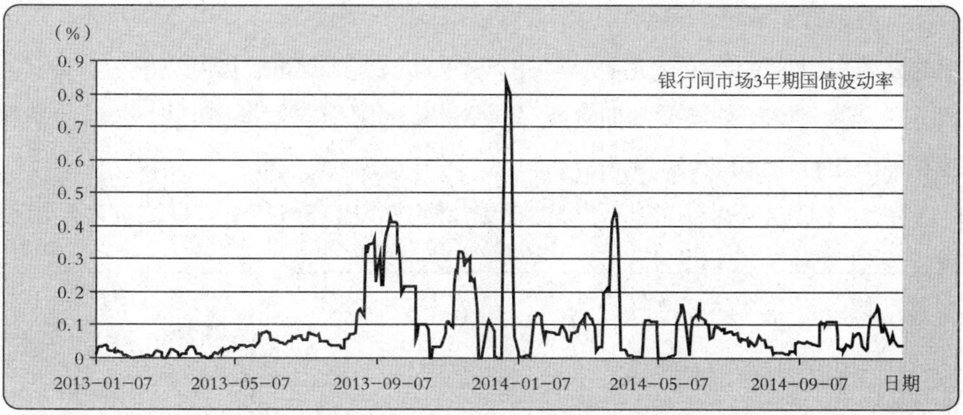

图 3-18 银行间市场 3 年期国债到期收益率的波动率

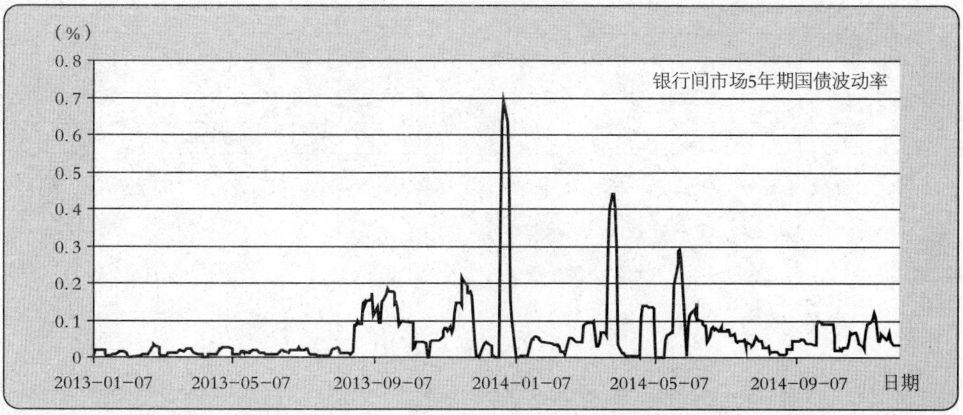

图 3-19 银行间市场 5 年期国债到期收益率的波动率

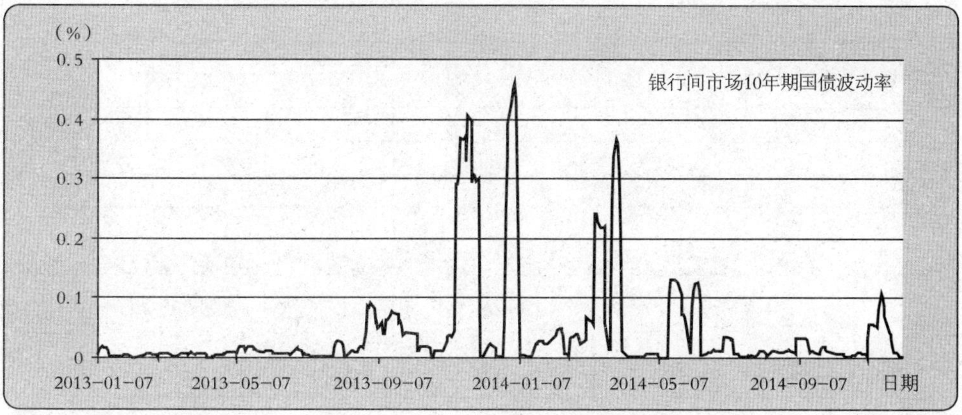

图 3-20 银行间市场 10 年期国债到期收益率的波动率

特征。同银行间市场 1 年期国债到期收益率的波动率相比，3 年期、5 年期和 10 年期的波动率相对较低，且在后期波动率开始向初始的常态回归，但是，除 10 年期国债外，3 年期和 5 年期国债到期收益率的波动率同国债期货推出前相比，波动率保持在一个相对较大的区间。

图 3-21 显示，银行间市场债券波动率呈钟形。银行市场 1 年期国债波动率要

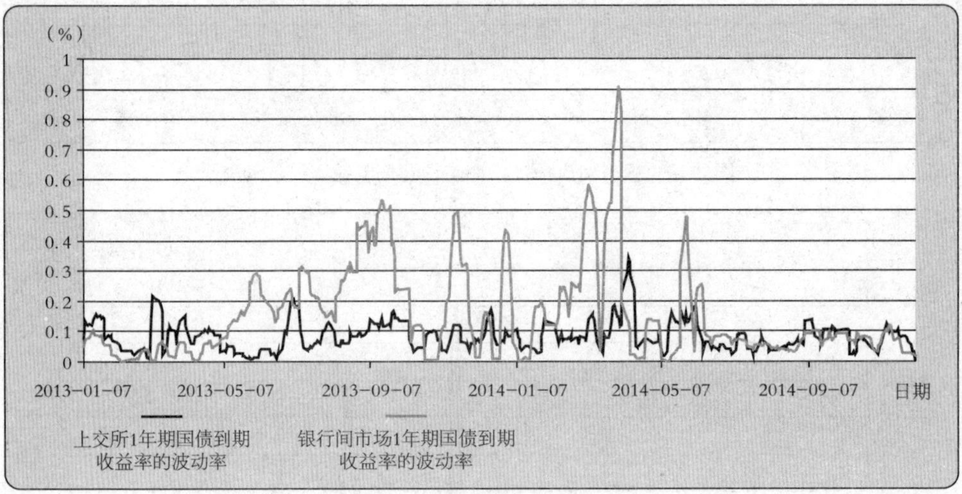

图 3-21　银行间市场和交易所市场 1 年期国债波动率对比

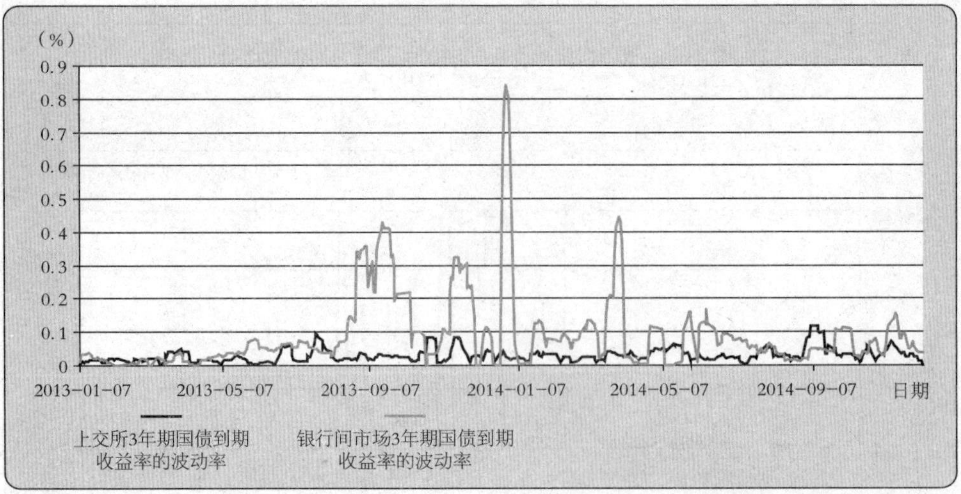

图 3-22　银行间市场和交易所市场 3 年期国债波动率对比

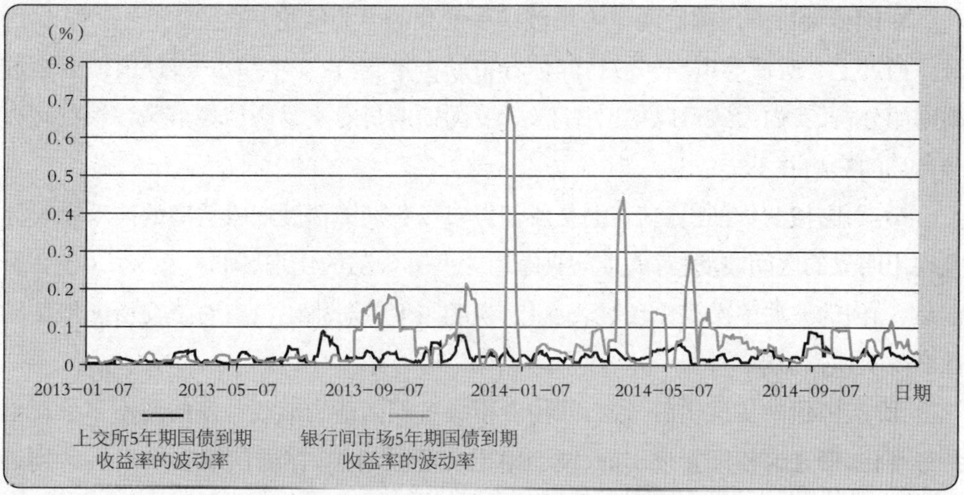

图 3-23　银行间市场和交易所市场 5 年期国债波动率对比

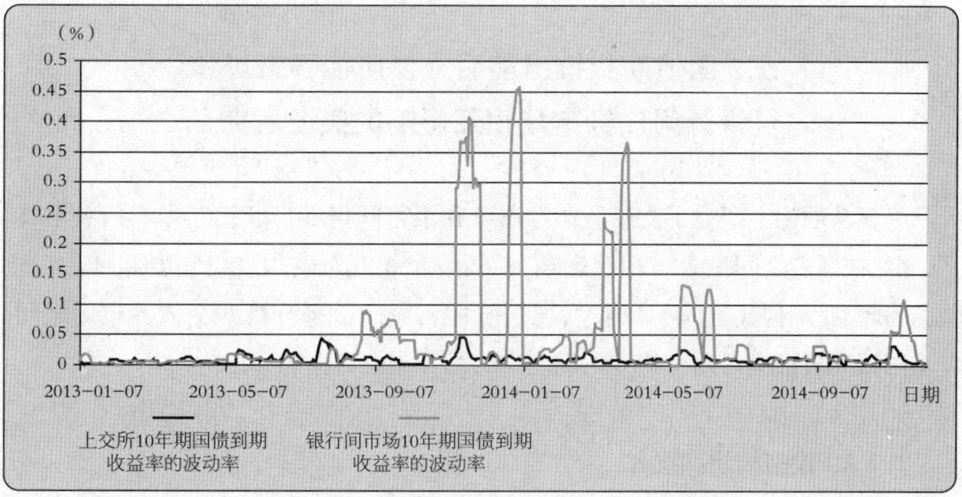

图 3-24　银行间市场和交易所市场 10 年期国债波动率对比

高于交易所市场 1 年期国债波动率，特别是在 2013 年 5—6 月这段期间，银行间市场债券波动要显著高于交易所市场。图 3-22、3-23、3-24 同样揭示了类似的结论，即银行间市场国债波动率在国债推出前后的波动率要显著高于交易所债券市场。另外，1 年期和 3 年期国债波动率较 5 年期和 10 年期波动率更大，说明长期国债波动率受到国债期货的影响要小于短期国债受到国债期货的影响。

3. 国债期货推出前后两个市场波动率变化的主要结论

通过上交所债券市场和银行间债券市场 1 年、3 年、5 年和 10 年期国债到期波动率的分析，我们大致可以得出如下结论：国债期货对交易所债券市场和银行间债券市场的影响并不一致。

第一，国债期货推出前后，上交所债券市场各期国债到期收益率的波动率大体呈现出明显的区间波动特征，期间夹杂着一些异常值的出现，同时，在 2013 年 9 月前后，国债的波动率没有出现显著变化，说明国债期货推出没有对上交所国债波动性产生实质性影响。

第二，国债期货推出后，银行间债券市场各期国债到期收益率的波动率呈现出钟形变化，即在国债期货推出前，波动率出现明显增加，在国债期货推出后达到钟顶，随后波动性开始降低，同时，银行间市场长期国债的波动率要小于同市场短期国债波动率。

三、国债期货推出前后交易所债券市场和银行间债券市场相互影响的实证研究

尽管从理论上研究了交易所债券市场和银行间债券市场相互影响的关系，但是，究竟在两者之间是否着相互影响关系，以及相互影响程度仍需要实证加以检验。为此，我们构建了 VAR 模型，通过脉冲相应函数来分析两个债券市场之间，以及国债期货推出后两个债券市场之间的相互影响方向和程度。

1. VAR 模型构建和解释

根据上面的理论研究，我们可以构建包括上交所 5 年期国债收益率、上交所 10 年期国债收益率、银行间市场 5 年期国债收益率、银行间市场 10 年期国债收益率和 5 年期国债期货的 VAR 模型。模型仅仅包括 2 个或 3 个变量，可以比较准确地研究交易所债券市场国债与银行间债券市场国债的相互关系。为了更为精确地估计出交易所债券市场国债与银行间债券市场国债之间的相互关系，同时，估计引入国债期货后交易所债券市场国债与银行间债券市场国债之间的相互关系，我们采取了分段估计的方法，首先估计含有交易所债券市场国债与银行间债券市场国

债两个变量的VAR模型;其次,将国债期货引入模型,估计包含交易所债券市场国债、银行间债券市场国债两个变量与国债期货的三变量VAR模型。

理论模型采用非限制向量自回归模型(unrestricted VAR),模型表述如下:

$$Y_t^i = \sum_{i=1}^{j} \beta_i^j Y_{t-i}^j + \varepsilon_t^j \quad \varepsilon_t^j \in IID[0^t, \Omega^t]$$

$$Y_t^1 = (S5_t, Y5_t) \tag{1}$$

$$Y_t^2 = (S10_t, Y10_t) \tag{2}$$

$$Y_t^1 = (S5_t, Y5_t, QH) \tag{3}$$

$$Y_t^2 = (S10_t, Y10_t, QH) \tag{4}$$

其中:(1)、(2)为基本模型,(3)、(4)为引入冲击变量后的模型。$S5$、$Y5$、$S10$、$Y10$、QH 分别代表为上交所5年期国债到期收益率,银行间市场5年期国债到期收益率,上交所10年期国债到期收益率,银行间市场10年期国债到期收益率,5年期国债期货。β_i^j 第 i 个模型的参数矩阵,j 为VAR模型滞后阶数,滞后阶数选取根据AIC准则和SC准则判断,同时考虑到滞后项较多会导致模型自由度减少,因而在滞后项选取时进行了综合考虑。根据上述原则,实证模型1选取的滞后阶数为5阶,模型2选取的滞后阶数为2阶,模型3和4选取的滞后阶数为3阶。

VAR模型估计采取两阶段方法,第一阶段,对每一模型变量进行包括所用变量滞后项的回归;第二阶段,对VAR模型进行脉冲相应函数。

2. 数据来源说明

实证研究采用2013年数据。数据选取主要是根据数据的可获得性,同时也考虑到国债期货的推出时间。在交易所债券市场国债与银行间债券市场国债的VAR模型中,我们采用了2013年1月7日—2013年9月5日的日数据,在交易所债券市场国债、银行间债券市场国债和国债期货的VAR模型中,我们采用了2013年9月6日—2013年12月13日的数据。

3. 单位根检验和协整检验

首先需要对数据进行单位根检验。因为如果时间序列是非平稳的,进行回归分析时就会出现伪回归问题。如果变量是非平稳的，我们需要进一步知道是否变量间存在长期稳定的协整关系。为此，根据 Engle and Granger(1987)提出的处理非平稳序列的协整研究方法，来检验数据的变量间协整关系。单位根检验结果显示见表 3-8。交易所债券市场 5 年期国债到期收益率、交易所债券市场 10 年期国债到期收益率、银行间债券市场 5 年期国债到期收益率、银行间债券市场 10 年期国债到期收益率为非平稳时间序列，但其一阶差分都为平稳序列，5 年期国债期货和 10 年期国债期货无论水平和一阶差分都为平稳数据。

表 3-8 变量单位根检验

变 量	ADF 检验	检验类型	1%临界值	5%临界值
Ln S5	1.465	(c, t, 0)	−3.979	−3.42
Δln S5	−24.59*	(0, 0, 0)	−2.57	−1.54
Ln S10	−1.475	(c, t, 0)	−3.978	−3.419
Δln S10	−21.30*	(0, 0, 0)	−2.57	−1.94
Ln Y5	−2.722	(c, t, 0)	−3.979	−3.42
Δln Y5	−12.00*	(0, 0, 0)	−2.57	−1.54
Ln Y10	−2.517	(c, t, 0)	−3.979	−3.42
Δln Y10	−11.72*	(0, 0, 0)	−2.57	−1.54
Ln QH	−1.69	(0, 0, 0)	−4.114	−3.482
Δln QH	−6.83*	(0, 0, 0)	−2.602	−1.613

• 注：* 表示在 1%的水平上显著；Δ 代表一阶差分；括号内第一个字符表示检验类型(c:含常数项，0:不含常数项 0)；第一个字符表示常数项(t 含趋势，0 为不含趋势)；第三个字符表示滞后阶数。

根据 Green(2001)的观点，在一组存在协整关系的不平稳变量中加入其他平稳变量进行计量分析是可行的。也就是说，只要两个不平稳变量是协整的，加入另一个平稳变量后不影响分析的有效性，该结论对 3 个具有协整关系的不平稳变量仍然成立，因此数据存在协整的可能。因此，需要进一步检验交易所债券市场国债到期收益率、银行间债券市场国债到期收益和国债期货之间是否存在协整的可能。实证的特征根迹检验显示，模型存在着协整方程。

4. 脉冲响应函数

在 VAR 模型中，变量之间的关系研究主要是基于脉冲响应函数和方差分解，脉冲响应函数描述 VAR 中一个内生变量的冲击(Shock)或新息(Innovation)给其他变量所带来的影响。由于本章的目的是研究人民币汇率和国内生产总值之间的相互关系，因而对其他变量之间的相互影响这里不做过多分析。从国内生产总值的脉冲响应函数来看，大致可以得出如下结论：

(1) 基本模型 1 的分析

伴随一个标准差银行间市场 5 年期国债到期收益率冲击发生(见图 3-25)，上交所 5 年期国债到期收益率反应是瞬时的、轻微的下降，这表明银行间市场 5 年期国债到期收益率同上交所 5 年期国债到期收益率负相关，但是，在第 2 期和第 3 期冲击出现了向 0 值的回归，在第 4 期后，维持了轻微的上升，其含义是银行间市场 5 年期国债到期收益率对上交所 5 年期国债到期收益率存在着正向影响，但是并不显著。伴随一个标准差上交所市场 5 年期国债到期收益率冲击发生(见图 3-25)，银行间市场 5 年期国债到期收益率反应是瞬时的、轻微的下降趋势，此后，呈现出阻尼震荡的走势，并出现了向 0 值回归，最终，冲击的影响并不显著。

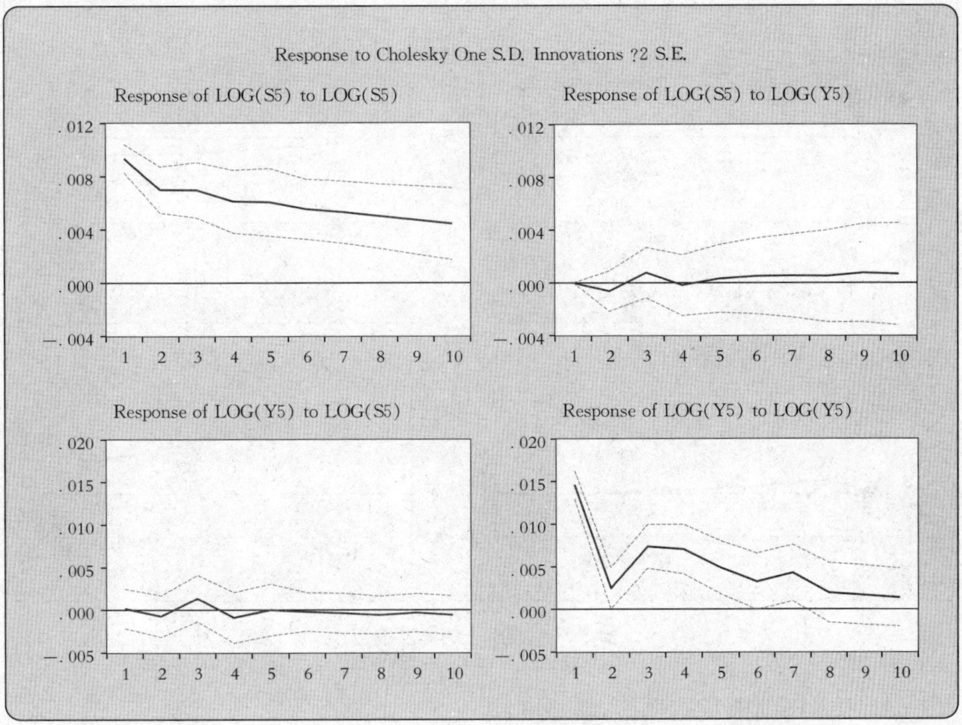

图 3-25 模型 1 的脉冲响应

(2) 基本模型 2 的分析

伴随一个标准差银行间市场国债到期收益率冲击发生(见图 3-26),上交所 10 年期国债到期收益率反应是瞬时的、轻微的下降,随后,这种下降的趋势逐渐在增大,在第 10 期的时候,达到了冲击的最大值。其含义是银行间市场 10 年期国债到期收益率的波动对上交所 10 年期国债到期收益率存在着长期影响。伴随一个标准差上交所市场 10 年期国债到期收益率冲击发生(见图 3-26),银行间市场 10 年期国债到期收益率反应是瞬时的、轻微的上跳,此后,随着时间的推移,出现了下降的走势,并且在第 5 期后趋于 0,说明上交所 10 年期国债到期收益率的波动对银行间市场 10 年期国债收益率有着正向影响,但是,短期内这种影响就被吸收。

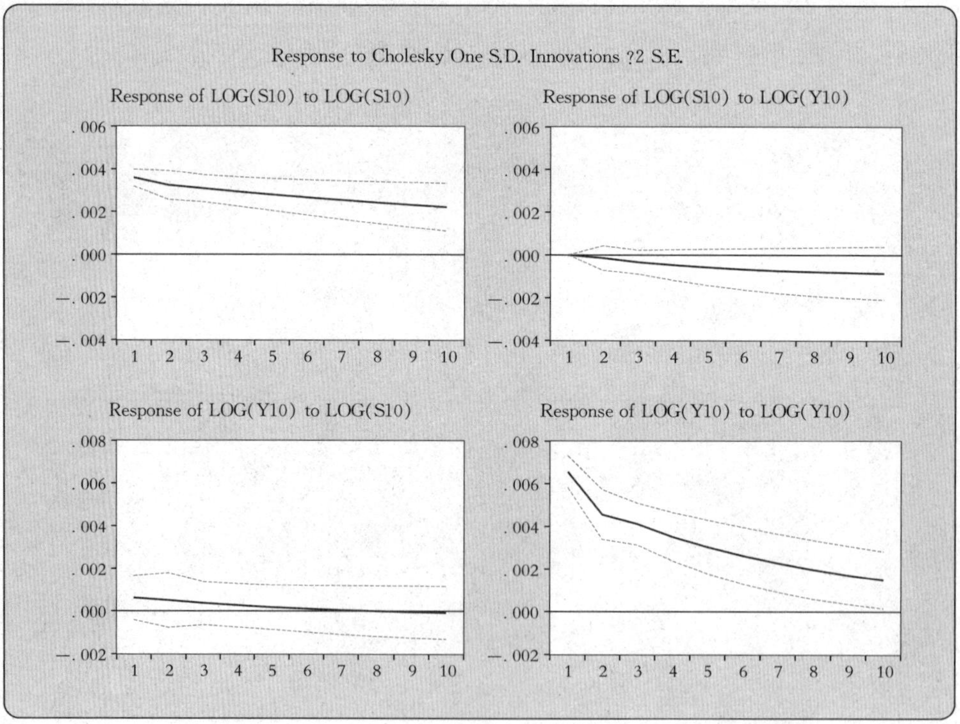

图 3-26 模型 2 的脉冲响应

(3) 引入国债期货的模型 3 的分析

伴随一个标准差银行间市场 5 年期国债到期收益率冲击发生(见图 3-27),上

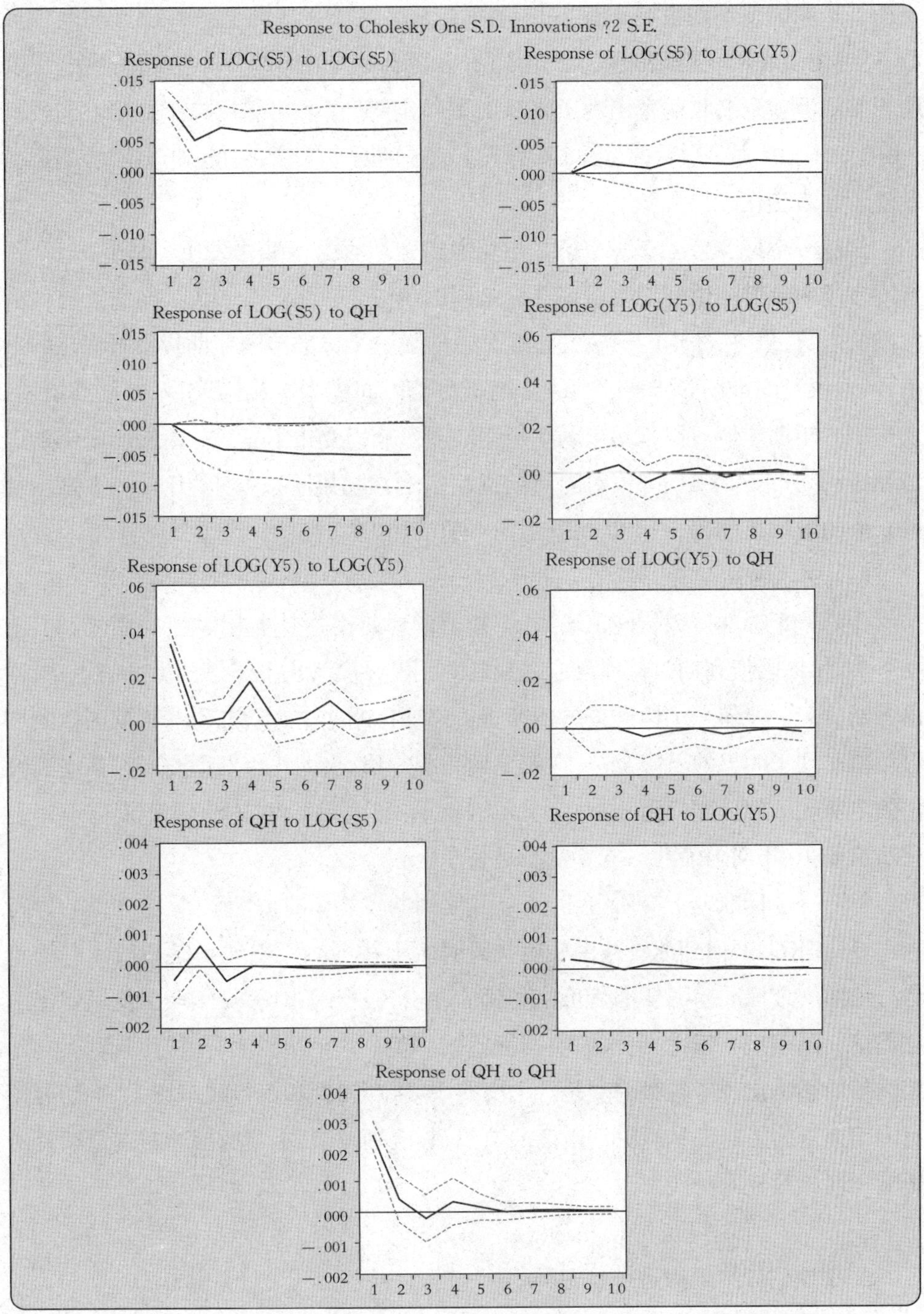

图 3-27　模型 3 的脉冲响应

交所5年期国债到期收益率反应是瞬时的上跳，随后，这种上跳并没有向0值回归，始终维持在第1期后的水平。伴随一个标准差国债期货价格变化的冲击，上交所5年期国债到期收益率出现了明显的下降走势，在第5期后趋于稳定。同模型1相比，引入国债期货后，银行间市场5年期国债对上交所市场5年期国债的影响发生了显著变化。

伴随一个标准差上交所市场5年期国债到期收益率冲击发生（见图3-27），银行间市场5年期国债到期收益率反应是瞬时的、轻微的下降，此后，出现了向0值回归的走势，最终，冲击的影响并不显著。伴随一个标准差国债期货价格变化的冲击，其对银行间市场5年期国债的影响不显著。同模型1相比，引入国债期货后，上交所5年期国债对银行间市场5年期国债影响的变化不显著。上交所5年期国债和银行间市场5年期国债对国债期货的影响在初始阶段并不相同，一个是围绕着0值的阻尼震荡，另一个是跳升后向0值的回归。

(4) 引入国债期货的模型4的分析

伴随一个标准差银行间市场10年期国债到期收益率冲击发生（见图3-28），上交所10年期国债到期收益率反应是瞬时的上跳，随后，出现了逐期上升的走势，冲击不断扩大。伴随一个标准差国债期货价格变化的冲击，上交所10年期国债到期收益率出现了明显的下降走势，在第5期后趋于稳定，同5年期上交所国债受到冲击的走势较一致。同模型2相比，引入国债期货后，银行间市场10年期国债对上交所市场10年期国债的影响发生了显著变化。

伴随一个标准差上交所市场10年国债到期收益率冲击发生（见图3-28），银行间市场10年期国债到期收益率反应是瞬时的上跳，此后，出现了向0值回归的走势。伴随一个标准差国债期货价格变化的冲击，银行间市场10年期国债呈现出阻尼震荡。同模型2相比，引入国债期货后，上交所10年期国债对银行间市场10年期国债的影响出现了轻微的变化。上交所10年期国债和银行间市场10年期国债对国债期货的影响都呈现阻尼震荡的走势，其区别在于，上交所国债对国债期货的影响程度相对较大一些。

5. 模型估计结果的进一步解释

在交易所国债市场和银行间市场的相互影响上呈现了非一致性，交易所国债

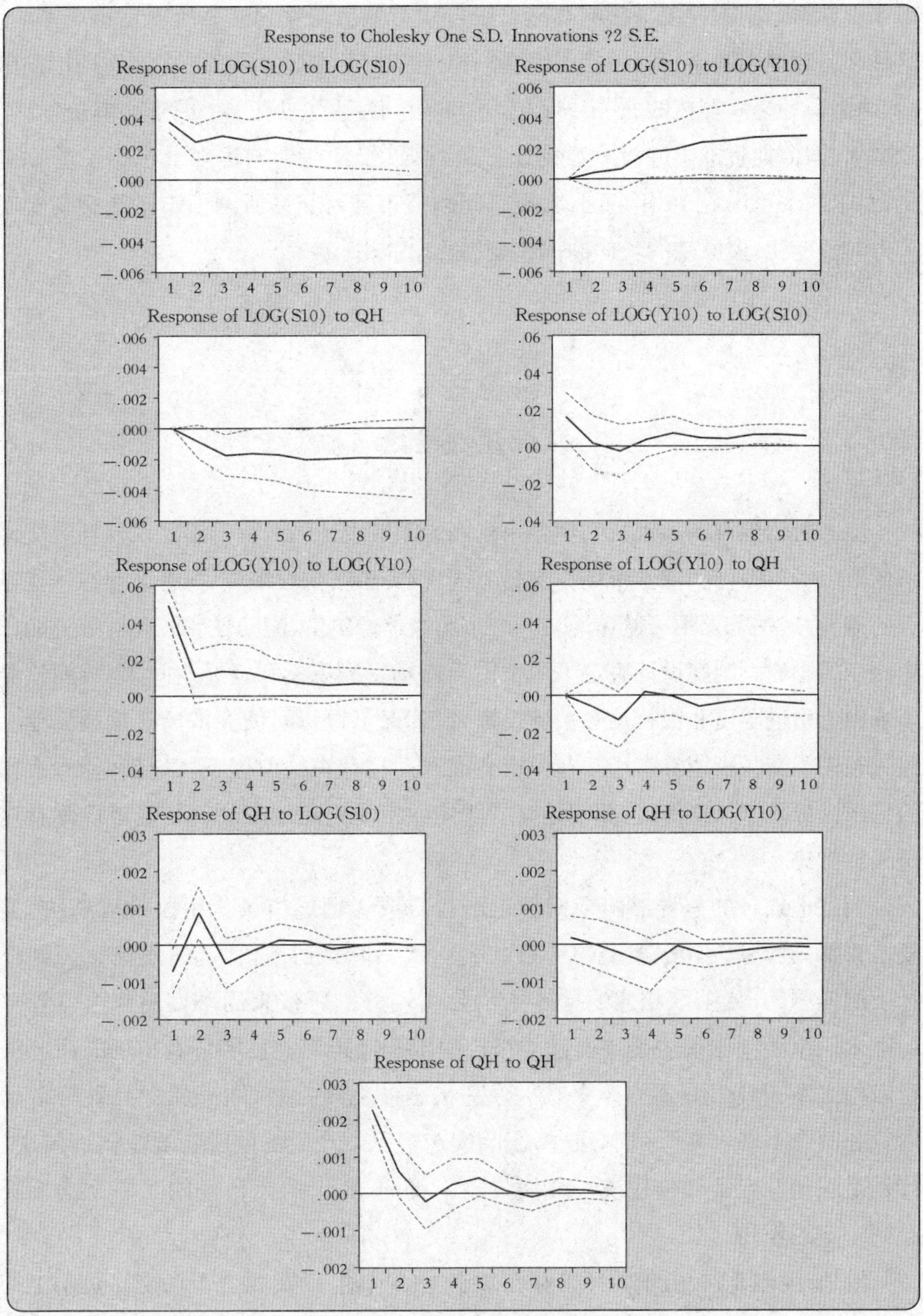

图 3-28　模型 4 的脉冲响应

市场受到银行间国债市场影响要高于银行间国债市场受到交易所国债市场影响，这种非一致性说明银行间国债市场在国债定价上更具有主导权。在国债期货推出后，两个市场之间存在的非一致性在不同期限间发生了变化，对于两个市场的5年期国债，国债期货推出并没有改变非一致性，仅仅是在影响程度上出现了些许变化，对于两个市场的10年期国债，银行间国债市场对交易所国债市场的影响出现了方向性变化，由原来的负向冲击转变为正向冲击。

第三节
评述性结论

交易所债券市场与银行间债券市场同为制度设计的产物。制度设计导致交易所债券市场与银行间债券市场在交易方式、投资者结构与结算、托管上存在一些显著的差异，这些差异不可避免地对两个市场在债券定价、流动性和波动性等方面产生相应的影响。制度设计决定了两个债券市场发展规模和发展空间，银行间债券市场由于引进了商业银行这一关键投资者，确保了银行间债券市场在发展规模上遥遥领先于交易所债券市场。在投资者准入门槛存在的前提下，银行间债券市场的这一优势得以长期保持，即便是交易所债券市场不断地产品创新也难以弥补这一天然劣势。

制度上设计的差异靠两个债券市场自身或者通过市场化手段难以解决，需要监管部门解除设计框架上的约束。我们欣喜地看到，监管部门逐渐意识到设计上的问题，开始采取相应的措施来消除市场分割所带来的不良后果。监管部门推出的重要举措首先是逐渐建立被门槛限制隔绝于交易所债券市场的商业银行回归之路；其次，两个债券交易所分割状态被逐渐打破，同一债券品种跨市场发行和两个市场转托管机制建立，表明因市场割裂产生的问题正逐步得到解决，特别是在债券定价和构建统一国债收益率等问题上，两个市场的互联互通无疑起到一定的作用。

但是，我们看到，由于转托管存在效率上的问题，以及两个市场交易机制上的差异，交易所债券市场和银行间债券市场在国债定价上和波动性上仍然显著不同。

在国债定价上,两个市场各个期限的国债到期收益率存在着显著的收益差,在波动性上,两个市场的波动性呈现了非一致性。市场希望国债期货的推出能够解决两个市场定价问题,然而,我们的实证结果显示,国债期货的推出没有能够对两个市场各个期限的国债到期收益率趋同产生一致性影响,短期国债收益率出现了趋同走势,而长期国债收益率没有出现趋同。我们认为,国债期货的推出没有达到理论上的效果,更可能是两个市场之间的转托管效率低和市场投资主体不一致的结果。随着银行间债券市场和交易所债券市场互联互通的效率提高,市场分割导致的国债定价问题将会得到解决,两个市场各个期限的国债收益率将出现趋同,收益率差大大缩窄。

第四章
利率市场化与中国国债期货发展的关系

当前,利率市场化是中国金融体制改革的突破点之一。中共十八届三中全会明确提出:“加快推进利率市场化,健全反映市场供求关系的国债收益率曲线。”从国际经验来看,在实施利率市场化进程中,为了维护金融市场稳定运行和促进经济健康发展,一般都会积极创新一些用来平抑利率波动风险的金融工具。其中,发展国债期货市场是重要的选择。因此,借鉴国际经验,深入分析利率市场化与中国国债期货发展关系具有较高的学术价值,也是目前中国金融市场关注的焦点之一。

第一节
利率市场化和国债期货交易关系的理论分析

一、利率市场化与国债期货交易的含义及特点

(一) 利率市场化的含义及特点

作为资金的价格,利率形成机制的优化直接关系到资金的配置效率。通过推动利率市场化改革,让市场在利率的形成和变动中发挥决定性作用,有助于提高金融体系的运行效率,促进金融体系与实体经济的良性循环。

利率市场化是指金融机构在货币市场经营融资的利率水平。它由市场供求来决定,包括利率决定、利率传导、利率结构和利率管理的市场化。实际上,它就是将利率的决策权交给金融机构,由金融机构根据资金状况和对金融市场动向的判断

来自主调节利率水平，最终形成以中央银行基准利率为基础，以货币市场利率为中介，由市场供求决定金融机构存贷款利率的市场利率体系和利率形成机制。

从内容来看，利率市场化至少应包含以下几个方面：

一是利率体系中各类利率的市场化。完整的利率体系包括机构之间的批发市场利率和机构对客户的零售市场利率。机构间的批发市场利率又主要包括货币市场的拆借、回购交易利率、基于报价制的拆借利率，以及资本市场的国债、企业债等债券收益率；机构对客户的零售市场利率则主要指银行存贷款利率。利率市场化条件下，包括批发市场和零售市场利率在内的各类利率都将实现市场化。

二是金融交易主体享有利率决定权。金融活动是资金盈余部门和赤字部门之间进行的资金交易活动。利率市场化条件下，金融交易主体应该有权对其资金交易的规模、价格、偿还期限、担保方式等具体条款进行讨价还价。

三是利率的数量结构、期限结构和风险结构应由市场自发选择。同任何商品交易一样，金融交易同样存在批发与零售的价格差别，不同的是，资金交易的价格还存在期限差别和风险差别。利率管理当局既无必要也无可能对利率的数量结构、期限结构和风险结构进行科学的测算。相反，金融交易的双方应该有权就某一项交易的具体数量（或规模）、期限、风险及其具体利率水平达成协议，从而为整个金融市场合成一个具有代表性的利率数量结构、期限结构和风险结构。

四是同业拆借利率或国债利率将成为市场的基础利率。显然，从微观层面上看，市场利率比计划利率档次更多，结构更为复杂，市场利率水平只能根据一种或几种市场交易量大、为金融交易主体所普遍接受的利率来确定。根据国际经验，同业拆借利率或者国债利率是市场上交易量最大、信息披露最充分从而也是最具代表性的市场利率，它们将成为制定其他一切利率水平的基本标准，也是衡量市场利率水平涨跌的基本依据。

五是政府（或中央银行）享有间接影响金融资产利率的权利。利率市场化并不是主张放弃政府的金融调控，正如市场经济并不排斥政府的宏观调控一样。但在利率市场化条件下，政府（或中央银行）对金融的调控只能依靠间接手段。例如，通过公开市场操作影响资金供求格局，从而间接影响利率水平；或者通过调整基准利率影响商业银行资金成本，从而改变市场利率水平；在金融调控机制局部失灵的情况下，也可以对商业银行及其他金融机构的金融行为进行适当方式和程度的窗口指导。但这种手段不宜频繁使用，以免干扰金融市场本身的运行秩序。

从国际上看，不论是发达资本主义国家、新兴工业化国家还是发展中国家，其利率市场化改革的模式大体上可分为激进式和渐进式两种。对于那些改革进程比较迅速，利率管制的取消比较直接，很少运用“增量改革”手段的国家，一般可称其利率市场化改革模式为激进式改革。对于改革进程比较缓慢，经常进行“增量改革”的国家，一般可称其利率市场化改革模式为渐进式改革。

采用激进式改革模式并成功实现利率市场化的国家不多，其中最具有代表性的是德国和澳大利亚。德国在1962—1967年短短的5年时间就通过逐步缩小利率限制对象完成了利率市场化的整个进程。澳大利亚的利率市场化始于20世纪80年代进行的金融自由化改革，在1980—1985年短短的6年时间，澳大利亚政府相继通过取消对金融机构存贷利率、存款期限和借贷数量的限制完成了利率市场化的整个进程。德国和澳大利亚之所以能够如此迅速地推行利率市场化改革主要有几个方面的原因：第一，德国和澳大利亚的金融市场比较发达；第二，德国和澳大利亚的银行监管体系比较有效，可以执行稳健的货币政策；第三，德国和澳大利亚的宏观经济长期稳定；第四，德国的金融机构业务领域比较宽松，一直被人们称为“全能型银行”。

相对于激进式改革，采用渐进式改革模式的国家较多，而且每个国家都有自己的特点，改革的背景和过程也比较复杂，其中以发达资本主义国家中的美国、日本和新兴工业化国家的代表韩国较为典型。美国自1970年开始实施利率市场化改革至1986年实现完全的利率市场化，先后用了约16年的时间。从1977年4月日本大藏省正式批准各商业银行承购的国债可以在持有一段时间后上市销售开始进行利率市场化改革，经过17年努力，到1994年10月，日本才放开全部利率管制，实现了利率完全市场化。韩国自1981年开始实施利率市场化改革至1997年实现完全的利率市场化，先后用了约17年的时间。

（二）国债期货交易的含义及特点

国债期货交易（Treasury future）是指通过有组织的交易场所预先确定买卖价格并于未来特定时间内进行钱券交割的国债派生交易方式。国债期货属于利率期货[①]的一种,利率的变化将直接影响国债期货的价格。国债期货是在市场利率不断波动,国债发行者和交易者经常面临国债贬值风险的背景下产生的。1976年1月6日,美国芝加哥商业交易所(CME)推出了第一张国债期货合约——91天期的短期国库券期货合约,国债期货一经推出便获得了巨大的成功,并作为主要的期货交易品种得到迅速发展。

与其他利率期货品种相比,国债期货具有以下特点:

一是国债期货是以某种特定的国债凭证为标的物的利率期货。利率不是一种特定的商品,而只是资金的价格。因此,利率本身不能直接作为国债期货合约的交易标的,必须通过某种特定的利率工具,如中长期利率期货往往采用国债等作为国债期货交易的标的物,而短期利率期货则往往采取利率指数的方式,比较常见的标的是短期国债收益率或者短期资金利率。

二是中长期国债期货的价格与利率成反方向变动:利率越高,国债期货合约的价格越低,反之则相反。

三是国债期货的交割方法特殊。对于短期国债期货,主要交割方式是现金交割。在中长期国债期货交易中,每一个期货合约都会有一系列合格的现货债券作为交割标的。凡是到期期限符合规定的国债券都可以用于交割。期货合约的卖方,可通过转换因子制度,从各种不同的可交割债券中选择出最便宜可交割债券(CTD)[②]进行交割。

---

① 所谓利率期货是指以债券类证券为标的物的期货合约,它可以回避银行利率波动所引起的证券价格变动的风险。利率期货的种类繁多,分类方法也有多种。通常,按照合约标的的期限,利率期货可分为短期利率期货和长期利率期货两大类。短期利率期货是指期货合约标的的期限在一年以内的各种利率期货,即以货币市场的各类债务凭证为标的的利率期货均属短期利率期货,包括各种期限的商业票据期货、国库券期货及欧洲美元定期存款期货等。短期利率期货以短期利率债券为基础资产,一般采用现金结算,其价格用100减去利率水平表示。两种最普遍的短期利率期货是短期国债期货和欧洲美元期货。短期国库券的期限分为3个月(13周或91天)、6个月(26周或182天)或1年不等。其中,3个月期和6个月期的国库券一般每周发行,3年期的国库券一般每月发行。与其他政府债券每半年付息一次不同,短期国库券按其面值折价发行,投资收益为折扣价与面值之差。长期利率期货则是指期货合约标的的期限在一年以上的各种利率期货,即以资本市场的各类债务凭证为标的的利率期货均属长期利率期货,包括各种期限的中长期国库券期货和市政公债指数期货等。美国财政部的中期国库券偿还期限在1—10年之间,通常以5年期和10年期较为常见。中期国库券的付息方式是在债券期满之前,每半年付息一次,最后一笔利息在期满之日与本金一起偿付。长期国库券的期限为10—30年之间,以其富有竞争力的利率、保证及时还本付息、市场流动性高等特点吸引了众多外国政府和公司的巨额投资,国内购买者主要是美国政府机构、联邦储备系统、商业银行、储蓄贷款协会、保险公司等。在各种国库券中,长期国库券价格对利率的变动最为敏感,正是20世纪70年代以来利率的频繁波动才促成了长期国库券二级市场的迅速扩张。

② 所谓CTD券,即期货空头用于期货交割时可以选用的最便宜的债券(是IRR最大的债券)。由于可交割债券价格并非保持一致变动,CTD券面临着在债券间切换的问题。与美德等发达市场一致,中国国债期货也采用虚拟券合约。这避免了单只国债规模不大、成交不够活跃、被操纵风险大的问题。而在交割制度上,考虑到国债现券流动性不足,报价不连续的问题,国债期货采用实物交割制度。通常用于一个期货合约交割的债券有十几只债券。如,T1512合约的可交割债券包含14只剩余期限在6.5—10.25年的债券。

二、利率市场化和国债期货发展互动关系的内在机理

(一) 国债期货交易的保险功能

从经济制度学的角度看,国债期货等衍生交易在经济体制中起着重要的“保险功能”。一般来说,经济体制往往具备四个方面的功能:激励、配置、保险和约束(刘世锦,1993)。经济体制的保险功能并不像价格形成和发现过程中所表现出的激励和配置功能那样为人们所关注,但是由于人的理性有限性、环境与人们相互关系中的不确定性和复杂性,从事经济活动总要面对风险,而大多数人似乎并不大喜欢承担风险。即使在乐意承担风险的那些人中,也有承担意愿与承担能力之间的差别。经济体制的保险功能体现在借助某些体制形式把风险转移到从社会范围上看愿意承担风险,并且承担成本较低的那些机构和个人上去,以使经济活动人对未来经济活动形成稳定的预期。所以,可以把风险转移看成一种交易,但和通常的商品或服务与货币的交换不同,它是货币与货币的交换,确切地说是现时的货币与以后货币的一种交换(肯尼思·阿罗,1989)。显然,风险可转移范围与保险功能是正相关的,扩展风险转移范围就成为一个理想的目标。在这个目标的引导下,已经发展起了许多用于保险目的的制度、机制和组织,像期货交易制度和其他诸如保险公司等组织。和其他利率衍生品一样,利用国债期货来管理利率风险,并不意味着利率波动不确定性的彻底消除,而是事先锁定利率波动的区间以便使单个经济实体或某一市场能够承受,或者是将利率波动的风险分散给更广泛范围内的主体承担,以便使得财富聚集与分散的合理性得以维持。虽然国债期货交易主要是以国债为标的物进行的,但其本身已经超出了单一的国债交易范畴,成为管理利率风险的工具。

从国际经验来看,利率市场化进程中国债期货交易能够在以下三方面发挥举足轻重的作用。

1. 国债期货有助于促进基准利率体系的形成

国债期货是一个重要的催化剂,随着国债期货的运作,能够推动国债现货市场,尤其是二级市场流动性的提高,从而促进国债市场作为基准利率载体价格发现

功能的发挥,并不断完善基准利率体系。

首先,通过期货市场的远期价格揭示功能,为基准利率体系寻找合理的远期利率参照标准。在一个仅有现货的国债市场上,要形成完整合理的市场化基准利率体系是十分困难的。因为现货交易的收益率只能反映现在时点上不同期限的利率水平,无法对未来时点的利率水平进行合理的预测,难以形成一个完整的市场利率体系。而期货市场的远期价格发现机制可通过期货、现货与回购之间的套利活动,理顺基准收益率曲线期限结构,使得曲线形态更多表现为对远期收益率的无偏估计。

其次,期货市场的完全竞争特征保证了基准利率体系的权威性与公开性。权威公开是确立市场基准利率地位的必然要求。期货市场最接近于完全竞争的市场:在信息互相对称的交易平台上,大量交易者集中交易同质的期货合约。因此由期货市场形成的价格也便具有完全竞争市场中的权威性与公开性,这符合完善基准利率体系的要求。

再次,国债期货平抑了利率波动,保证基准利率体系的相对稳定性。市场基准利率的相对稳定性对于保证市场基准利率的适用性具有重要意义。国外发达国家经验表明,国债期货品种的推出,能够有效平抑现货市场价格的波动,这对于保证国债利率基准化过程中的基准利率的稳定性具有重要的作用。

2. 国债期货可提高债券市场的信息效率和定价效率,为推进利率市场化创造有利条件

国债期货市场的出现,不是简单地增加了一个市场,而是提供了基础性的交易产品和交易机制,促进产品创新,使得原有国债市场的内涵和范围得到延伸和拓展,产生显著的期现货市场长期协同效应,提高债券市场的信息效率和定价效率,推进利率市场化。

一方面,国债期货交易可为投资者提供期现套利的机会,吸引更多投资者进入债券市场,从而优化债券市场的投资者结构,提高债券市场定价效率,减少了信息不对称现象;另一方面,国债期货是一个横跨交易所和银行间市场的衍生产品,投资者通过国债期货和现货两个市场的套利操作,有利于实现期货市场和现货市场空间上的联通,消除同一券种在两个市场上的定价差异,促进两个市场统一互联,提高债券市场的定价效率。此外,国债期货所揭示的债券远期价格较好地反映了债券市场供求关系,从而为债券发行定价提供重要参考,降低国债发行风险与成本。

3. 国债期货可在利率市场化进程中协助金融机构管理利率风险,实现转型升级

以商业银行为代表的金融机构是债券市场的重要参与力量,在利率波动日益加剧的背景下,国债期货对于金融机构日常经营管理具有重要的现实意义。

第一,有效管理利率风险。从参与一级市场方面看,国债期货为债券承销商提供了对冲国债承销期间利率风险的手段,提高了承销的积极性。从参与二级市场方面看,市场利率的波动使得商业银行等金融机构持有的债券存量价值面临一定的不确定性,参与国债期货市场,能够通过套期保值来有效降低债券组合的系统性风险,解决目前国内商业银行利率风险管理的难点,从而提升利率风险管理水平。

第二,提高金融机构资产管理效率。金融机构在开展资产管理业务时,若通过现券买卖来进行初始建仓和资产结构调整,不仅成本较高,且时间较长,同时易造成现券市场收益率的大幅波动而给资产管理带来不利影响。国债期货市场透明度较高,采用杠杆化交易模式使得成本较低。使用国债期货,金融机构可在不调整资产结构的前提下短时间内完成对债券投资组合的久期调整,并节省大量时间、资金成本以及市场冲击成本。

第三,推动产品创新个性化发展。国债期货作为基础的衍生产品,各类金融机构可充分利用其特点丰富产品线,开发满足市场需求的财富管理产品,改变目前金融产品形式单一、投资结构同质化的问题,为广大客户提供更加安全、更加多样化的产品选择。

第四,改进商业银行业务模式,实现转型升级。国债期货对商业银行而言,还将成为推动其由传统业务过渡到中间业务,由简单的低附加值业务转变为高附加值的表外业务的重要力量之一,从而促进商业银行盈利模式和增长方式的转变。

(二) 国债期货对利率现货定价的实证研究

1. 国外学者的实证研究

利率市场化过程中的风险管理和在此过程中国债期货的功能发挥一直是国内外学者研究的重点。在国际上的相关研究中,学者侧重研究国债期货在利率风险管理中的应用以及国债期货对冲利率风险的绩效。国债期货在利率风险管理的应用方面,Kolb 和 Chiang(1982)将国债期货引入债券组合的风险管理中,提出通过采用国债期货改变组合久期实现利率风险免疫。但是该研究存在收益率曲线恒定和平行变化的限制。于是,Lee 和 Oh(1993)深入研究了收益率曲线转动时国债期货在利率风险管理中的应用,这很大程度上完善了国债期货对利率风险管理的研究。国债期货对冲利率风险的绩效方面,Ederington(1979)和 Figlewski(1984)的研究表明可以通过回归的方法获得最优对冲比例。Marcus 和 Ors(1996)提出债券评级和久期的不同会对套保绩效有显著影响。

下面一些对美国国债市场的实证研究可以说明利率的形成与期货交易的密切程度。从发行市场上看,在美国国债的发行日程安排上,每逢期货交易所停业休息,美国财政部就会推迟哪怕已经安排好的国债竞价拍卖活动(李辉等,2001)。Fleming(1997)的研究表明:在美国长、中、短期利率的定价市场——美国国债二级市场上,其在上午 8:30—9:00 和下午 2:30—3:00 这两个时间段内是国债二级市场交易量和价格波动最为显著的时段,其原因在于上午 8:20 为美国芝加哥期货交易所的开市时间,8:30 是美国宏观经济状况发布时间,而下午 2:30—3:00 是芝加哥期货交易所交易的最后时段。因此,美国国债期货市场对国债二级市场的影响相当大。另外,Ederington 和 Lee(1993)对芝加哥期货交易所长期国债期货价格波动性的分析发现,期货交易价格的两个波动峰值时段是上午 8:30—8:35 和交易结束前一段时间。他们的研究表明,美国国债的二级市场即利率的定价市场对国债期货价格尤其是长期国债期货的价格影响颇深。综上所述,国债的发行市场、二级市场和国债期货市场的价格相互影响、相互作用,产生出为市场所接受的利率和价格。

2. 国内学者的实证研究

在中国国债期货仿真交易推出之前,国内的学者主要研究了国债期货与利率市场化的互动关系(党剑,2002)、国债期货的功能(贺强、辛洪涛,2012)、中国国债期货曾经失败的原因(曹啸、夏小鸥,1999)以及国债期货重新上市的必要性和可行性(胡振华、简丽云,2002;张晓菊、曾光,2008;程健强等,2011)等方面。

在 2012 年中国启动国债期货仿真交易特别是 2013 年 9 月推出 5 年期国债期货之后,学者不仅从理论角度分析国债期货在利率市场化进程中的作用,也基于仿真交易数据或真实交易数据从实证角度论证了利率市场化进程中国债期货的功能发挥。胡俞越等(2012)认为基准利率收益率曲线是利率市场化的核心,可以利用国债期货市场的价格发现功能寻找基准利率收益率曲线，并且期货市场的完全竞争特性保证了基准利率体系的权威性、公开性和稳定性。周冰和陈杨龙(2013)主要研究了国债期货规避利率风险和促进价格发现的两大核心功能，并基于中国国债期货仿真交易的数据对国债期货的两大核心功能做了实证检验，发现国债期货已初步表现出风险规避的功能。此后，陆军、陈郑(2014)实证研究了存款利率市场化与中国宏观经济波动的关系；王潇(2014)也研究了利率市场化改革与经济增长的关系。王蕾、冯倩楠(2015)基于中国国债期货上市后的交易数据，分析国债期货价格发现功能的效果，以及中国国债期货规避利率风险的功能，发现进行目前中国国债期货套期保值的效果较好，国债期货已经初步发挥出了发现价格和规避利率风险的功能。这将促进中国利率市场化改革。

第二节
利率市场化和国债期货发展的国际经验

国债期货作为利率风险管理的工具，在世界各国金融和商品衍生工具交易市场中居于主导地位。据 1996 年以来的统计，每年在全世界范围内成交金额前 10 位的期货(期权)品种中，国债期货(期权)至少占有 5 席以上，汇率期货或股指期货(期权)次之，其地位可见一斑。纵观国际上各国国债期货诞生的历史过程，绝大部分都在利率管制完全放开之前就已经建立了国债期货市场。

一、利率市场化进程中国债期货在全球发展概况

国债期货的诞生是为了满足利率风险管理的需求。20 世纪 70 年代，在布雷顿森林体系解体和石油危机的背景下，美国启动利率市场化进程，金融市场上利率波动频繁、幅度加大，利率风险激增。为满足金融机构规避利率风险的需求，美国芝加哥商业交易所于 1975 年 1 月推出了 90 天期国库券期货合约，获得成功后，又于 1977 年、1978 年和 1982 年分别推出了 30 年、1 年和 10 年期的国债期货，形成了较为完善的国债期货体系，以适应各类投资者规避不同期限利率风险、进行套期

保值和投机的需求。

在20世纪70年代后全球利率风险加剧以及美国成功经验的影响下，国债期货在主要国家均得到快速发展。[①]与其他金融创新产品一样，美国成功推出国债期货后，同样面临利率波动风险加剧的英国、德国、日本等工业化国家，也都在1980—1990年推出了各自的国债期货合约（见图4-1、图4-2）。在合约设计上主要

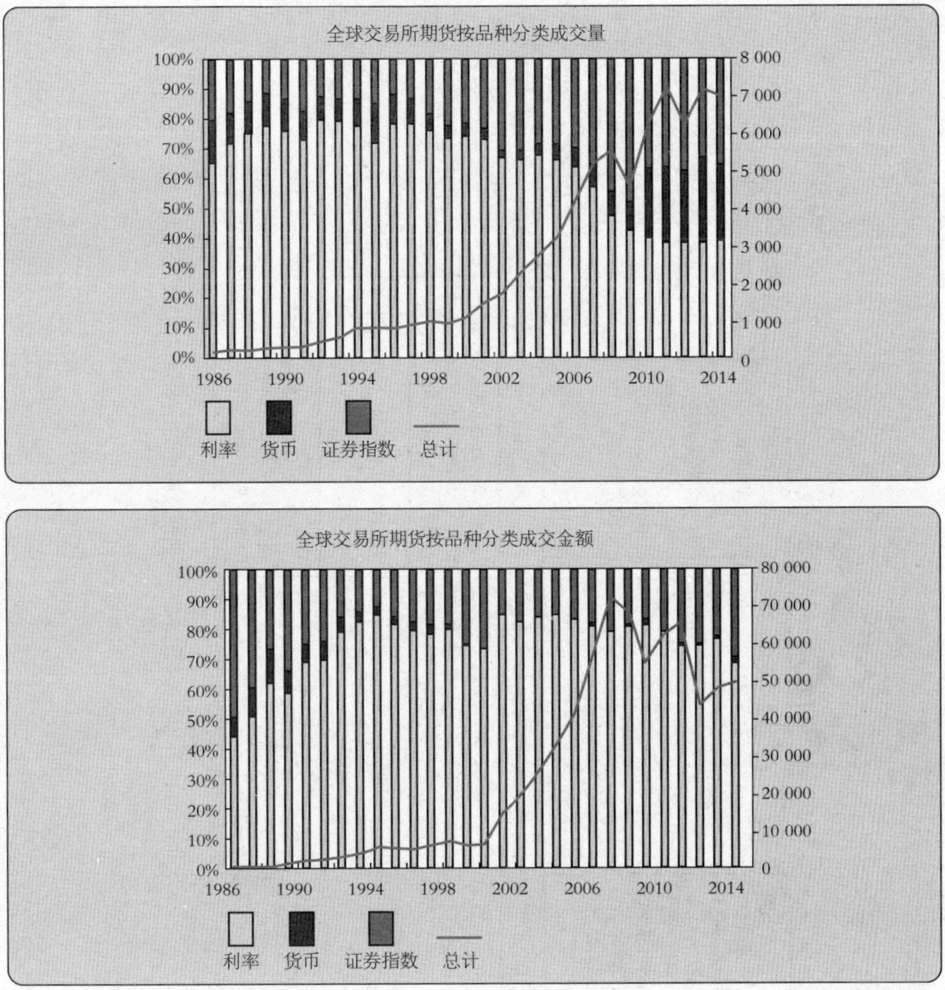

图4-1　在全球的交易所期货中，利率期货是成交最为活跃的品类

• 数据来源：Wind，《兴业证券研究报告》，2015年。

① 唐跃、黄伟平、王涵：《国债期货海外经验之美国》，《兴业证券研究报告》2015年10月7日。

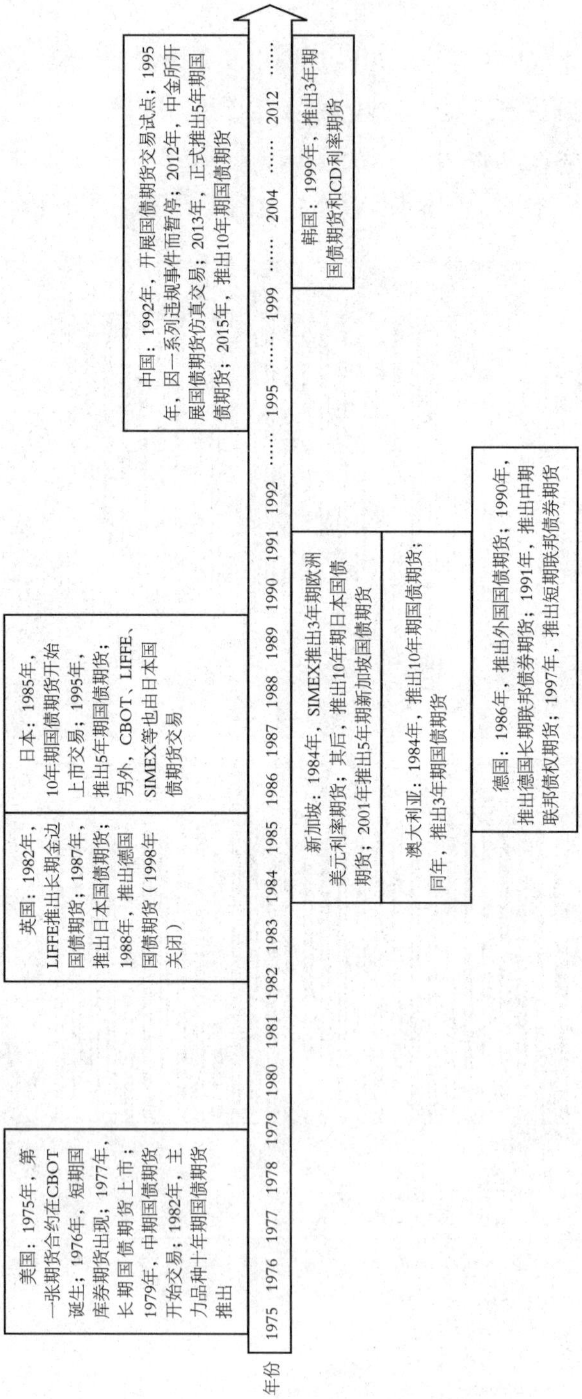

图 4-2 国债期货在全球主要国家的发展进程

参考了美国的经验,只是根据各自的国情有所调整,如澳大利亚采用收益率报价、现金交割,日本设有熔断机制等。

1. 欧洲

早在1971年前后,随着英格兰银行宣布废除利率协议,英国利率体系最终实现了完全市场化。尽管伦敦国际金融期货与期权交易所在1982年推出了长期金边债券期货,但效果并不好。英国推出国债期货的最初动机在很大程度上并非出于本国的实际需要,而是与芝加哥及纽约金融期货的蓬勃发展相抗衡,巩固伦敦国际金融中心的地位。伦敦国际金融期货与期权交易所并不局限于英国当地的市场环境来开展国债期货交易,1988年就推出了德国国债期货。实际上,在伦敦国际金融期货与期权交易所上市的国债期货中,大约有2/3的品种都是以外国的利率产品作为交易标的的。

而德国推出国债期货是在1990年(李辉等,2001)。尽管从时间上看,德国是在实现利率市场化后才推出国债期货的,但两者之间并没有必然的联系。在英国推出德国国债期货后,德国迫于压力才成立了属于自己的期货市场,主要目的还是希望从英国市场手中夺回德国国债期货的定价权。其在德国期货交易所推出了一系列便利设施和优惠政策后,到1999年才完全控制了德国国债期货市场。1999年之后,由于欧元区国家的国债开始统一用欧元计价,德国国债期货也开始以欧元计价,并且被用来对冲欧洲各国的政府债券和某些国际性债券的利率风险,因此又迎来了一个大的发展机遇,使德国国债期货市场成为世界上流动性最好的国债期货市场之一。

德国国债期货市场得以迅速发展,①一方面由于德国期货交易所借鉴了伦敦期货交易所的成功经验,并与伦敦期货交易所形成了竞争,在竞争的环境中德国交易所不断创新和改进,促使期货产品多样化和交易程序便捷化;另一方面,受益于德国利率市场化的推进和德国国债现货市场的迅猛发展,此外,德国国债期货市场的发展也受益于德国的经济实力。

---

① 冯婷婷:《海外国债期货市场综述》,《吉林金融研究》2015年第8期。

2. 日本

20 世纪 80 年代，日本在经历了经济高速增长以后转向低速增长时期，政府等公共部门的资金却大量不足，财政支出不断增加。在国债规模扩张的同时，国债发行及流通体制迅速走向市场化。到了 80 年代中期，国债市场已经成为日本金融市场的一个重要组成部分，国债交易也完全按照市场利率进行，政府不再进行干预。1984 年 5 月，日本大藏省对外公布了《金融自由化与日元国际化的状况与展望》的报告，并在报告中提出了日本利率市场化的步骤。尽管随之而来分阶段放开了银行间拆借市场、票据贴现市场和存贷款市场的利率，但这些渐进式的利率改革仍给经济实体带来了不少利率风险。所以尽管最终实现利率市场化是在 1994 年 10 月，但日本在 1985 年国债利率实现市场化的时候，就推出了 10 年期国债期货交易，前后相差了近 10 年时间。而且，1988 年 7 月和 1989 年 12 月，日本又分别开发出了 20 年和 30 年期的长期国债期货。

3. 其他国家/地区

20 世纪 90 年代以来，在金融全球化背景下，以“金砖五国”“亚洲四小龙”等为代表的新兴经济体，纷纷加入利率市场化大潮，全球利率市场化水平得以迅速提升，与之伴随的利率风险管理需求不断加大，使得国债期货作为一项有效的利率风险管理工具，在这些经济体如雨后春笋般发展起来。

目前，全球各主要经济体均建立了较为完善的国债期货产品体系，以国债期货为代表的利率期货，市场交易量稳步上升。到 2014 年，全球金融期货交易中利率产品成交量占到 39%，超过股指期货的 35%；由于利率期货保证金较低、产品面值大，如果从成交金额看，利率产品占期货交易总额的比重高达 69%，2004 年这一比重曾达到 84%。根据美国期货业协会 2014 年报中的统计，在全球前二十大利率期货和期权合约中，国债期货贡献了 47.5%的成交量，是目前最为活跃、最具代表性的利率期货产品(见表 4-1)。

当前，国债期货形成北美主导、欧洲次之、亚太快速发展的格局(见图 4-3)。美国和德国经过 30 多年的发展，目前拥有全球最大的国债期货市场，美国的 10 年、5 年、30 年、2 年期国债期货和德国的长期、中期、短期国债期货，均位列全球前二十大利率期货和期权产品。亚太地区的澳大利亚和韩国，国债期货市场也发展较快，

表 4-1　全球前二十大利率期货和期权合约,国债期货占比最高

合约名称	交易所	合约面值	2013 年成交量(手)	2014 年成交量(手)	变　动
欧洲美元期货	芝加哥商业交易所	1 000 000 USD	517 250 183	664 433 493	28.5%
10 年期国债期货	芝加哥期货交易所	100 000 USD	325 928 194	340 485 319	4.5%
隔夜银行间存款期货	巴西商品期货交易所	100 000 Real	394 055 420	286 125 664	−27.4%
5 年期国债期货	芝加哥期货交易所	100 000 USD	175 328 163	196 429 135	12.0%
长期德国国债期货	欧洲期货交易所	100 000 Euro	190 299 482	179 136 822	−5.9%
欧洲美元中期曲线期权	芝加哥商业交易所	1 000 000 USD	122 159 718	167 167 523	36.8%
英镑期货	欧洲洲际期货交易所	500 000 GBP	144 279 092	149 357 479	3.5%
Euribor 期货	欧洲洲际期货交易所	500 000 GBP	238 493 786	127 427 642	−46.6%
中期德国国债期货	欧洲期货交易所	100 000 Euro	129 530 977	113 554 369	−12.3%
10 年期国债期权	芝加哥期货交易所	100 000 USD	90 401 169	100 663 916	11.4%
30 年期国债期货	芝加哥期货交易所	100 000 USD	97 963 266	93 189 109	−4.9%
2 年期国债期货	芝加哥期货交易所	200 000 USD	57 815 900	71 814 288	24.2%
短期德国国债期货	欧洲洲际期货交易所	100 000 Euro	95 505 726	71 376 790	−25.3%
DI x US 美元 FRA 期货	巴西商品期货交易所	N/A	36 458 503	53 344 699	46.3%
欧洲美元期权	芝加哥商业交易所	1 000 000 USD	27 821 432	49 471 203	77.8%
3 年期国债期货	澳洲悉尼期货交易所	100 000 AUD	48 978 355	48 517 655	−0.9%
IDI 指数期权	巴西商品期货交易所	1 Real x IDI Index	40 626 100	48 454 406	19.3%
长期金边债券期货	伦敦国际金融期货及期权交易所	100 000 GBP	42 299 274	44 582 727	5.4%
长期德国国债期权	欧洲期货交易所	100 000 Euro	35 220 103	33 679 659	−4.4%
5 年期国债期权	芝加哥期货交易所	100 000 USD	24 336 555	28 561 850	17.4%
国债期货合计			1 163 649 337	1 159 086 214	
期货合计			2 494 186 321	2 439 775 191	
合　计			2 834 751 398	2 867 773 748	
国债期货占期货合约比例			46.7%	47.5%	

• 数据来源:美国期货业协会(FIA)。

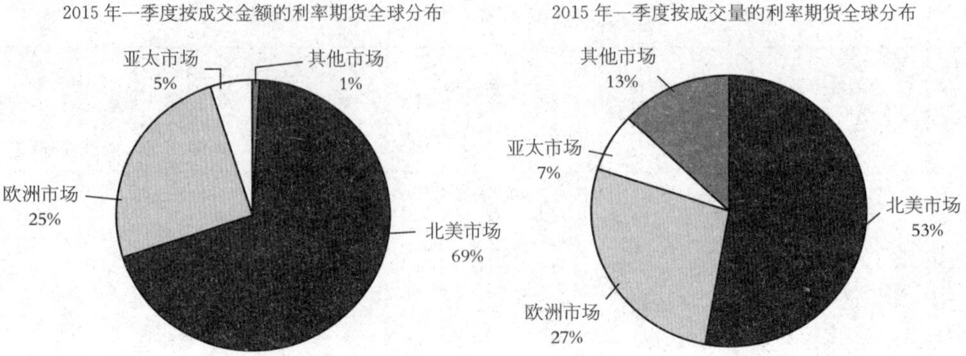

图 4-3　北美拥有全球规模最大的利率期货市场

• 数据来源：Wind,《兴业证券研究报告》,2015 年。

两国的 3 年期国债期货均已成为全球最活跃的利率期货品种之一。特别是韩国的国债期货市场建立较晚,但发展极为迅猛,1999 年韩国期货交易所成立后,经过短短 5 年的发展,韩国国债期货与期权的日交易量就从 30 万手跃升到 1 122 万手。

二、美国利率市场化进程中推出国债期货的经验

(一) 美国国债期货的推出背景

国债期货作为金融衍生品的一种,其产生是 20 世纪 70 年代金融创新的结果,这种金融创新的出现与美国当时的政策和经济环境密不可分。

20 世纪 60 年代中后期,世界经济政治格局动荡,美国经济的霸权地位开始衰落,1973 年第一次石油危机后,宏观经济旋即陷入"滞胀"(见图 4-4),高通胀背景下,美国迎来历史上最大的一次利率熊市。1962—1971 年,联邦基金利率在 0.25%—10.5%之间波动,标准差只有 1.8,而 1972—1982 年滞胀期间,联邦基金利率波动范围扩大到 2.99%—22.36%,标准差达到 4.11;相应地,长期国债价格波动明显加大,到期收益率的标准差由此前的 1.17 增大到 2.29(见图 4-5)。

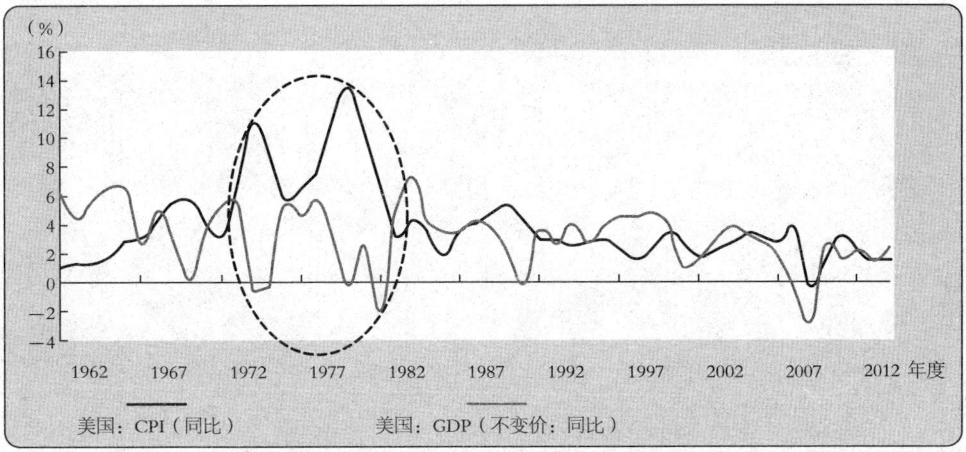

图 4-4　20 世纪 70 年代美国经济陷入滞胀

• 数据来源：Wind,《兴业证券研究报告》,2015 年。

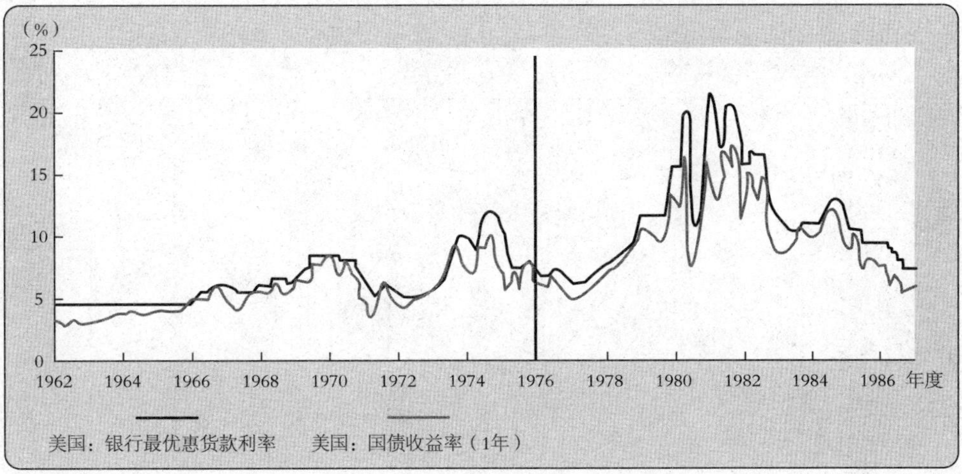

图 4-5　国债期货推出时市场利率大幅波动

• 数据来源：Wind,《兴业证券研究报告》,2015 年。

1980 年里根总统上台后，以减税和增加国防开支为主要措施对抗滞胀，导致财政赤字陡升(见图 4-6)，国债占 GDP 的比重由 1981 年的 31％大幅上升至 1993 年的 64％，国债在美国债券市场中的份额达到 30％左右(见图 4-7)。作为金融资产定价的一大标杆以及美联储公开市场操作的重要工具，国债在美国金融市场上发挥着举足轻重的作用。

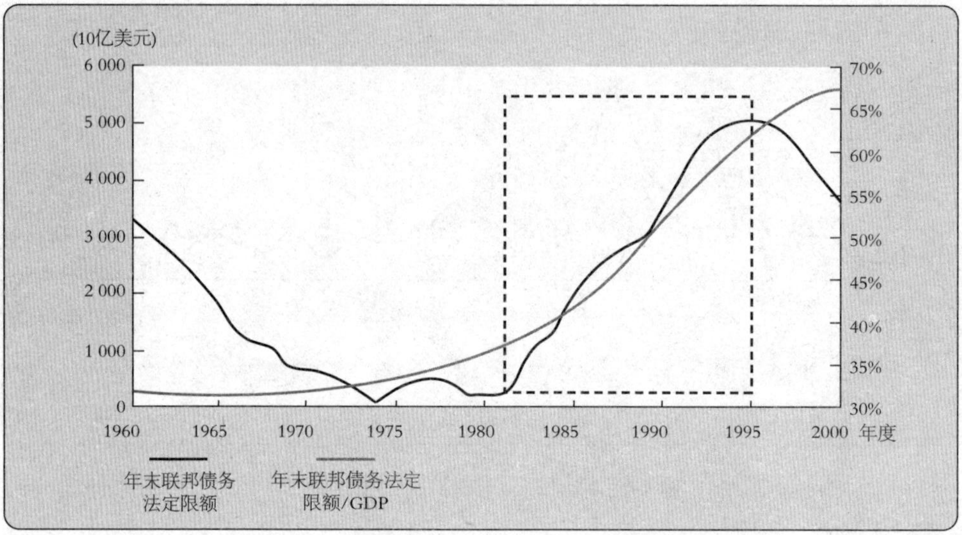

图 4-6　美国财政赤字连年上升带动国债扩容

• 数据来源：Wind,《兴业证券研究报告》,2015 年。

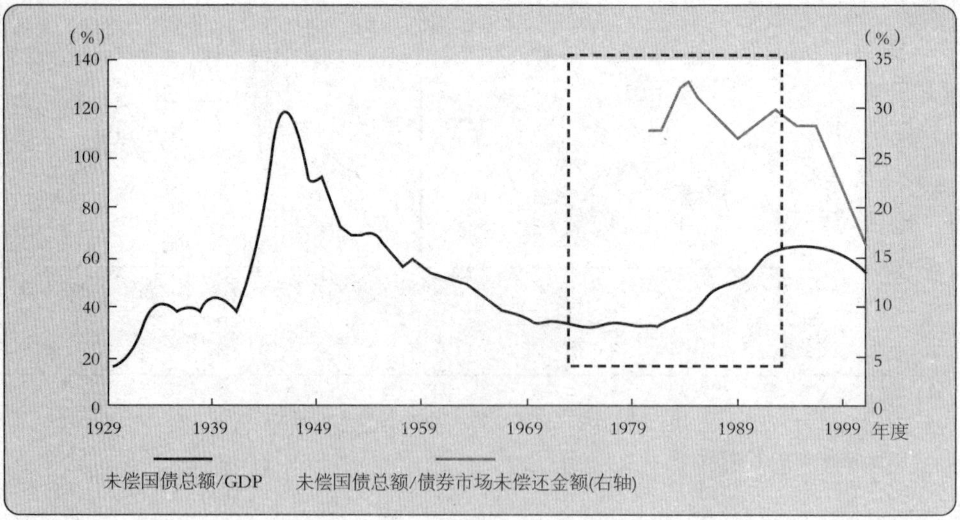

图 4-7　20 世纪 80 年代后美国国债现券规模迅速扩张

• 数据来源：Wind,《兴业证券研究报告》,2015 年。

随着利率波动风险剧增以及利率产品市场迅速扩张，投资者面临越来越大的利率风险敞口，利率期货作为风险管理工具应运而生。1975 年，芝加哥期货交易所推出了具备国债期货主要特点的“政府国民抵押贷款协会凭证期货合约”(GNMA CDR),标志着美国利率期货产品的起源。发行该合约的主要目的是为发放抵押按揭贷款的银行提供避险工具。合约上市后交易逐渐活跃,6 年内,年成交量由最初的 2 万手增加到 1980 年的 232.6 万手。但此后成交量逐年下降,到 1987 年只剩下不足 1 万手,GNMA CDR 作为最初的利率风险规避工具,逐渐被后来推出 10 年期国债期货所取代。GNMA CDR 之所以在 20 世纪 80 年代走向衰落,主要原因在于所对应的现券市场相对萎缩,1982 年美国通货膨胀问题得到遏制后,市场利率水平迅速下降,使得贷款人倾向于提前偿还抵押贷款,导致 CNMA 现券价格上涨放缓,GNMA 期货合约的避险效果遭受重挫。

1976 年,美国芝加哥商业交易所(CME)首次推出 91 天国库券期货合约,一经上市便为市场接受,得到迅速发展。为更好地满足市场管理不同期限利率风险的需要,1977 年,30 年长期国债期货在芝加哥期货交易所(CBOT)上市;1978 年 CME 又推出了 1 年期国库券期货。1982 年,CBOT 推出主力合约品种——10 年期国债期货,标志着美国国债期货市场开始走向成熟。此后,随着市场的发展,美国陆续上市 5 年、2 年、3 年和超长期国债期货品种,逐渐建立起全球最为完整、涵盖各个利率期限的国债期货品种体系。

(二) 美国国债期货的发展历程

从美国国债期货发展历程可以看出,不同阶段国债期货产品的活跃程度与成交总量上的差别主要是与当时的宏观经济背景、现货市场结构和投资需求相关。

现券市场当时的实际交易情况是美国最先推出短期国债的原因。美国最早推出的国债期货主要针对短期国债,1976 年及 1978 年,美国先后推出 90 天和 1 年期国库券期货,对应的可交割券是符合一定标准的短期国债。当时美国市场上的可流通国债中,短期国债占到 40%左右,按照国债一级交易商的日交易量推算,短期国债约贡献了成交量的 68%,是成交最为活跃的券种(见图 4-8、图 4-9)。从持有结构来看,1976 年持有国债最多的机构依次是其他类投资者(包括证券公司、外国投资者等,占 44%)、美联储(占 23%)和商业银行(占 19%),在其他类投资者持有的国债中,短期国债占到 56%(见图 4-10)。由于当时美国经济尚处于霸权地位衰

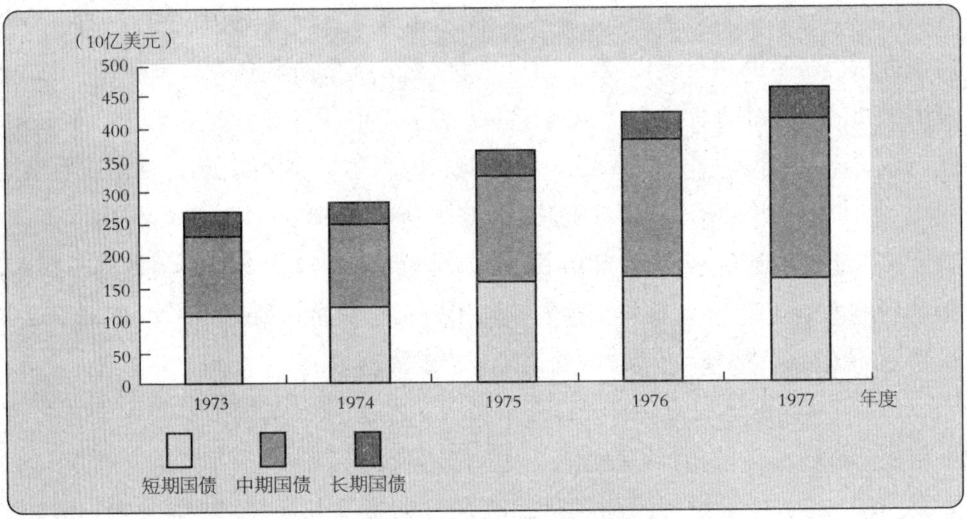

图 4-8 美国可流通国债现券存量

• 数据来源:美联储统计摘要(Annual Statistical Digest, 1973—1977)。

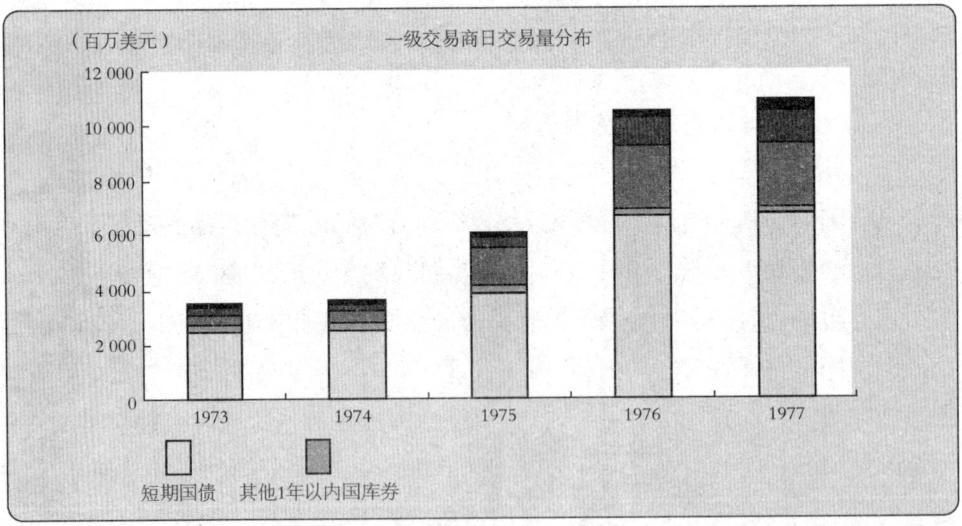

图 4-9 短期国债是交易最活跃券种

• 数据来源:美联储统计摘要(Annual Statistical Digest, 1973—1977)。

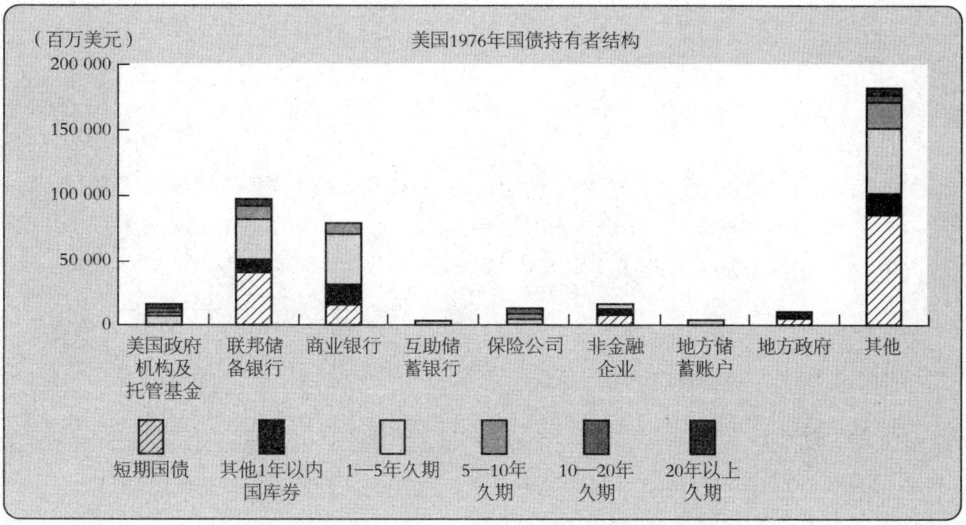

图 4-10　交易型的其他类投资者是短期国债主要持有者

• 数据来源:Wind, E.Johnston & J.Mc.Connell, 1989, "Requiem for a Market: An Analysis of the Rise and Fall of a Financial Futures Contract", The Review of Financial Studies,美联储统计摘要(Annual Statistical Digest, 1973—1977)。

落的时期,外国投资者持有美国国债比重较低,其他类投资者大多为交易需求强烈的证券公司和个人,在利率风险加大的环境下,具有较高的避险需求。在此背景下,CME 成功推出 90 天和 1 年期国库券期货,很好地迎合了市场套期保值的需要。

管理长端利率风险需求强烈促使 30 年长期国债期货成为最主流品种(见图 4-11)。20 世纪 80 年代,美国国债期货市场的发展是由长期的 30 年期品种带动的,中期的 5 年、10 年品种无论成交还是持仓量均处于相对边缘的水平。这主要是由于长期国债期货对利率波动更为敏感,而 80 年代正值美国利率市场化的关键阶段,市场管理长端利率风险的需求更加强烈,1981—1987 年,30 年国债期货日均成交量由 1.4 万手增长到 19.7 万手,持仓量由 3.9 万手增长到 18.8 万手。

20 世纪 90 年代开始,中久期国债套保需求上升促使中久期国债期货日渐活跃,但 30 年国债期货仍受到投机资金的偏爱。中久期国债期货的逐步活跃是从 1992 年开始的,当时,美国经过海湾战争后的经济危机,经济开始复苏,债券市场

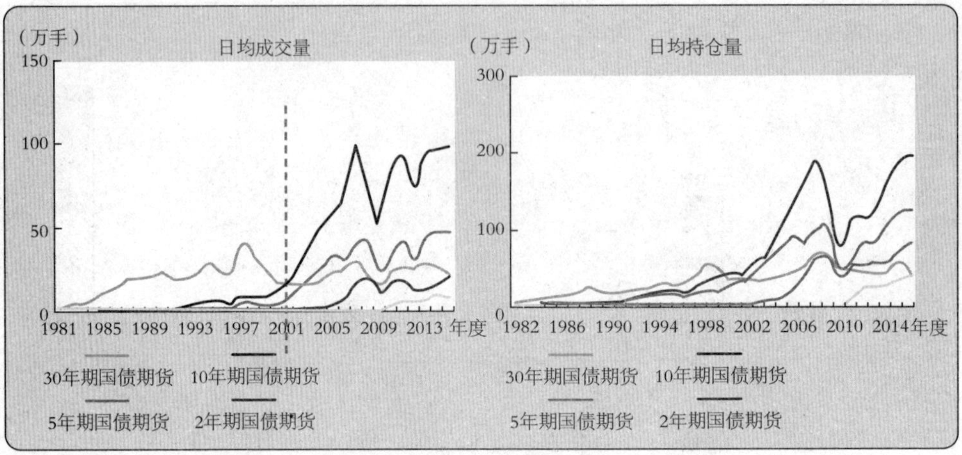

图 4-11 2000 年之前 30 年期国债期货为主流，而后 10 年期国债期货成主导品种

• 数据来源：Bloomberg，《兴业证券研究报告》，2015 年。

走势不容乐观，市场对存量最大的中久期国债套保需求强烈。在此情况下，90 年代美国 10 年、5 年期国债期货持仓量大幅增长，10 年期日均由 1991 年的 6 万手一路增长至 1991 年的 43 万手，5 年期由 5.3 万手增至 33.5 万手。而同期 30 年国债期货，除了在 1997 年亚洲金融危机期间持仓量出现短暂跃升外，到 2000 年，日均持仓量已不及 10 年期品种。但从成交量上看，一直到 2000 年，30 年国债期货的日均成交量仍明显超过中期品种。这是由于这一时期中久期国债期货的发展主要由套保需求带动，而投机套利资金的主要投资标的仍是 30 年期国债期货。

2000 年以后，国债现货的扩容促使期货市场加速发展，10 年期国债期货成为最主流品种（见图 4-11）。2000 年以后，美国国债现券市场明显扩容，一方面，反恐战争和大规模减税计划造成美国财政赤字激增；另一方面，2003 年以后美国贸易逆差迅速扩大，需通过资本项目顺差进行弥补。两者共同促使美国国债发行规模大幅扩张。2001—2006 年，美国政府暂停发行了 30 年期国债，这导致期货市场也出现了明显的变化，一是现货市场扩容促使期货市场发展加快；二是 30 年期国债停发导致了 30 年期国债期货的衰落。在此过程中，10 年期国债期货随着现券存量的不断增长，日益活跃起来，在套保需求带动下投机需求也开始快速增长，到 2008 年金融危机前，日均持仓量增长到 187 万手，日均成交量达到

98 万手,美国国债期货市场形成了以 10 年和 5 年期品种为主流的格局,一直持续至今(见图 4-12)。

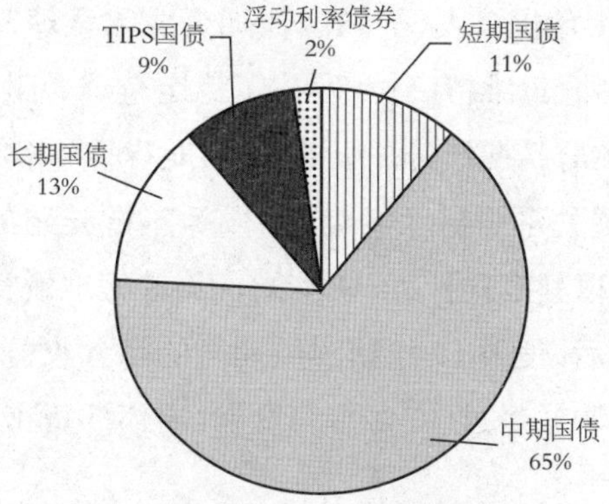

图 4-12　目前美国适销国债以中期国债为主

• 数据来源:Wind,《兴业证券研究报告》,2015 年。

以 2 年期为代表的短期国债期货,成交并不活跃,主要原因在于,1981 年推出的 3 个月欧洲美元率先占据了短期利率衍生品的市场。目前,美国市场的主流分工是,通过欧洲美元期货管理短期利率风险、以中期国债期货管理中长期利率风险(见图 4-13)。

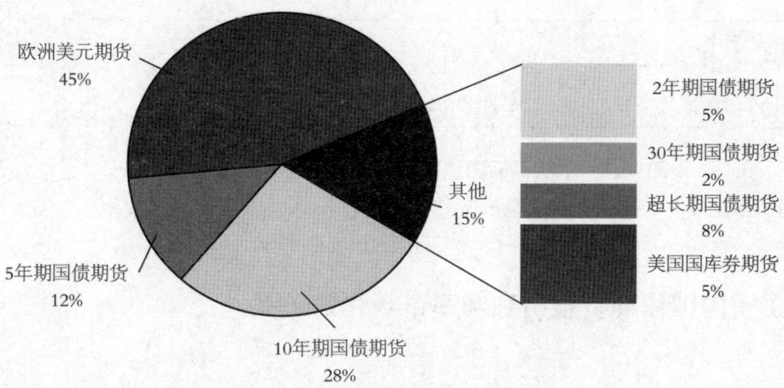

图 4-13　欧洲美元占据短期利率衍生品市场

• 数据来源:Wind,《兴业证券研究报告》,2015 年。

后危机时代,美国国债期货市场仍然保持良好的有效性。2008 年金融危机爆发后，由于资金链断裂，美国国债期货市场受到剧烈冲击，持仓量和成交量均大幅下降。但随后，国债期货重新恢复成为市场规避利率风险的工具，成交量与持仓量迅速回升。2011 年欧债危机爆发，美国国债期货成为全球避险资金的避风港，以套保需求为主的日均持仓量维持高位，发挥了稳定全球金融市场的重要作用。标准普尔宣布下调美国政府长期债务评级后，国债期货收益率率先大幅下跌，对国债现货收益率的信息引领关系明显。事实上，2008 年雷曼兄弟宣布破产后，美国国债期货也是先行上涨，以其高杠杆、低成本的优势较好地发挥了价格发现的作用。不仅如此，金融危机以后，美国 10 年期国债期货的隐含收益率和现券收益率依然保持高度联动（见图 4-14），经过 30 多年的发展，国债期货市场已具备了非常稳健的有效性。

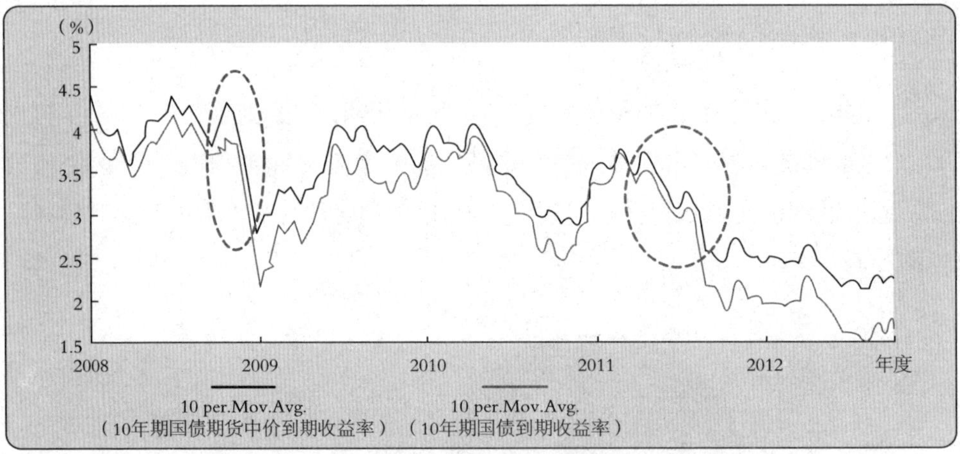

图 4-14　危机期间国债期货先行上涨并与现券联动良好

• 数据来源：Bloomberg，《兴业证券研究报告》，2015 年。

（三）美国国债期货推出和利率市场化的关系

20 世纪，金融衍生品创新性发展的 70 年代也是美国逐步放松利率管制的时期。1970 年 6 月，美联储取消了 10 万美元以上大额存单的利率上限，正式启动了利率市场化的进程。1980 年 3 月，美国国会通过《存款机构和货币管制法》，承诺到 1986 年逐步取消存款利率上限（即 Q 条例）的规定。1986 年 4 月，管理当局设定存款利率上限的权力到期,标志着利率市场化的完成。

虽然美国直至1986年才完全取消存款利率管制,但在国债市场上,却不存在类似的管制措施。美国短期国债从1929年起实现拍卖发行,中长期国债的投标拍卖发行也于1973—1976年逐渐取代其他方式,成为中长期国债发行的唯一方式,而美国国债二级市场交易则一直是市场化的。因此,在1976年美国上市国债期货时,已经实现了国债发行和交易利率的市场化。

以Q条例的废除为标志,美国直到1986年才成功实现了利率的完全市场化。但是,早在此之前,美国就已经成功上市了10年期、30年期等国债期货合约以及短期国库券期货合约。

反过来,国债期货的出现也在美国利率市场化进程中发挥了重要作用。在利率市场化期间,国债期货的推出至少具有两个基本作用:

一是完善市场化利率体系,通过价格发现功能将市场预期传导至基准利率体系。国债期货作为标准化衍生产品,市场透明度高、流动性较好,采用杠杆化交易模式成本较低,因此,通常来说,国债期货对市场信息的反映更加灵敏,有助于提高债券市场的价格发现效率。国债期货价格所蕴含的市场预期信息有助于美联储货币政策的制定。

二是帮助规避基准利率体系重建过程中利率大幅波动的风险。当银行系统的资金成本从被人为压低转向由市场力量决定时,银行管理负债、进行资产配置的方式将发生转变,在此过程中,货币的派生、债券的定价以及与之联系的无风险利率的形成,都将经历一个调整的过程,市场面临更大的利率波动风险。利用国债期货对金融资产进行套期保值,可有效降低利率市场化对金融市场稳定性的冲击。

(四)美国国债期货的主要经验和启示

1. 利率市场化并非国债期货的必要条件

美国的经验说明,国债期货的推出并不要求一个国家已经达到完全的利率市场化程度,只要国债现货市场实现利率市场化,同时国债现货市场在规模和流动性方面达到一定规模,投资者拥有规避利率风险的需求,国债期货就可以推出交易。如前文所述,在“石油危机”之前,美国金融市场的利率长期稳定于较低的水平。但受"石油危机"的影响,美国经济陷入了通货膨胀之中。由于整个 20 世纪 70 年代,美联储一直在充分就业和控制物价两个货币政策目标之间摇摆,利率调整十分频繁,造成债券市场收益率不断变动。虽然国债市场是美国金融市场中规模最大、影响最广的市场,但利率的频繁波动却让许多参与债券投资的金融机构和个人暴露在巨大的风险之中。为了减少改革带来的冲击,美国利率市场化伴随着接连不断的金融创新,国债期货就是其中最重要的创新品种之一。芝加哥商业交易所在 1976 年推出了 3 个月国库券期货交易,提供了规避短期利率风险的工具;1977 年,芝加哥期货交易所又成功推出长期国债期货这一国债期货交易品种,开辟了利率衍生品的新时代。从国债期货市场的发展看,其的确在后来的利率机制改革中为美国经济起到了稳定器的作用。总之,利率完全市场化并非开展国债期货的必要条件。国债期货不仅可以在利率尚未完全市场化之前进行交易,而且在利率市场化进程中,国债期货还可以为投资者提供规避风险的有效工具,从而更有利于稳定市场化进程。

为了进一步验证上述利率市场化与国债期货推出的关系,我们按照国债期货推出的时间顺序,还可以选出若干有代表性的国家(地区)就推出国债期货时的利率市场化程度进行国际比较(见表 4-2)。

表 4-2 部分国家(地区)国债期货推出时的利率市场化程度

国家/地区	整个利率市场化进程的时间跨度	国债期货推出的年份	国债期货推出时的利率市场化程度
美 国	1970—1986 年	1976 年	处于利率市场化进程之中
英 国	1971—1981 年	1982 年	已实现了利率市场化
澳大利亚	1980—1984 年	1984 年	已实现了利率市场化
日 本	1977—1994 年	1985 年	处于利率市场化进程之中
德 国	1962—1967 年	1990 年	已实现了利率市场化
韩 国	1981—1997 年	1999 年	已实现了利率市场化
中国台湾地区	1978—1989 年	2004 年	已实现了利率市场化

从中可以看出,虽然很多国家是在完成整个利率市场化进程之后才开展国债期货交易的,但美国和日本这两个重要的国债期货市场却是在整个利率市场化进程之中推出国债期货交易的。美国是世界上首个推出国债期货的国家,美国于 1976 年推出国债期货交易,而直到 1986 年才实现了利率的完全市场化。日本于

1985 年推出国债期货,而直到 1994 年才实现了利率的完全市场化,因此,从国际经验来看,国债期货的推出并不要求一个国家已经达到完全的利率市场化程度。

2. 国债期货产品是否成功与对应期限的国债是否长期大量发行相关

美国主要国债期货产品均覆盖了国债关键发行期限(见图 4-15),对应期限的国债发行是否稳定对该期货合约的发展有直接影响。

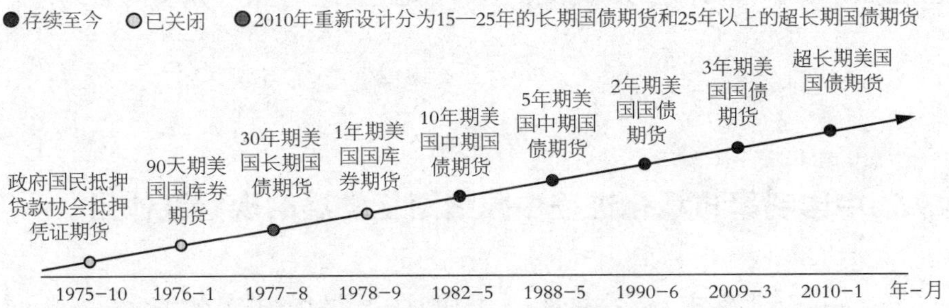

图 4-15　美国国债期货产品线发展历程

• 数据来源:CME,《兴业证券研究报告》,2015 年。

美国国债是财政部按照其不同期限和市场状况采取招标拍卖方式,定期批量滚动发行的。美国是一个高度市场化的国家,有发达的金融市场,资金可以根据金融市场的利率变化自由流动,利率变化完全反映了市场中资金的供求状况。除了利率市场化,一定深度和广度的现货市场是国债期货发展的基础条件。这主要体现在国债现货市场参加者的范围、市场规模、交易品种、流动性和交易效率等方面。20 世纪 70 年代以来,未偿还国债占 GDP 的比例稳步上升,现货市场存在着大量可交易国债,为期货市场的活跃奠定了基础。

美国的国债采取定期发行制度,每月最后一个营业日发行两年期国债,2 月、5 月、8 月、11 月发行 3 年期、5 年期、10 年期及 30 年期国债,1 月、4 月、7 月、10 月发行 7 年期国债,3 月、6 月、9 月、12 月的最后一个营业日发行 4 年期国债。充足的国债现货发行量为期货市场的发展提供了活跃的交易品种,2000 年以来国债发行稳步上升,受 2008 年金融危机影响,美国实行量化宽松政策,国债发行量大幅度增加,其中 2 年、5 年、10 年为美国财政部发行国债最多且持续发行的期限。2009 年以前 2 年期国债发行量占绝对优势,平均占每年总发行量的 40%左右。5 年期和 10 年期国债发行量从 20 世纪 90 年代起逐步增长，成为继 2 年期国债之后发行量最大的期货。持续的发行使得现货市场保持了一定的规模，从交易额来看，2005 年以来(2009 年除外)平均每天的成交额都在 5 000 亿美元以上，流动性非常活跃。

目前，美国国债期货产品已完整覆盖了美国国债收益率曲线的关键年限(见图 4-15)，在美国 CME 集团挂牌交易的国债期货产品共 7 个，即 91 天期、2 年期、3 年期、5 年期、10 年期、长期和超长期美国国债期货，国债期货产品为市场提供了期限完整的利率风险对冲工具，为维护金融稳定起到了重要作用。

第三节
中国利率市场化进程中国债期货发展的现状及作用

一、利率市场化进程中中国国债期货推出的背景

国债期货作为利率期货的一种，必然要求一个国家的市场利率已经达到某种程度的市场化，但一个国家从利率管制走向完全的利率市场化有时需要经历相当长的时间，从国际经验来看，国债期货的推出并不要求一个国家已经达到完全的利率市场化程度，只要国债现货市场实现利率市场化，结合国债现货市场在规模和流动性方面取得的进展，国债期货就可以推出交易。国债期货不仅可以在利率尚未完全市场化之前推出，而且在利率市场化进程中推出国债期货，还可以为投资者提供规避利率风险的有效工具，促进整个利率市场化进程的顺利进行。

1996 年中国开始人民币利率市场化改革之路(见表 4-3)，经历了近 20 年曲折渐进，2013 年 7 月 20 日起取消了银行贷款利率的下限限制，实现贷款利率市场化；2015 年 10 月 23 日，中国人民银行取消了银行存款利率的上限限制，这标志着中国利率市场化取得了重大突破性进展——实现了存贷款利率完全市场化这一关键性目标。对于更进一步的利率市场化任务，主要有：一是抓紧建立和完善中央银行政策目标利率向整个市场利率体系的传导机制，有效掌握作为货币政策中间目标的政策目标利率与货币政策最终目标通货膨胀与经济增长之间的相关性，疏通政策目标利率对市场利率体系乃至实体经济的传导机制，以便在中期全面实现利

表 4-3　中国利率市场化发展历程

利率市场化进程	时　间	事　　　件
银行间同业拆借市场利率放开	1996 年	中国人民银行《关于取消同业拆借利率上限管理的通知》
债券市场利率放开	1996 年	财政部通过证券交易所市场平台实现了国债的市场化发行
	1997 年	放开银行间债券回购和现券交易利率
	1998 年	放开银行间政策性金融债、国债发行利率
外币存贷款利率放开	2000 年	放开外币贷款利率;放开大额外币存款利率
	2003 年	放开英镑、瑞士法郎、加拿大元的小额存款利率,国家保留制定公布美元、欧元、日元、港币利率
	2003 年	放开小额外币存款利率下限
	2004 年	放开 1 年期以上小额外币存款利率
人民币贷款利率市场化	1998 年	金融机构(不含农村信用社)对中小企业的贷款利率最高上浮幅度由 10%扩大到 20%,农村信用社贷款利率最高上浮幅度由 40%扩大到 50%
	1999 年	县级以下金融机构贷款利率最高上浮幅度扩大到 30%
	1999 年	商业银行对中小企业的贷款利率最高上浮幅度扩大到 30%
	2003 年	试点地区农村信用社贷款利率最高上浮幅度扩大到 2 倍
	2004 年	商业银行贷款利率最高上浮幅度扩大到 1.7 倍,农村信用社贷款利率最高上浮幅度扩大到 2 倍,金融机构贷款利率浮动下限保持 90% 放开金融机构(不含城乡信用社)贷款利率浮动上限
	2004 年	城乡信用社贷款利率浮动上限扩大到 2.3 倍;所有金融机构贷款利率浮动下限保持 90%
至此,中国金融机构人民币贷款利率已经基本过渡到了"上限放开,下限管理"的阶段		
人民币存款利率市场化	1999 年	中资商业银行法人对中资保险公司法人试办 5 年期以上(不含 5 年期)、3 000 万元以上的长期大额协议存款业务,利率水平由双方协商确定
	2002 年	协议存款业务试点的存款人范围扩大到全国社会保障基金理事会和已完成养老保险个人账户基金改革试点的省级社会保险经办机构
	2003 年	国家邮政局邮政储汇局获准与商业银行和农村信用社开办邮政储蓄协议存款
	2004 年	允许金融机构存款利率下浮
至此,中国利率市场化顺利实现了"贷款利率管下限、存款利率管上限"的阶段性目标		
中国利率市场化进入收官阶段	2012 年 6 月 8 日起	将金融机构存款利率浮动区间的上限调整为基准利率的 1.1 倍;将金融机构贷款利率浮动区间的下限调整为基准利率的 80%
	2012 年 7 月 6 日起	下调金融机构人民币存贷款基准利率 0.25 个百分点 金融机构一年期存款基准利率下调 0.25 个百分点,1 年期贷款基准利率下调 0.31 个百分点 这是央行 4 年来首次非对称降息,此举对中国金融机构和利率市场化进程有着重要影响
	2013 年 7 月 20 日起	取消了银行贷款利率的下限限制
	2015 年 10 月 23 日起	取消了银行存款利率的上限限制
至此,中国利率市场化顺利实现了存贷款利率完全市场化的阶段目标		

• 资料来源:根据相关材料整理而得。

率市场化。二是健全反映市场供求关系的国债收益率曲线。要在现有国债收益率曲线的基础上进一步加以完善,使期限结构更加完整,交易更加活跃,流动性显著提高,在金融市场上的基准地位得以确立。三是最终形成由银行间市场利率和国债收益率曲线决定和影响存贷款利率的格局。

随着存贷款利率限制的取消必然会扩大市场利率的波动空间,利率波动也会更加频繁。同时,资本市场全球化导致资金流动更加频繁,利率作为资金的使用价格受全球利率、汇率的影响增大而出现大幅波动,另外国内通胀预期加剧,导致利率的影响因素更加复杂,也更加不确定。而且在存贷款利率已市场化的背景下如何寻找能够引导市场利率的新基准利率,如何规避利率波动风险,是利率市场化改革纵深推进急需解决的问题。另外,近年来中国债券市场发展迅速,特别是国债规模日益增大,各债券投资者面临巨大的利率风险,需要配套的利率风险管理工具。在这样的背景下,中国国债期货应运而生。2013 年 9 月 6 日和 2015 年 3 月 20 日,中国金融期货交易所推出 5 年期和 10 年期国债期货。在这样的市场环境和背景下,中国国债期货上市后其功能发挥的效果,不仅关系到利率市场化进程的推进,也关系到国债期货自身的发展。

二、中国利率市场化进程中国债期货市场发展的特点

2013 年 9 月 6 日,5 年期国债期货合约成功上市,填补了中国场内利率衍生品的空白;2015 年 3 月 20 日,10 年期国债期货合约成功上市,国债期货市场由此实现了从单品种到多品种的突破(见专栏 4-1)。国债期货市场的平稳健康发展,对于稳步推进利率市场化进程,促进多层次资本市场建设以及助推上海国际金融中心建设具有重要的现实意义。截至 2015 年年末,中国国债期货市场成交持仓稳步增加,期现紧密联动,投资者结构更加完善,交割平稳顺畅。

1. 市场交易较为活跃,成交持仓结构符合国际惯例

2013 年以来,国债期货市场规模明显增加。从 2015 年的成交量来看,截至 2015 年 12 月 31 日,全年累计成交量 608 万手,日均成交 24 935 手,较 2014 年增长 562%;累计成交金额 6.01 万亿元,日均成交金额 246.20 亿元,较 2014 年增长

587%。从持仓量来看,截至 2015 年 12 月 31 日,国债期货总持仓 58 594 手,较 2014 年年底增长 172%,其中 5 年期国债期货持仓 27 614 手,10 年期国债期货持仓 30 980 手。与美国 30 年期国债期货上市初期日均成交 100 手、日均持仓 900 手相比,中国国债期货市场流动性高于成熟市场国债期货发展初期水平。

2. 期现货价格联动性良好,没有偏离现货走出独立行情

2013 年以来,随着利率市场化进程的加速推进,利率的变动幅度逐步加大,国债期货和现货价格的波动程度均有所增加,但两者之间始终保持密切联动,相关性良好,期货没有偏离现货走出独立行情。2015 年,5 年期国债期货远期收益率与对应最便宜可交割券到期收益率的相关性为 93.59%,10 年期国债期货远期收益率与对应最便宜可交割券到期收益率的相关性为 93.21%。

3. 投资者参与积极,初步体现以机构投资者为主的市场特征

截至 2015 年 12 月 31 日,参与交易的客户数 22 867 名,较 2014 年增长 104%。其中,法人客户参与数 1 734 家,较 2014 年增长 290%。法人客户入市进度明显快于其他类型投资者。法人客户的成交、持仓占比分别达到了 22%和 65%。国债期货法人客户持仓占比过半,明显高于其他期货品种中法人客户持仓占比,初步体现了以机构投资者为主的市场特征,也为商业银行、保险资金等机构投资者的入市奠定了市场基础。

4. 主力合约成功切换,交割业务平稳完成

国债期货采用实物交割制度,随着交割月的临近,没有实际交割意愿的投资者逐步将国债期货头寸从近月合约转移到远月合约。2015 年,5 年期和 10 年期国债期货共完成 4 次 6 个合约的交割业务。从交割情况来看,交割业务开展平稳顺畅,买卖双方全部履约。从参与交割的主体来看,客户趋于多元化,由证券公司逐步扩展到私募机构等机构投资者。从交割券种来看,以最便宜可交割券为主,显现出国债期货实物交割盘活国债存量的作用。同时,实物交割促进了可交割国债在交易所和银行间市场的双向流动。截至 12 月份合约交割结束,中央结算及中国结算转托管总额为 18.75 亿元。相关单位交割业务衔接顺畅,未出现一例违约和风险事件。

专栏4-1 中美主要国债期货合约比较分析

中美两国国债期货在合约设计上各有特点。本专栏通过对比中金所推出的5年和10年期国债期货与CBOT的国债期货进行说明，主要在于标准券票面利率和实物交割规则上有所不同。

标准券票面利率：美国是6%，而中国是3%

CBOT出于活跃市场的目的，在1999年将国债期货的票面利率从8%调整至6%。1977年CBOT推出30年国债期货时，以当时的市场利率为准，将标准券票面利率设定为8%。此后推出的期货合约均沿用了这一票面利率。而在1995—1999年，美国国债收益率趋势性下降，已明显低于8%的票面利率水平，使得长期国债期货的最廉可交割券长期固定在一只短久期国债上，基差交易的活跃度明显降低，影响到国债期货的流动性。因此，1999年CBOT将各国债期货的票面利率统一下调为6%，此后，CTD券在国债期货存续期内的转换次数，从之前的1—2次增加到30—40次，间接提高了国债期货的基差套利空间，活跃了市场交易。

2013年重启国债期货时，推出的是5年期的中期国债期货，所设定的可交割券为剩余期限在4—7年的记账式附息国债，范围较宽。当时，中国4—7年期国债收益率在2.6%—4%之间，最接近的整数值为3%或4%。经过比较，当票面利率设定为4%时，CTD转换的均衡收益率为3%，最接近市场收益率，因而CTD券转换最为频繁；而当票面利率为3%时，CTD券稳定在7年的长久期国债上。最终，中金所出于以下两方面考虑，将标准券票面利率暂时设定为3%：一是将CTD券稳定在发行量最大的7年期国债上，可保证CTD券规模充足，有利于防止价格操纵和防范逼仓，使国债期货交易不断向纵深发展；二是CTD券相对固定，使国债期货与现货的走势一致性增强，在上市初期有助于投资者理解国债期货与CTD券走势的关联性，能够降低套期保值操作的成本，提高效率。

2015年10年期国债期货上市后，中金所对合约设计做了调整，将5年和10年期国债期货的可交割券范围分别设定为4—5.25年和6.5—10.25年，而票面利率依然沿用过去的3%，这一利率依然符合目前的市场利率水平。

标准券设定的差异反映交易所（或者监管机构）不同的目的。中国和美国国债期货的票面利率设定思路呈现出明显差异，美国出于活跃基差交易的考虑，希望CTD券能够在可交割券之间有较为灵活的转换；而中国更多出于避险的考虑，希望CTD券能在供给充足的可交割国债上稳定下来，便利套期保值交易。这与美国国债期货市场已发展得相对成熟有关。

在更深层次上，源于两国国债现券持有者结构的差异：目前，海外和国际投资者持有美国国债的43%，这部分投资者多持有至到期，对国债期货的套保需求不强。在国内投资者中，美国国债较为平均地分布在货币当局（17%）、养老基金（13%）、共同基金（8%）、个人（7%）、地方政府（5%）、银行（4%）等机构和个人手中。从成交情况来看，3年及以下、3—6年、6—11年期的息票国债成交分布较为均衡，分别占国债日成交量的31%、25%和23%。美国国债这种较为分散的持有和成交结构，意味着现券市场的流动性能够充分满足期货市场不断发展扩大的要求。而中国国债的投资者，主要是商业银行（目前占比达83%），多为配置型投资，从这个角度就严重制约了现券市场的流动性。在此格局下，投资机构很难通过现

表4-4 中美主要国债期货合约比较

<table>
<tr><th colspan="5">CBOT30年、10年、5年和2年国债期货产品</th><th colspan="2">中金所5年和10年
国债期货产品</th></tr>
<tr><td>标的</td><td>30年期
标准国债</td><td>10年期
标准国债</td><td>5年期
标准国债</td><td>2年期
标准国债</td><td>5年期
标准国债</td><td>10年期
标准国债</td></tr>
<tr><td>合约
规模</td><td colspan="3">面值100万美元
票面利率3%</td><td>面值20万美元
票面利率3%</td><td colspan="2">面值100万元人民币
票面利率3%</td></tr>
<tr><td>交割
等级</td><td>交割月首日剩余期限在15年至25年间</td><td>初始期限不超过10年，交割月首日剩余期限不低于6年半</td><td>初始期限不超过5年零3个月，交割月首日剩余期限不低于4年零2个月</td><td>初始期限不长于5年零3个月，交割月首日剩余期限不低于1年零9个月，且交割月最后交易日剩余期限不长于2年</td><td>合约到期月份首日剩余期限为4—5.25年的记账式附息国债</td><td>合约到期月份首日剩余期限为6.5—10.25年的记账式附息国债</td></tr>
<tr><td>报价
方式</td><td colspan="3">点数（合约价值1 000美元）
1/32点（合约价值31.25美元）</td><td>点数（合约价值2 000美元）
1/32点（合约价值62.5美元）</td><td colspan="2">百元报价</td></tr>
<tr><td>变动
价位</td><td>1/32（合约价值$31.25）</td><td>1/64（合约价值$15.625）</td><td>1/128（合约价值$7.812 5）</td><td>1/128（合约价值$15.625）</td><td colspan="2">0.005点（合约价值50元）</td></tr>
<tr><td>合约
月份</td><td colspan="4">3、6、9、12四个季月</td><td colspan="2">3、6、9、12四个季月</td></tr>
<tr><td>最后
交易日</td><td colspan="3">交割月最后交易日前的第七个交易日</td><td>交割月最后一个交易日</td><td colspan="2">交割月第二个星期五</td></tr>
<tr><td>最后
交割日</td><td colspan="3">交割月最后交易日</td><td>最后交易日后第三个交易日</td><td colspan="2">最后交易日后连续三个工作日</td></tr>
</table>

券交易来规避利率风险,国债期货可以说是对现券市场流动性匮乏的一种补充,经过"327"国债事件的恶劣影响后,新国债期货在合约设计上更有必要考虑防止价格操纵和逼仓问题。目前中国商业银行尚不被允许参与国债期货市场,也是考虑到其话语权过大的问题。

交割规则:美国国债期货包含更多的期权,提供了更多的套利机会

美国国债期货沿用了商品期货的交割方式,在3、6、9、12四个季月全月都是可以交割的,而中金所的国债期货交割安排在最后交易日后的连续三个工作日。交割规则的不同使得美国国债期货拥有更多的套利机会和套利空间,也进一步增加了成交的活跃度。空方掌握主动权,多方处于被动地位。一个完整的申报通知交割回合走下来需要3个交易日,即:第一天期货空头方通知交易所进行实物交割的日期,第二天精确申报用于交割的现券,第三天完成交割。同时,多方清算会员第一天将按一定规则将到期合约分组,随后与申报交割空头放择优匹配,在第三日完成交割。由于身处被动,多头方多选择在进入交割月之前便进行移仓展期。由于美国国债期货在交割月整月都可以交割,因此一般有20个左右的申报通知交割回合可供选择,而中金所国债期货只能有一个交割回合。

美国国债期货的交割规则赋予空方多种交割期权,成为净基差的主要来源。一是百搭牌期权(wild card option)。CBOT国债期货每日交易时间截止于下午2点,而现货交易截止于下午4点,空头清算会员在下午8点之前均可申报实物交割通知。因此,第一通知日到最后交割日的下午2—8点这段时间,被称为"百搭牌时间段"。期货停止交易后,结算价已固定,此后,若现券下跌,空头方可选择购入现券申报交割,若现券上涨,空头可选择等待下一申报日。二是选择期权。选择期权的适用期与百搭牌期权相同,即国债期货的空头方可选择在第一通知日到最后交割日之间的任意一天申报交割。三是月末期权。在最后交易日与最后交割日之间,由于最后交易日后,期货结算价已被固定,但现货市场报价仍有数个交易日可等待(10年期国债期货为7天、5年期国债期货为3天),空头方由此获得选择期权。四是转换期权。在合约到期前,空头方一直具有选择最便宜可交割券的权利。

中金所的国债期货合约,由于通知交割回合较少,因此,空头方只拥有转换期权。这意味着中国的国债期货在到期前净基差相对较小,基差套利的空间不及美国。但随着2015年交割制度修改为空方举手交割,这意味着空方实际上又获得了转换期权外的选择期权(或称时机期权)。

美国交割的灵活性,使得日历价差交易盛行。由于大多数国债期货投资的目的在于套期保值或套利,并不希望参与实物交割,因此,到期合约大多选择平仓或展期,从过往的经验来看,美国国债期货在最后交易日前两周成交异常活跃。通常,国债期货多头方为避免交割,多在进入交割月之前就进行展期操作,而空头方则多在第一通知日前后进行展期,这使得跨期价差通常呈前低后高的走势。CBOT 为此还专门推出了日历价差交易(calendar spread),目前已与基差交易一道成为最基础的套利交易策略。

而在中国,由于交割过程比较简单,并不存在这种多空方展期时间先后的差异,或者说,由于运行时间不长,还没有形成较明显的规律。TF1503 及之前的合约,跨期套利的盈利模式均为空当季多远季的模式,即多头主动移仓使得套利空间出现。而 TF1506、TF1509 和 T1509 合约交割时则打破了这样的模式,跨期套利机会变为多当季空远季的期现套利的变形模式。

• 资料来源:《兴业证券研究报告》,2015 年。

三、中国利率市场化进程中国债期货市场发展的作用

中国人民银行放开存款利率上限仅仅标志着中国利率市场化改革迈出了关键的一步,并不意味着利率市场化改革最终完成。未来仍需要解决两个基础性问题:一是定价问题,即利率逐步走向市场化后,定价各种金融资产的基准利率如何确定;二是避险问题,即如何管理利率市场化进程中与日俱增的利率风险。作为债券市场基础性配套工具,国债期货有助于解决以上两个问题,促进利率市场化平稳推进。

一方面,国债期货助力健全国债收益率曲线的作用有助于解决定价问题。中共十八届三中全会提出"健全反映市场供求关系的国债收益率曲线",为中国基准利率体系建设指明了方向。在此背景下,国债期货报价连续、集中交易、公开透明等独特优势能够准确反映市场预期,有助于形成全国性、市场化的利率参考,并带动相应期限国债二级市场的交易活跃度,提升现货市场的定价效率,提高国债收益率曲线的精确度,进而更好地为各类金融资产提供定价基准。随着国债期货市场的发展,国债期货活跃现货市场、健全收益率曲线的功能日益显著。以 10 年期国

债期货为例，在该产品上市后1个月，10年期国债现券日均成交81亿元，比10年期国债期货上市前1个月提升了113%。

另一方面，国债期货天然的避险功能为利率市场化平稳推进保驾护航。作为以国债为标的场内利率衍生品，国债期货可以说天然是用来规避利率风险特别是国债价格波动风险的最佳选择，对于建立健全债券风险管理市场，平稳实现利率市场化具有重要作用。以美国为例，美国于1976年推出90天期国库券期货交易，一年后推出长期国债期货交易，而直到1986年才实现了利率的完全市场化。其间，美国国债期货平抑利率波动、有效对冲利率风险的功能得到充分发挥。在中国，2015年10月以来，受宏观经济增长不及市场预期、货币宽松预期加强等因素影响，中长期国债收益率快速向下突破盘整区间，日间波动幅度显著增大。其间，国债期货市场充分发挥避险功能，成为各类债券投资者的“避风港”。

四、进一步推进中国国债期货市场发展的主要方向

中国目前已推出5年和10年期国债期货产品，填补了国债期货产品的空白，为市场提供了有效的利率风险对冲工具，也为中长期国债提供了有效定价依据，同时提高了国债市场流动性。[①]根据国际经验，国债期货市场发展较快的国家均已推出不同期限的国债期货产品，能够覆盖短、中、长国债收益率曲线各关键年限，形成了完整的国债期货产品体系。期限完整的国债期货产品体系能够为收益率曲线上各个关键点提供定价基准，是利率市场化改革的重要内容，能够为金融市场提供完整的利率风险对冲工具，而品种单一的国债期货产品难以满足投资者多元化的利率风险管理和交易需求，不利于国债期货产品风险对冲功能的发挥。因此应尽快推出短期限债券特别是国债期货产品，完善中国国债期货产品体系，完善基准利率体系和健全反映市场供求关系的国债收益率曲线，提供对冲不同期限利率风险的有效金融工具。

从国际经验来看，利用短期利率期货完善基准收益率曲线主要有以下两条路径。[②]

① 贾康：《关于推出短期国债期货 健全国债期货产品体系的提案》，《中国证券报》，全国政协委员、财政部财政科学研究所原所长于2015年3月2日提交全国政协会议讨论的提案。

② 徐枫、董裕平、李平进：《短期利率期货与收益率曲线》，《中国金融》2015年第15期。

第一条路径是以银行间同业拆借市场利率为载体，其中最为典型的是欧洲美元期货、Libor 利率期货和 Euribor 利率期货的远期利率价格形成机制。第二条路径是以债券回购市场利率为载体，其中最为典型的是以隔夜利率指数期货完善基准收益率曲线的形成机制。

目前，国内理论界和实务界更多的是从国债现货视角对此进行探索，相继推出了银行间国债收益率曲线、交易所国债收益率曲线和中国国债收益率曲线，以及在此基础上合成的中债国债收益率曲线，对构筑中国市场化基准利率体系具有重要的基础作用。然而当前中国的国债期限结构、流动性和价格形成机制等多个方面仍然存在缺陷，制约着收益率曲线，尤其是曲线短端对市场供求关系的真实反映。随着利率市场化进程加快，利率衍生品蓬勃发展机遇也已来临。探索利用短期利率期货特别是短期国债期货来完善国债收益率曲线具有重要意义。

从第一条路径来看，[①]将已经在市场化金融产品定价中得到广泛应用的上海银行间同业拆借利率（Shibor）建设成市场基准利率，并以此为标的推出利率期货无疑是一种可行的选择。Shibor 利率参照 Libor 利率规则设计，Shibor 利率期货的突出优势是可以建设相对平滑的短期收益率曲线，但相同规则的产品必定存在类似缺陷：首先，Shibor 利率由商业银行报价形成，缺乏真实成交基础，报价利率与实际成交利率之间存在偏差；其次，Shibor 工作小组与报价银行团成员采取“一对一”询价交易模式，无法识别和避免报价者之间的合谋；最后，报价银行团仅限于 18 家大中型金融机构，只涵盖少数投资者的信念。

推出 Shibor 利率期货，则有助于完善基准收益率曲线，这需要从现货和期货两个市场同时着力。在现货市场方面，应完善 Shibor 利率形成机制，防止类似“Libor 操纵案”之类事件的发生。具体措施上，扩大报价银行团涵盖的金融机构数量和代表性，改进询价模式，最大限度降低报价机构合谋可能产生的不利影响；将金融机构报价和实际拆借交易行为部分挂钩，减少实际交易利率和报价利率偏差程度。在期货市场方面，推出不同期限 Shibor 利率期货合约品种，构造相应合约组合计算不同期限 Shibor 利率，增加即期收益率曲线的预测精度。在期限延伸方面，需要推出中长期利率产品和利率期货，提高中长期预测精度，最终构建期限

---

① 徐枫、董裕平、李平进：《短期利率期货与收益率曲线》，《中国金融》2015 年第 15 期。

结构完备的基准收益率曲线。

从第二条路径来看，[①]将债券回购市场利率，尤其是隔夜回购利率建设为市场基准利率，并以此为标的推出短期利率期货无疑是另一种可行选择。债券回购市场利率可以弥补 Shibor 利率的潜在缺陷：首先，回购市场利率以真实成交价格为基础，减少人为操纵可能性；其次，回购利率以金融机构边际融资成本为基础，更为准确地反映了货币市场资金供求关系；再次，符合参考利率改革方向。债券回购市场利率作为浮动利率贷款和风险债券的参考利率，可以解决中国浮动利率债务融资基准利率缺失问题。与此同时，债券回购市场利率也可能带来新的缺陷：其一，银行间债券回购市场和交易所债券回购市场长期分割，利率定价机制存在差异；其二，未来刚性兑付机制被打破后，出现债券违约事件不可避免，债券回购交易形成的利率将会包含信用风险溢价。推出债券回购市场利率期货来完善基准收益率曲线，仍然需要联动现货和期货市场。在现货市场方面，需要健全质押债券风险控制相关制度，尤其是建立债券风险评级机制，具体措施是在债券回购利率形成机制中剔除低信用等级债券或者采用技术算法扣除风险溢价补偿。在期货市场方面，需要通过期货市场跨品种套利打破银行间现货市场和交易所现货市场分割格局。可以先行上市挂钩交易量较大的银行间市场隔夜回购利率的期货合约，待时机成熟再上市挂钩交易所市场利率的期货合约。在期限延伸方面，需要与中长期国债利率期货衔接，最终构建期限结构较为完备的无风险收益率曲线。

---

① 徐枫、董裕平、李平进：《短期利率期货与收益率曲线》，《中国金融》2015 年第 15 期。

第五章
资本项目开放、人民币国际化与国债期货市场关系研究

中国继 2010 年超越日本成为仅次于美国的全球第二大经济体后，于 2014 年连续成为全球第二大证券市场和第三大债券市场，并蝉联全球最大商品期货市场。当前中国的生产、贸易、消费的国际化程度不断加深，中国增加全球公共物品供应的力度不断加大。“十二五”规划纲要明确指出“扩大人民币跨境使用，逐步实现人民币资本项目可兑换”，①“十三五”规划建议提出要“扩大金融业双向开放。有序实现人民币资本项目可兑换，推动人民币加入特别提款权，成为可兑换、可自由使用货币”。②中国的利率和汇率的市场化、资本项目开放以及人民币国际化正在成为不可逆转的发展趋势。

当前中国正稳步推进资本项目开放，人民币国际化也取得了突破性进展。资本项目开放既有利于在岸人民币跨出国门进行投资和消费，也有利于离岸人民币进入中国参与投资、消费或避险保值。随着人民币跨境贸易结算范围的不断扩大，世界各国央行需要增加人民币储备资产投资，其主要方式之一是持有人民币债券产品，因此其购入中国国债的需求日趋强烈。

国债现货市场的发展需要建立一个全面统一的风险管理市场，要在加强有效监管的前提下发展期货、期权等基础性避险工具，从而增强外国政府、央行和货币当局持有中国国债的积极性，提升人民币在国际市场中的地位。

与此同时，中国金融业近年来发展明显加快，形成了多样化的金融机构体系、复杂的产品结构体系、信息化的交易体系、更加开放的金融市场，特别是金融混业

① 《国民经济和社会发展第十二个五年规划纲要》，2011 年 3 月 16 日。
② 《中共中央关于制定国民经济和社会发展第十三个五年规划的建议》，2015 年 11 月 3 日。

经营趋势明显，这对现行的分业监管体制带来了重大挑战。[①]在经济全球化、商品金融化、资产证券化、交易网络化的背景下，各类市场的波动性在全球范围内的影响不断增强，经济虚拟化程度的不断加深以及金融自由化等多种因素都将导致风险的传导性和扩散性显著加强，因而在规避期货市场自身风险的同时，利用这一市场进行风险管理，同时加强对金融市场的宏观审慎监管具有十分重要的意义。

中国金融期货交易所于 2013 年推出国债期货，标志着中国在完善债券衍生品市场的进程中迈出了重要一步，但其交易规模不大，尚未有效发挥功能。国债期货市场对外开放后将有利于为境内外进行国债现货投资的个人和机构提供进行利率风险管理的工具，促进债券现货市场的发展；开放国债现货和期货市场还有助于扩大人民币回流渠道，促进人民币国际化长期稳定的发展。国债期货作为利率期货的主要品种，对规避利率波动风险，形成远期均衡利率具有极其重要的作用，因此在全球金融衍生品市场占有重要地位。

第一节
中国资本项目开放与人民币国际化进展

资本项目开放和人民币国际化是一个循序渐进的过程，休克疗法式的改革并不适合中国的国情，采取试点并逐步积累经验，不断拓展改革的广度和深度已经被中国 30 多年的改革实践证明为切实可行的方法。对此中国政府有着清醒的认识。当前中国正在积极稳妥地推进资本项目开放，在中国贸易、金融、政策环境的支持下，人民币国际化也取得了突破性进展。

一、中国资本项目开放的现状及进展

资本项目开放过程，是一个逐渐放松资本管制，允许居民与非居民持有跨境资产及从事跨境资产交易，实现货币自由兑换的过程。1996 年 11 月 28 日中国政府

① 习近平：《关于〈中共中央关于制定国民经济和社会发展第十三个五年规划的建议〉的说明》，2015 年 11 月 3 日。

宣布接受国际货币基金组织协定第八条款的第(二)、(三)、(四)款,自 12 月 1 日起人民币开始实现经常项目下的完全可兑换。①而资本项目下的跨境证券投资、借贷投资和短期资本移动则受到较为严格的审查,外资目前进入中国资本市场主要通过合格境外机构投资者(QFII)和人民币合格境外机构投资者(RQFII)的方式进行。

中国资本市场发展潜力巨大,资本项目的稳步开放无疑对中国资本市场的包容能力、监管水平和协调可持续发展提出了较高的要求。伴随着国民经济的结构调整和转型发展,中国经济在规模不断增长的基础上还将带来质量的不断提升;中国所提出并为世界广泛接受的"一带一路"倡议、设立和启动亚洲基础设施投资银行的举措,以及参与全球规则制定的外交战略,还将使中国更广泛地参与区域和全球经济和金融治理。在以上大背景下,继续固守过去的外汇管理体制和资本项目管制不仅不利于中国经济和金融的发展,也不利于中国全球战略的实施。

中国人民银行调查统计司课题组于 2012 年发布了《中国加快资本账户开放的条件基本成熟》的报告,设定了中国开放资本项目的具体时间表,表明中国开放资本项目进入了倒计时阶段。根据时间表计划,中国设立了短期、中期和长期资本项目开放目标,即短期 1—3 年放松有真实交易背景的直接投资管制,鼓励企业"走出去";中期 3—5 年放松有真实贸易背景的商业信贷管制,助推人民币国际化;长期 5—10 年加强金融市场建设,先开放流入后开放流出,依次审慎开放不动产、股票及债券交易,逐步以价格型管理替代数量型管制。②

近年来,中国在资本项目开放上举措不断。2013 年中国(上海)自由贸易试验区成立,中国政府试点在上海自贸区内探索人民币资本项下可兑换模式;2014 年,"沪港通"(沪港股票市场交易互联互通机制)顺利推出,为境内外投资者投资 A 股和港股提供了便利和机会,中国资本市场走上了国际化发展的道路,境外资金更便于出入中国,促进了中国资本市场的双向开放和国际化发展,有利于进一步发挥香港金融市场的桥梁和纽带作用,人民币资本项目的可兑换程度取得了明显进展。在"沪港通"机制推出后,英国财政大臣乔治·奥斯本则表示,希望看到中英两国股

① 景滂成:《试论人民币实现经常项目下可兑换的宏观经济意义》,《经济研究》1997 年第 4 期。
② 中国人民银行调查统计司课题组:《中国加快资本账户开放的条件基本成熟》,《中国金融》2012 年第 5 期。

票市场能够建立正式的联通机制，这样英国的公司可以从中国的储蓄者中筹集到资金，中国企业也能在伦敦上市。①

尽管上海自贸区内资本项目基本开放，"沪港通"也已实行，但其范围和交易量都较为有限，市场规模还远远不够，因此，资本项目开放的思路应该定位于继续深化改革上。比如，在自贸区逐步提高人民币资本项下可兑换程度的背景下，考虑推出合格境内个人投资者(QDII2)和人民币合格境内机构投资者(RQDII)进行境外人民币投资的试点，在增加人民币流出渠道的同时，拓宽境外人民币回流渠道。再如，进一步完善"沪港通"，尽快推出"深港通"，并探索中英"沪伦通"的合理路径和渠道，提高境外各类投资者参与中国资本市场的便利性。还如，稳步推动金融衍生品市场的发展，加快上海国际能源交易中心的建设，尽早发展以人民币进行计价和结算的中国原油期货市场，在提高监管手段的前提下进一步发展和开放国债期货市场。

同时，为了应对金融微观效率不断提升，而宏观脆弱性不断增加的现状，政府部门应该加快研究监管转型，完善适应现代金融市场发展需要的金融监管框架，积极推动金融市场的集中统一监管模式，推动以防范金融风险为核心的金融监管体制改革。如建立以中国人民银行为总协调机构的整体性监管机制，或在国家层面成立金融稳定委员会。由最高金融监管部门牵头深入研究资本项目开放带来的风险隐患，积极提出应对措施和处置预案等。

二、人民币国际化的现状及进展

人民币国际化意味着人民币在跨境和离岸贸易、投资和金融产品交易中获得国际社会的认可，并使人民币逐步在全球发挥计价单位、交换媒介和价值储备的功能。随着中国实体经济更加强大、金融改革更加深化，人民币最终将水到渠成地成为全球主要国际货币。

潘英丽认为，人民币国际化的成功需要三个基本条件：经济的可持续发展、具有健全的以保护产权为核心的市场经济基础性制度、建立亚洲最重要的国际金融中心。②结

---

① 《英财政大臣：希望看到中英股票市场互联互通》，《证券时报》2015 年 9 月 22 日。

② 潘英丽：《国际经验教训与人民币国际化的条件》，《文汇报》2009 年 5 月 20 日。

合国际金融体系的发展，回顾全球美元、欧元、英镑、日元等主要储备货币的发展历程，主权货币成为国际货币的模式大致可以分为以下三种：一是通过强大的政治、经济、金融和军事实力，推动本国货币国际化（英镑、美元）；二是通过区域性的货币一体化制度安排，推动区域货币国际化（欧元）；三是由外部力量诱导及倒逼促进本国货币国际化（日元）。而人民币将开启主权货币国际化的第四种模式，即通过不断深化经济金融体制改革和对外开放力度，大力发展实体经济来推动人民币国际化。由于这一过程需要以本国经济金融的持续发展为前提条件，需要与资本项目和金融体系的开放相协调，因此，人民币国际化是一个渐进的过程。

2009 年 7 月，中国人民银行、财政部等六部委联合发布《跨境贸易人民币结算试点管理办法》，标志着人民币国际化正式进入操作性阶段。随着中国金融改革、开放进程的加速推进以及跨境贸易人民币结算政策的不断完善，人民币国际化获得了举世瞩目的成果。跨境贸易人民币结算试点实施的 6 年，也是人民币国际化实践的 6 年，人民币在全球的使用不论在业务种类上还是在规模上都取得了显著发展，一是跨境贸易人民币结算占比稳步上升，人民币计价功能开始显现；二是人民币金融交易规模持续扩大，推动了人民币全球份额的上升；三是离岸人民币市场获得快速发展，外国政府和机构接受和持有人民币的意愿明显上升，人民币作为储备货币的职能开始得到拓展。

从人民币直接投资和跨境贸易人民币结算方面来看，商务部的数据显示，2014 年，中国境内投资者共对全球 156 个国家和地区的 6 128 家境外企业进行了直接投资，累计实现非金融类直接投资 6 320.5 亿元人民币，同比增长 14.1%。①全年经常项目人民币结算金额 6.55 万亿元，同比增长 41.6%。对外直接投资（ODI）人民币结算金额 1 865.6 亿元，同比增长 117.9%；外商来华直接投资（FDI）人民币结算金额 8 620.2 亿元，同比增长 92.4%；人民币跨境收支占本外币跨境收支的比重上升至 23.6%。人民币开始成为中国政府部门涉外经济统计、核算、管理中的计价货币。②

在人民币金融交易方面，人民币国际债券和票据发行量不断增长，强化了人民

① 《2014 年中国非金融类对外投资 $1 028.9 亿呈现五大特点》，中国经济网，2015 年 1 月 21 日。
② 中国人民银行：《人民币国际化报告》，2015 年 6 月。

币作为国际货币的地位和作用，推动了人民币国际份额的上升。在直接投资、国际债券和票据以及境外信贷的交易与结算中，人民币国际金融交易计价支付功能进一步强化，人民币金融交易规模继续扩大，保持了高速增长的趋势。2014年，人民币国际金融交易计价结算综合占比达2.8%，同比增长34.0%。截至2015年4月末，共有232家境外机构获准进入中国境内银行间债券市场，债券托管余额为6 346.1亿元。[①]

在离岸人民币市场和人民币储备方面，近年来，人民币在全球使用量大幅上升，人民币离岸市场取得重大进展。截至2015年5月末，中国人民银行已与32个境外央行或货币当局签署了双边本币互换协议，协议总规模约3.1万亿元人民币，而且本币互换协议的实质性作用明显增加；与15个境外央行或货币当局签订了清算安排，覆盖东南亚、西欧、中东、北美、南美和大洋洲等地，建立离岸人民币清算银行对支持人民币成为区域性计价结算货币发挥了重要作用；此外还有30余家央行或货币当局把人民币纳入了外汇储备，这些举措对推动人民币成为国际货币基金组织的特别提款权（SDR）篮子货币起到了积极的推动作用。截至2015年4月末，境外中央银行或货币当局在境内外持有债券、股票和存款等人民币资产余额约6 667亿元；非居民（境外机构和个人）持有境内人民币金融资产44 065亿元，其中：境外机构持有的股票市值和债券托管余额分别为6 444亿元和7 352亿元；境外机构对境内机构的贷款余额8 739亿元；非居民在境内银行的人民币存款余额21 530亿元，包括境外参加行同业往来账户存款、境外机构和境外个人存款。据环球银行金融电信协会（SWIFT）统计，2014年12月，人民币已经成为全球第二大贸易融资货币、第六大外汇交易货币，2015年8月，人民币已经超越日元，成为全球第四大支付货币。[②]

尽管人民币国际化取得了巨大的进展，但是我们应该意识到，当前以中国政府为主导所推动的人民币国际化还需在政府合理干预的基础上加大市场的力量，以剔除其中的非理性因素；外国政府机构及央行使用人民币作为储备货币才刚刚起步，尽管人民币成为SDR篮子货币已成定局，但是中国仍需要通过政策支持提高人民币占国际储备货币总量的比重。

---

① 中国人民银行：《人民币国际化报告》，2015年6月。

② 周武英：《人民币加入SDR渐行渐近》，《经济参考报》2015年10月27日。

第二节
资本项目开放、人民币国际化与国债期货

总体来看，资本项目开放和人民币国际化具有相互影响、相互促进的辩证关系。在资本项目开放的过程中，应当大力推进人民币国际化；在人民币国际化的过程中，要审慎有序地推进资本项目开放。国债期货作为利率期货市场中的主要品种，对管理利率波动风险、促进形成透明有效的基准利率收益率曲线具有十分重要的作用，而金融衍生品市场在国际金融市场中具有举足轻重的地位。资本项目开放和人民币国际化所带来的境外政府、机构和个人对中国国债的投资，需要国债期货予以配合进行风险管理，因此，发展国债期货市场有助于国债市场的发展，进而有助于加速人民币国际化进程。

一、资本项目开放与人民币国际化的关系

中国近年所倡导的“一带一路”区域经济协同发展战略，以及设立亚洲基础设施投资银行的主张得到了周边国家和地区乃至世界主要经济体的欢迎和支持，人民币国际化逐步具备了较为坚实的现实基础，并正在快速发展。中国深化改革开放，尤其是金融领域和资本市场的改革开放，需要稳步推进资本项目开放。既要开放资本项目，推动人民币国际化，又要设法避免全球经济危机、金融危机和以逐利为目的的国际游资对中国经济的冲击和影响。

资本项目开放和人民币国际化既有显著的区别，又有紧密的联系，资本项目开放不等于人民币国际化，而实现人民币国际化又需要在一定程度上以资本项目开放为前提条件。

首先，不能将资本项目开放等同于人民币国际化。资本项目的完全开放意味着人民币实现可自由兑换，境内外机构和个人可以自由把人民币兑换成各国货币，经常项目交易和资本项目交易不受制度的限制。对于中国而言，资本项目开放属于国内的制度性改革；而人民币国际化主要由境外政府、机构和个人根据对人民币

的需求偏好所决定，以需求为主导。上述区别表明中国开放资本项目并不意味着人民币一定成为国际货币。

世界各国的经验表明，盲目开放资本项目有可能导致经济和金融遭受严重冲击，并可能引发系统性、区域性风险。因此结合中国当前资本市场和金融市场的现状和监管水平来看，中国还不能全面快速开放资本项目。中国应该以《中国加快资本账户开放的条件基本成熟》这一报告所设定的资本项目短期、中期和长期开放目标为基础，分步骤、有顺序地根据风险承受与处置能力的提高，稳妥开放相关的资本项目，为人民币的流出流入开通渠道，并在开放的过程中加强有效监管，提供良好的货币结算、汇兑等服务，从而促进人民币在国际贸易和金融交易中的流通和使用，进一步推进人民币国际化。

其次，人民币国际化在一定程度上需要以资本项目开放为前提条件，资本项目开放和人民币国际化之间存在相互影响、相互促进的内在联系。资本项目开放是人民币国际化的必要条件，但非充分条件。资本项目开放可以促进人民币国际化，而人民币国际化反过来也可以推动资本项目的进一步开放。一方面，进一步开放中国资本项目将有助于增加人民币资产的流动性，鼓励机构和个人使用和持有人民币，促进人民币境内外流通；另一方面，进一步开放资本项目有助于中国在对外经济金融往来中加大自主权和主动权，有助于实质性地提高人民币的国际地位。可见，人民币要成为主要国际货币，必须稳步开放资本账户；而适时开放资本账户将会加速人民币国际化进程。

人民币国际化需要中国开放资本项目，然而，盲目的资本项目开放有可能增加中国经济面临的风险。为了回避风险，中国需要建立以资本约束为核心的审慎性监管体系，健全制度建设，依据资本项目风险特征制定合理的开放顺序，稳健推进资本项目开放，为人民币国际化奠定扎实的基础。

在资本项目尚未完全开放的条件下，中国可以优先利用中国（上海）自贸区进行资本项目开放的试点，在上海自贸区发展离岸人民币业务，通过上海自贸区离岸人民币业务推动人民币国际化的发展进程。中国人民银行在其发布的《关于金融支持中国（上海）自由贸易试验区建设的意见》中提出“稳步开放资本市场。区内金融机构和企业可按规定进入上海地区的证券和期货交易场所进行投资和交易。区内企业的境外母公司可按国家有关法规在境内资本市场发行人民币债券”。[①]这些举措无疑将有助于增强自贸区离岸人民币业务对境外投资者的吸引力，进而有助于推动上海离岸人民币市场的发展。

另外，上海自贸区还允许企业在一定条件下开展境外人民币借款和双向人民币资金池业务以及经常项下人民币集中收付业务。并且，将第三方支付加入跨境电商人民币结算行列，建立了自由贸易账户体系。[②]这些举措提高了人民币跨境使用的效率与便利性，有助于自贸区跨境人民币业务的大规模扩容。

二、资本项目开放与国债期货的关系

资本项目开放与国债期货之间存在直接的关系。资本项目开放的内容之一就是开放金融衍生品市场，而国债期货市场又是金融衍生产品的主导性市场。因此，资本项目开放必然涉及国债期货市场的开放。当然，国债期货市场的开放属于较高阶段的开放，其开放的时间通常放到较后的位置。

就资本项目开放与国债期货市场发展的关系来看，开放资本项目有利于提高中国国债现货和期货市场的流动性。目前海外投资者持有中国债券的比例不到3%，[③]相对于中国庞大的经济规模和金融市场规模，以上占比微乎其微。在人民币被纳入 SDR 后，一些外国政府、外国央行和外国金融机构将会把人民币及人民币资产纳入其资产组合。渣打银行预测，人民币被纳入 SDR 后，到 2020 年为止，外国投资者在中国债市和股市上的累计资产购买净值将达 5.5 万亿元人民币到 6.2 万亿元人民币的规模。[④]这表明，未来人民币在全球资产配置中将发挥重要作用。而资本项目开放必然使得境外资本进入中国境内债券市场更为便捷，将有助于中国国债市场和国债期货市场的发展。

另外，通过资本项目开放让境外投资者进入中国国债期货市场，将有助于满足全球投资者对其持有中国国债进行风险管理的需要，因而将有助于增加其对国债市场的投资。作为资本项目开放的重要内容之一，中国国债期货市

① 中国人民银行：《关于金融支持中国（上海）自由贸易试验区建设的意见》，2013 年 12 月 2 日。
② 金辉、陈雨露：《“一带一路”加速人民币国际化步伐》，《经济参考报》2015 年 7 月 20 日。
③ 《中国 6 万亿美元债市大门敞开　国外投资者在担心什么》，《华尔街日报》2015 年 7 月 23 日。
④ 《外媒：人民币来了！外资将大举涌入中国市场》，《腾讯证券》2015 年 5 月 22 日。

场的开放将有助于国外投资者管理固定收益类产品的利率变动风险。外国投资者利用国债期货市场进行风险管理能够增强其持债信心，从这一视点来看，国债期货市场的开放有助于促进国债现货市场的发展。此外，通过对外开放促进国债期货市场的发展不仅有助于规避利率波动风险，而且有助于形成远期均衡利率。

以上我们分析了资本项目开放对国债期货市场发展的促进作用，然而，不可忽视的是，开放资本项目也会给境内金融市场带来风险隐患。考虑到中国香港、英国伦敦等离岸人民币市场的存在，如果中国开放资本项目，可能会导致银行体系的风险积累。比如，如果离岸人民币市场的债券融资利率低于在岸市场利率，一些境内金融机构和企业将扩大其在离岸市场的债券融资规模，这一做法有可能会急剧减少境内银行的贷款规模，导致商业银行被迫降低利率或将贷款投向其他高风险的项目，从而造成境内商业银行不良贷款率的上升。又如，如果离岸人民币市场的银行体系不受存款准备金率的限制，这些银行可以提供低息贷款，从而对境内企业的吸引力将显著增强，其结果，有可能导致离岸人民币市场对境内企业贷款的急剧上升，从而对国内金融市场形成冲击，甚至导致中国人民银行货币政策的失效。日本在 20 世纪 80 年代曾发生过类似的情况。

此外，回顾东南亚金融危机和拉丁美洲金融危机，其发生都与资本项目开放有着密切的关系。在资本项目开放的环境下，大量国际热钱和资本的流入，将会助长泡沫经济的形成，而泡沫一旦破灭通常会引起资本外逃，进而引发货币危机、银行危机和债务危机。另外，一旦金融产品价格出现下跌的压力，国际游资会在金融衍生品市场上大肆做空，这一投机行为会使市场波动进一步放大，而市场波动又会在区域及国家间传导，并愈演愈烈，最终导致区域性或全球性金融危机的发生。由此可见，盲目的、不合时宜的资本项目开放对金融危机有一定的催化、扩散以及放大作用。

鉴于资本项目开放的潜在风险，余永定强调，是否应该实现资本项目开放和如何实现资本项目开放必须视具体情况而定。资本项目自由化并非历史潮流，没有站得住脚的经济理论可以证明资本项目开放的必要性和必然性。中国目前面临稳增长、调结构，深化经济、金融体制改革和提高对外开放质量的挑战，在这一环境下，不应该过分强调资本项目开放的迫切性和重要性。如何实现资本项目开放必须视具体情况而定。[①]

2015年中国股票价格的暴跌表明,中国金融市场远远不是一个成熟的市场,市场多空机制不协调,市场的监管能力和监管水平还有极大的提升空间。一旦资本项目开放,国债期货市场将成为一个与国际金融市场连通的市场。在市场大幅单边波动的情况下,国债期货市场如果监管不足或市场失灵,将为投机者提供极大的获利空间。程序化交易和高频交易有可能触发大面积强行平仓等交易行为,从而进一步加剧市场的波动,甚至引发系统性金融风险。对此中国必须要有清醒的认识,有必要进行稳妥的调控管理,并形成具备足够操作性的防范预案。

因此,作为资本项目开放的重要内容之一,中国国债期货市场的开放应该是有管理和稳步渐进的开放。一方面,要积极允许和鼓励境外合格投资者参与中国国债期货市场,允许外资银行、外国保险公司、外国证券公司和外国基金管理公司等机构投资者建立国债期货投资基金;另一方面,通过 QFII 和 RQFII 机制,让一部分资信较好、有丰富经验的境外机构参与中国国债期货的做市商业务。

三、人民币国际化与国债期货的关系

人民币国际化与国债期货同样存在着相互关联和互为促进的关系。人民币国际化有助于带动中国国债市场的发展,并进而助推国债期货市场的发展;反之,国债期货市场的发展同样有助于推动人民币国际化的进程,并在人民币国际化的过程中发挥重要的作用。

人民币国际化意味着人民币将在全球日益发挥计价单位和交换媒介的功能,并逐步成为全球性的储备货币,这一过程将对中国国债市场和国债期货市场产生重大且深远的影响。其作用可以概括为以下几点:

第一,人民币国际化将引起中国国债市场和中国国债期货市场的需求主体发生显著变化。随着人民币国际化程度的提高,境外政府、央行、货币当局以及养老基金、商业银行和保险公司等大型机构投资者将对人民币国债和国债期货投资产生巨大的需求,外国投资者将成为中国国债的重要购买方,从而改变中国国债市场

---

① 余永定:《过早资本项目全面开放是在根本性问题上犯颠覆性错误》,《经济导刊》2015年第9期。

的主体结构。

第二,人民币国际化将引起中国国债市场和国债期货市场需求量的变化,有助于中国做大、做强国债市场和国债期货市场。当今全球资本配置的安全性资产主要集中在美元、欧元和日元国债,以及黄金等少数资产上。随着人民币储备功能的增强,各国央行和货币当局将增加对人民币金融资产的投资,特别是流动性和安全性都可以得到保证的国债将成为其重点投资对象。受此影响,人民币国债的发行规模会逐步扩大,发行频率会逐步提高,进而带动国债期货市场的发展。一旦人民币国债成为各国增加配置的重要品种,人民币国债市场和国债期货市场将成为全球具有影响力的市场。

第三,人民币国际化将引起中国国债市场和国债期货市场的定价格局发生显著变化。随着外国投资者对人民币国债市场投资的增加,中国利率和人民币汇率的联动性会明显加强,利率平价的作用会逐渐显现出来。同时,中国国债收益率与全球其他主要国债市场收益率的联动性会明显上升,这可能导致人民币国债收益率向美国、欧盟和日本的国债收益率靠拢,从而使人民币国债的定价格局发生变化。同时,随着外国投资者的增加,人民币国债市场和国债期货市场参与主体的风险偏好有可能发生变化。

在人民币国际化这一大背景下,随着外国投资者参与中国国债市场程度的提高,外国投资者利用国债期货市场进行风险管理的需要将会上升,这一需要将会带动国债期货市场的发展。从发达经济体金融衍生品市场的发展情况来看,其国债市场和国债期货市场的发展具有相互促进的作用,国债市场的发展可以带动国债期货市场的发展,反过来,国债期货市场对促进本国债券市场的发展也可以起到极大的推动作用。

根据国际清算银行(BIS)和美国期货业协会(FIA)的统计,2012 年全球利率期货交易约占全球各类金融期货交易金额的 90%,其中国债期货交易量占利率期货的比例超过 45%。[①]2001 年以来,10 年期国债期货品种取代 30 年期国债期货成为芝加哥期货交易所(CBOT)成交量最大的品种,这也是全球利率期货市场最活跃的交易品种之一。国债期货通过其风险管理功能、多样化的交易策略以及灵活的

① 潘清、陈云富:《全球国债期货市场发展迅猛 中国不再“缺席”》,新华网,2013 年 9 月 6 日。

产品创新促进了国债现货的发行,提高了国债现货的市场流动性。总之,国债期货市场有助于拓展国债现货市场的广度和深度。

从另一个视角来看,国债市场的活跃也有助于促进国债期货市场的发展,国债市场的规模越大,国债期货市场的发展潜力就越大。这是因为为了回避国债价格的变动风险,国债市场的投资者需要利用期货进行套期保值,这一需要将促进国债期货市场的发展。近年来,随着人民币作为储备货币功能的不断增强,境外政府、央行和货币当局将会增加对人民币国债的投资,而这一投资将会带动中国国债期货市场的发展。

最后,值得强调的是发展国债期货市场也有助于加速人民币国际化进程,国债期货市场对人民币国际化的推动作用表现在以下几个方面:

第一,发展国债期货市场将有助于推动利率市场化改革,而高度市场化的金融体系有助于吸引外国投资者进行人民币资产的投资。中国当前的利率市场化改革还在推进过程中,金融市场需要一个能够作为存贷款定价依据的基准利率体系,即需要形成一条透明有效且市场公认的基准利率收益率曲线。国债期货市场有利于提高国债现货市场的流动性和稳定性,促进形成较为合理的国债利率体系。国债期货的价格走势可以充分反映基准利率收益率曲线,国债期货可以通过价格发现功能促进国债市场形成市场化的利率定价机制,从而推进利率市场化进程。

第二,发展国债期货市场将增强境外投资者参与人民币金融资产交易的积极性。在人民币国际化进程中,境外投资者对人民币金融资产投资的需求会逐步增大,而国债期货市场有助于降低境外投资者持有人民币金融资产的风险,因而有助于其扩大在中国境内的投资。

第三,发展国债期货市场将有助于提高人民币作为储备货币的地位。实证研究表明,一国货币是否能够成为国际储备货币在很大程度上取决于该国国债市场的规模,这是因为具有深度和广度的国债市场能够为境外货币当局提供储备资产,从而使该国货币有条件充当国际储备货币。美元之所以能够成为主要国际货币,在很大程度上是因为受惠于其成熟的国债市场。从人民币国际化的视角来看,发展中国国债期货市场可以促进国债现货市场的发展,并且可以降低境外货币当局持有中国国债的风险,因而有助于人民币成为国际储备货币。

第三节
发展国债期货市场的对策建议

全球各主要发达经济体的资本市场经过多年发展,已逐步从单纯的投融资市场转向资产管理、流动性管理和风险管理市场,并不断强化了资产定价功能。在以上变化中,金融衍生产品市场,尤其是国债期货市场发挥了十分重要的作用。自美国于 1976 年推出全球第一个国债期货以来,国债期货市场作为金融衍生品市场的一个重要分支,在建立市场化的定价基准,引导资源优化配置,为各类市场参与主体提供多样化的风险管理工具方面发挥了积极的作用。

与发达国家相比,中国的国债期货市场存在滞后发展的问题。中国恢复国债期货交易后,从市场发展的情况来看,市场规模增长有限,功能未能得到有效发挥,这既与国债期货品种相对较少有关,也与利率尚未完全市场化有关,另外,国债期货市场未能对境外投资者进行开放也是妨碍其发展的不利因素之一。鉴于以上问题,我们对国债期货市场的发展提出以下对策建议。

一、通过改革开放促进国债期货市场的发展

首先,为了加速国债期货市场的发展,中国首先需要加快利率市场化的进程。利率市场化是发展国债期货市场的基本条件之一,因为只有在利率市场化的环境下,才存在利用国债期货进行套期保值的需要。从现实情况来看,中国利率市场化的进程正在加快,固定收益类资产避险的需求将会增加,国债期货的利率避险功能将会得到更多经济主体的青睐。

其次,通过人民币国际化促进国债期货市场的开放。人民币国际化的速度正在加快,境外投资者拥有人民币金融资产的规模在不断增加,外国企业和金融机构在人民币贸易账户的资金已经被允许进入银行间市场,中国国债已经成为他们持有中国金融资产的重要载体。随着境外投资者大量进入中国国债市场,其参与国债期货市场以规避利率风险的需求也会增加,在这一大背景下,中国应该尽快对境

外投资者开放国债期货市场。

再次，利用自由贸易区资本项目开放试点，促进中国国债期货市场的发展。国家允许上海自由贸易区进行资本项目开放试点。上海自由贸易区应该利用这一政策优势要求相关监管部门对上海自由贸易区内的外国企业开放人民币国债期货市场。优先让上海自贸区的外国企业投资国债期货市场应该提上紧急的议事日程。在上海自由贸易区积累经验的基础上，逐步对境外投资者开放人民币国债期货市场。

最后，为离岸人民币市场参与者打开境内国债期货市场的大门，为其提供回避利率变动风险的工具。近几年，境外离岸人民币市场加快了发展速度，不仅离岸市场的人民币存贷款规模在不断增加，而且离岸人民币债券业务也已经粗具规模，甚至一些国家政府也开始尝试发行人民币债券，如 2014 年 10 月英国政府在伦敦发行了 10 亿元的人民币国债。随着离岸人民币市场规模的不断增加，在境外持有人民币资产的境外投资者也会设法利用国债期货进行利率风险的管理。如果中国的国债期货市场不对离岸市场的投资者开放，那么就会在境外离岸市场形成一个新的人民币离岸利率期货市场。现在新加坡已经有了人民币利率互换产品，未来不排除新加坡或者中国香港也开辟人民币国债期货交易平台，如果出现这种结局，以在岸市场为主导的人民币利率形成机制就会遭到干扰，这一状况不利于人民币国际化的发展。

二、吸取发达国家发展期货市场的经验和教训

对中国来说，稳健推进国债期货市场发展的重要路径之一是借鉴发达国家发展期货市场的经验和教训，这是因为发达国家的国债期货市场已经有近 40 年的历史，学习发达国家成功的经验和避免发达国家失败的教训，有助于中国国债期货市场少走弯路，避免付出不必要的代价和学费。

在总结发达国家经验和教训的基础上，王正超指出，健全的国债期货市场至少应具备的条件包括：国债供给稳定，可避免期货价格偏离现货行情；国债二级市场活跃，要促进国债交易商积极进行交易；利率不稳定，利率变动程度越大，套期保值的需求也就越大，国债期货就越受欢迎。[①]应该说，欧美等发达经济体国债期货市

① 王正超：《国外国债期货市场发展的经验及启示》，《新金融》1994 年第 6 期。

场的发展轨迹,基本上符合上述结论。

美国早在1976年即推出了3个月期的美国短期国债期货交易,由于当时市场利率变化较快,利率市场的不稳定使得套期保值的需求迅速扩大,投机者也在提供流动性、分担风险的同时获得了收益。因此芝加哥商业交易所(CME)旗下的国际货币市场(IMM)在推出短期国债期货交易后,获得了成功。之后1977年美国又推出了长期国债期货合约。CBOT分别于20世纪70年代末、80年代初连续推出了5年期、10年期、2年期的国债期货合约。在这些期货合约推出后,美国的国债期货市场具备了多层次的产品结构,发展成为一个以短期、中期和长期3种合约为主导的市场,为各类机构和投资者提供了多种避险、投资以及风险管理的工具。同时,美国的国债期货市场也成为全球主要的金融衍生品市场。

而美国国债期货市场的成功,也促使欧盟相关国家,以及日本、澳大利亚等国家纷纷推出不同种类的国债期货合约。20世纪80年代,英国国债的发行利率基本实现了市场化,国债在二级市场的流通收益率也实现了市场化,国债收益率曲线基本形成。1982年,英国在伦敦国际金融期货及期权交易所(LIFFE,已被洲际交易所ICE收购)推出了英国财政部发行的金边债券期货,还推出了包括美、德、日等国在内的国债期货产品。由于英国的利率管理实现了市场化,同期英国国债市场发行充足,利率的波动频率和波动幅度的变化刺激了大量资金进入市场,推动英国国债期货成为当时LIFFE最活跃的品种,市场活跃度和市场规模迅速提高和扩大,国债期货市场的价格发现功能和风险管理功能都得到较好的发挥,市场得到快速的发展,同时英国国债期货市场的发展强化了伦敦作为国际金融中心的地位。如前所述,英国推出了其他国家的国债期货,但是由于在英国国内这些期货产品对应的现货市场不发达,市场活跃度和规模都远远无法与英国国债期货相比。从英国国债现货市场和国债期货市场的发展情况来看,当政府实行扩张性财政政策时,受国债现货供给增加的影响,国债期货的交易规模都会相应增加。另外,1992年英国货币危机蔓延至利率市场,利率变动风险的上升也极大促进了国债期货市场的发展。

另外,欧盟重要成员国德国于1990年上市了长期德国国债期货,之后陆续推出了中期、短期和超长期国债期货,从而较快形成了其国债期货的收益率曲线,这些产品上市之后都获得了成功。在欧元诞生之后,德国长期欧元债券期货合约的成交最为活跃。德国国债期货的成功，逐步取代了 LIFFE 推出的德国国债期货合约，迫使 LIFFE 于 1998 年将其德国国债期货合约退市。经历欧元区币种的转换，原以德国马克计价的国债期货逐步被以欧元计价的国债期货所取代，后者成为欧元区利率风险管理的主要工具，是全球金融衍生品市场规模最大的期货合约之一。从德国的实践来看，一国强大的综合实力是期货市场发展的基础，德国国债期货市场的成功既离不开其早已市场化的利率市场和国债市场，更离不开其雄厚经济实力的支撑。

三、以资本项目开放和人民币国际化推动国债期货市场的发展

1. 积极稳妥地推进资本项目开放

资本项目开放有助于中国国债期货市场的发展，但是这并不意味着资本项目开放程度越高越好，也不意味着中国必须全面开放资本项目。中国所需要的资本项目开放是符合中国国情的、有助于中国实现利益最大化的开放。

在当今世界，所有国家的资本项目开放都是相对意义上的开放，而非不受任何约束的绝对意义上的开放。实现资本项目开放是指按照国际货币基金组织的要求，达到基本开放的状态。一般来说，发达国家的资本项目开放程度要高于新兴市场国家和发展中国家的开放程度，这是因为发达国家的经济发展程度和发展阶段要高于新兴市场国家和发展中国家，因此前者抵御金融开放风险的能力要高于后者。中国正处于经济结构转型的重要阶段，作为世界上最大的发展中国家，中国必须根据自身经济、金融发展的需要，采取自主渐进、次序合理的方式稳妥推进资本项目开放。

斯蒂格利茨指出："金融危机的教训告诉我们，市场不会自我监管，政府应该承担起监管责任。中国领导者的挑战在于设计一套符合自己发展阶段的有效的监管体系。"①他同时明确建议："对资本和金融市场的自由化要谨慎，绝对不能够操之过急。同时要保持强有力的监管体系。货币的国际化其实并不是那么重要，尤其

① 潘凌飞：《诺奖得主斯蒂格利茨：中国的症结在于市场太多，政府太少》，《华尔街见闻》2014 年 5 月 9 日。

是将它和国际或者国内的经济稳定发展相比，所以必须要充分了解潜在的风险，才来逐步的推进货币的国际化。”①

因此，人民币资本项目开放，一定要结合中国的实际情况，明确开放进程的基本原则和路径，遵循先长期资本后短期资本、先资本流入后资本流出、先金融机构后其他机构和个人、先发行市场后交易市场、先债券市场后股权市场再衍生品市场的顺序进行。与资本交易无关的外汇兑换交易可放到最后，投机性很强的短期外债项目可以长期不开放。资本项目开放要根据国内国际政治经济金融环境的变化审慎推进，相机决策，合理调整，以促进经济发展、平衡国际收支、确保物价稳定为目的，确定资本项目管理的侧重点，并综合采用协调有效的财政政策和货币政策推进资本项目的有序开放。

在对外开放进程中，必须建立健全资本项目开放的法律体系，并借鉴发达经济体的管理体制和行之有效的管理方法，通过市场手段和政府干预相结合，对其进行有效引导和管理，以价格型管理代替数量型管制。同时不断加强金融市场建设，增强市场活力，实现国家经济实力的稳步增强。在中国经济发展水平接近发达国家的阶段，最终实现资本项目的全面开放。

2. 加快人民币国际化进程

如前所述，加快人民币国际化也是推进中国国债期货市场的重要动力之一。人民币国际化的重要内容之一是让外国投资者参与中国境内的人民币金融产品交易，其中也包括参与中国国债期货市场的交易。从这一视角来看，人民币国际化不仅有助于做大人民币国债期货市场，而且还有助于提高中国国债期货市场的国际化程度。

与资本项目开放一样，人民币国际化同样需要遵循一定的原则和路径。具体而言，人民币国际化需要遵行周边化，区域化（如亚洲化）和全球化的发展路径。对此学者有较多论述，不再赘述。另外，就人民币国际化的顺序而言，需要遵行经常项下人民币国际化优先于资本项下的人民币国际化，人民币跨境直接投资优先于人民币跨境债券投资，人民币跨境债券投资优先于人民币跨境借贷投资的顺序。

---

① 段丹峰：《斯蒂格利茨：对资本和金融市场的自由化要谨慎》，中国经济网，2014 年 3 月 23 日。

在以人民币国际化促进中国国债期货市场的发展进程中，首先需要为外国投资者开放套期保值业务，杜绝无序投机和过度投机交易。防止外国金融机构和个人通过非法手段，恶意操纵市场价格，破坏正常的市场秩序。另外，在总量管理方面，要防止外国资本的大进大出，以避免引起国债价格和国债期货价格的暴涨和暴跌。在监管方法上，需要强化综合经营监管，实现新型金融业态监管的全覆盖；强化跨行业跨市场的金融监管；构建集中统一的货币支付清算和金融产品登记、托管、清算和结算系统；建设中央金融监管大数据平台，加快金融监管转型，确立以资本约束为核心的审慎监管体系。①

3. 保持资本项目开放和人民币国际化与国债期货的协调发展

从人民币国际化的需要来看，中国人民币国债期货市场除了需要不断增加交易品种外，也需要及早考虑对外开放事宜。在人民币国债期货市场还没有对外开放的情况下，人民币国债市场的对外开放只能是局部和有限度的开放。

为了提高人民币作为国际储备货币的地位，中国有必要首先对外国政府、外国央行和境外货币当局同时开放国债市场和国债期货市场。外国政府、外国央行和境外货币当局是外汇储备资产的主要投资者和持有者，只有同时向其开放国债市场和国债期货市场，才有可能快速提高人民币的国际储备货币地位。

同时，还可以借助于 QFII 和 RQFII 机制，对境外投资者开放人民币国债期货市场。允许 QFII 和 RQFII 参与国债期货交易，对持有中国国债的境外投资者提供期货套期保值的工具。对境外投资者开放国债期货市场，为其提供保值工具，可以降低其投资中国国债市场的风险，因而可以提高其进行人民币国债投资的积极性，而来自境外的投资不仅有助于中国做大、做强国债期货市场，而且还有助于提高中国国债期货市场的国际化程度。

在对境外投资者开放国债期货市场的进程中，为了有效防控风险，可以将 QFII 和 RQFII 购买国债期货合约的仓位与其投资的国债仓位相联系。比如允许空头期货合约的仓位等于其持有现货国债数额的 2—3 倍，以避免境外机构大规模买卖期货合约进行投机性操作。中国期货市场风险控制的漏洞主要在于忽视了对

① 周小川：《深化金融体制改革》，《人民日报》2015 年 11 月 25 日。

合约持仓仓位的有效控制。期货交易所往往只着眼于保证金是否交足、涨跌停板是否合理等微观层面的风险控制，而没有对投机性仓位进行有效的限制。在2015年的“股灾”中，股指期货空头交易的助跌影响就说明了这一点。因此，建议在国债期货市场的开放过程中，必须严格地限制过度投机和市场操纵行为，保证国债期货市场不会对人民币利率和国债现货价格产生严重的冲击。

由于国债现货市场和期货市场存在着较强的联动性，市场风险会相互影响和转移，机构和个人可以利用两个市场进行价格操纵，因此，需要建立现货、期货市场的联合监管机制，有效防范可能出现的跨市场风险。

为了防止开放国债期货市场可能出现的风险，我们建议深入完善适应现代金融市场发展的金融监管框架，积极推动金融市场的集中统一监管模式，推动以防范金融风险为核心的金融监管体制改革。为了防止市场价格的大起大落，中国有必要建立国债交易平准基金，由中国人民银行注资成立和管理，既作为货币政策调控的辅助手段，又作为平抑国债价格波动、控制国债期货投机的手段。

最后，值得强调的是，推动国债期货市场的发展不仅有助于完善国债市场的功能，为国债投资提供风险管理的工具，而且也是促进人民币国际化的重要抓手之一。而连接国债期货市场与人民币国际化的桥梁是资本项目开放，因为只有推进资本项目开放，让境外投资者进入中国国债期货市场，国债期货市场才能服务于人民币国际化的战略目标。

第六章
2015年“股灾”对国债期货市场发展的启示

金融期货市场是上海国际金融中心的核心市场之一，也是未来上海国际金融中心发展的增长点之一。然而，2015年年中受“股灾”的影响，以股指期货为核心的上海金融期货市场遭受重创。面对这一局面，笔者认为，为了提升上海国际金融中心的地位和影响，上海有必要吸取2015年“股灾”的教训，稳健推进国债期货市场的发展，把发展国债期货市场作为重振上海金融期货市场的突破口。

第一节
上海金融期货在“股灾”中遭受重创

2010年4月16日，中国股指期货正式上市交易，此后在短短5年多的时间里，股指期货的井喷式发展成为上海国际金融中心的一道亮丽风景。2014年全年，中国期货交易量为291.99万亿元人民币，其中金融期货交易量164.01万亿元，占比为56.2%，而中金所沪深300股指期货交易量为163万亿元，占金融期货的比重高达99.4%。由此可见，到2014年年底，股指期货已经成为期货市场的绝对主力军，仅沪深300股指期货的交易量就超过了所有商品期货的交易量，而且占所有期货交易量的55.8%。世界上几乎没有一个国家的股指期货交易量能够在如此短的时间内，获得如此快速的增长，并且能够在期货市场占据如此重要的地位。

但是，2015年年中，中国股指期货在一场史无前例的“股灾”中走向了盛极而衰的路。

2014年7月以后，中国股市迎来了一场久违的快牛行情。2014年3月12日上证指数跌至年内低点 1 974 点，此后在 2 000 点左右横盘整理，7 月 22 日正式拉开了新一轮牛市的序幕。如果以 2 000 点作为这一轮牛市的起点计算，从 2014 年 7 月的 2 000 点到 2015 年 6 月的 5 178 点，上证指数的上涨幅度高达 159%，创业板指从 1 255 的低点上涨到 4 037 的高点，上涨幅度高达 221%。随着股市价格的上涨，沪深两市的成交量急速膨胀，从 2014 年上半年日均 2 000 亿—3 000 亿元的规模急速增加到超过 1.5 万亿元的规模。

但是，2015 年 6 月中旬以后，中国股市开始陷入自由落体式的暴跌。6 月 12 日(星期五)上证指数达到 5 178 点的高点，6 月 13 日和 14 日是周末休市日，而在 6 月 15 日(星期一)，即在本轮高点的下一个交易日，中国股市随即拉开了暴跌的序幕。到 8 月 26 日上证指数下跌到 2 850 点，下跌幅度高达 45%。创业板指数从 6 月 4 037 的高点下跌到 9 月 1 779 的低点，下跌幅度高达 56%。从中国 A 股遭受的损失来看，沪深两市总市值蒸发约 28 万亿元，相当于 2014 年中国 GDP 总值的 45%。

这场“股灾”的重要特征之一是连续出现千股跌停的奇观。在“股灾”期间，两市经历了 16 次“千股跌停”的悲壮场面。在一些跌幅较大的交易日，跌停板和停牌公司的股票数占 A 股的比重高达 90%以上，可正常交易的股票不足 10%。在这一状况下，由于绝大部分股票无法交易，投资者无法兑现，由此造成了股市的流动性枯竭和大量被动违约，资本市场的功能几乎处于瘫痪状况。

在这场“股灾”发生后，沽空股指期货的投机性交易引起了社会的广泛关注。在这场“股灾”中，股指期货交易量激增，日交易量增加到 3 万亿元以上，其规模远超现货交易。股指期货指数的暴跌引领现货指数的暴跌，发挥了助跌作用，从而助长了“股灾”的发生。鉴于股指期货市场领跌现货市场，股指期货价格的下跌成为股指下跌的风向标，为了稳定资本市场，中金所不得不采取严厉的措施阻止股指期货的做空交易。在股市暴跌的过程中，随着做空动能的加大，中金所强化了对股指期货交易的限制。相关限制措施分几次出台，其内容呈现出逐步加码的趋势。以下是这些措施的主要内容：

7 月 6 日，中金所发布《关于进一步加强股指期货交易监管的通知》，自 2015 年 7 月 7 日起，决定对中证 500 指数期货客户日内单方向开仓交易量限制为 1 200 手。

此后,监管部门于8月26日和8月28日先后两次进一步强化了对股指期货交易的限制。

8月26日推出的限制条款包括以下三点:

第一,自2015年8月26日起,将沪深300和上证50股指期货各合约的非套期保值持仓的交易保证金,由此前合约价值的10%提高到12%,将中证500股指期货各合约的非套期保值持仓的买入持仓交易保证金,由此前合约价值的10%提高到12%。自2015年8月27日结算时起,将沪深300和上证50股指期货各合约的非套期保值持仓的交易保证金进一步提高到合约价值的15%,将中证500股指期货各合约的非套期保值持仓的买入持仓交易保证金进一步提高到15%。自2015年8月28日起,将沪深300和上证50股指期货各合约的非套期保值持仓的交易保证金再进一步提高到合约价值的20%,将中证500股指期货各合约的非套期保值持仓的买入持仓交易保证金再进一步提高到20%。

第二,调整沪深300、上证50和中证500股指期货日内开仓限制标准。自2015年8月26日起,将客户在单个股指期货产品、单日开仓交易量超过600手的认定为“日内开仓交易量较大”的异常交易行为,进一步加强异常交易行为管理。日内开仓交易量是指客户单日在单个产品所有合约上的买开仓数量与卖开仓数量之和,套期保值交易的开仓数量不受此限。

第三,提高股指期货日内平仓手续费标准。自2015年8月26日起,将股指期货当日开仓又平仓的平仓交易手续费标准调整为按万分之一点一五收取。

8月28日的限制措施包括:

第一,自2015年8月31日起,对沪深300、中证500、上证50股指期货各合约单日开仓交易量超过100手的,认定是单日开仓交易量较大的异常交易行为,而此前认定标准是600手。

第二,自2015年8月31日结算时起,将沪深300、中证500、上证50股指期货各合约,非套期保值持仓的交易保证金全部调整为合约价值的30%。

9月2日,鉴于股市价格的波动,中金所又进一步强化了对股指期货交易的限制,其内容包括:

第一,调整股指期货日内开仓限制标准。中金所决定,自2015年9月7日起,沪深300、上证50、中证500股指期货客户在单个产品、单日开仓交易量超过10手的构成“日内开仓交易量较大”的异常交易行为。日内开仓交易量是指客户单日在单个产品所有合约上的买开仓数量与卖开仓数量之和。套期保值交易的开仓数量不受此规定的限制。

第二,提高股指期货各合约持仓交易保证金标准。为切实防范市场风险,通过降低资金杠杆抑制市场投机力量,自 2015 年 9 月 7 日结算时起,将沪深 300、上证 50 和中证 500 股指期货各合约非套期保值持仓交易保证金标准由此前的 30%提高至 40%,将沪深 300、上证 50 和中证 500 股指期货各合约套期保值持仓交易保证金标准由此前的 10%提高至 20%。

第三,大幅提高股指期货平仓手续费标准。为进一步抑制日内过度投机交易,自 2015 年 9 月 7 日起,将股指期货当日开仓又平仓的平仓交易手续费标准,由此前按平仓成交金额的万分之一点一五收取,提高至按平仓成交金额的万分之二十三收取。

从以上措施来看,作为应对“股灾”发生的对策,中金所主要采取了提高交易保证金、限制单日开仓交易量和提高交易手续费等措施。受以上这些监管措施的影响,中金所股指期货交易急剧萎缩,交易量一度减少了 99%,股指期货市场几乎陷入瘫痪状态。限制沽空期货交易的措施主要发挥了以下两方面的作用:一方面,通过减少股指期货空单遏制和削弱了做空动能;另一方面,强力度的对策对部分投机者起到了震慑作用。在以上对策出台后,股市价格开始趋稳,“股灾”落下了帷幕。尽管不能把“股灾”的平息完全归功于限制股指期货的措施,但是可以肯定的是这些措施对于平息“股灾”起到了积极的作用。

对监管部门的以上措施,市场出现了各种不同的评价。这些评价可以概括为以下几种观点:

第一,权宜之计论。这一观点认为,中金所对股指期货交易所采取的限制措施是保护股指期货的权宜之计。鉴于社会舆论对股指期货助跌作用的非难,股指期货交易面临被取缔的风险,为了避免出现这一最坏的结局,中金所自废武功,采取了断臂求生的策略。1995 年的“327”国债事件曾导致中国政府取消国债期货交易。受此影响,中国第一个金融期货品种宣告夭折。鉴于这一历史教训,在 2015 年的“股灾”中,为了避免历史的重演,中金所不得不采取严格的措施限制股指期货交易。

第二,限制股指期货有益论。这一观点认为相关部门采取限制股指期货交易的举措对于平息“股灾”发挥了积极作用。这一观点的立足点是:做空股指期货确实助长了“股灾”的发生。在“股灾”发生期间,股指期货的交易量过于庞大,现货交易必然会受制于股指期货的变化。一旦做空动能占据上风,沽空股指期货的交易可以获得一本万利的收益,受巨大超额利润的驱动,整个市场将会向空方倾斜,多空失衡,其结果必然会引起现货市场的崩盘。在当时的情况下,股指期货的下跌领先于现货指数的下降,因此市场参与者通常根据股指期货的变化进行现货交易。这一事实也表明股票现货价格的下跌在很大程度上起因于股指期货的下跌,因此为了阻止股票价格的暴跌首先需要阻止股指期货指数的下跌。基于以上判断,为了防止系统性风险的发生,政府有必要限制沽空股指期货的投机性交易。

第三,限制股指期货有害论。这一观点认为在“股灾”发生期间,限制股指期货交易不仅无助于稳定股市,反而加速了股市价格的暴跌。其逻辑是,在限制股指期货交易的情况下,由于投资者无法利用股指期货对冲风险,所以只能卖出现货止损出局,因此该观点认为限制股指期货的措施反而加速了股价的下跌。另外,该观点认为政府利用行政手段干预股市扭曲了市场机制、助长了道德风险,因此不利于资本市场的长期发展。

在以上3种观点中,第一个观点误读了政府出台政策限制期货交易的真正目的。首先需要强调的是,限制期货交易并不是中金所擅自做出的决定,而是在证监会的指导下出台的政策,因此不存在中金所为了保护自身利益,采取“自废武功,断臂求生”的问题。但是,在这次“股灾”中,政府监管部门没有废除股指期货,而是采取了限制交易种类、交易金额和提高交易成本的政策,这一做法本身反映了政府监管部门的两个重要意图,一方面,政府监管部门认为股指期货交易是助长“股灾”的诱因之一,因此采取了限制股指期货交易的对策;另一方面,为了保护金融创新的成果,政府监管部门没有终止期货交易,而是采取了限制其沽空交易的对策。

另外,上述第三个观点也值得商榷。如上所述,该观点认为由于投资者无法利用股指期货对冲风险,所以只能卖出现货止损,由此引发了现货股价的大跌。但是,这一观点忽视了以下两个重要的事实:其一,从监管部门采取的对策内容来看,监管部门并没有限制套期保值业务，而是限制了非套期保值期货交易；其二，在股指期货交易中，套期保值只占很小一部分交易，这部分交易即使转为现货出售，其压力也非常有限。

套期保值一般用于以获得股息为目的的投资，只有通过套期保值交易确定买入和卖出股票的价格，投资者才能锁定股息收入。但是中国股市除一部分金融蓝筹股外，大部分股票的股息率都相对较低，平均股息率远远低于银行存量，因此在这种状况下，多数投资都以获得价差收益为目的。这类投资在一般的情况下不会进行套期保值交易，因为套期保值交易无法获得价差收益。正因为如此，在“股灾”期间，绝大部分期货交易卖盘都属于投机性交易而非套期保值交易，投机性交易者手中没有现货，因此限制这部分交易不会形成现货市场的抛售压力，相反这一政策可以通过阻止股指期货价格的下跌，缓解现货市场的抛售压力。因此有利于股市的稳定。

不过，不能否定的是，在“股灾”期间，一些以获得价差为目的的投机性交易也会临时面临套期保值的需要。对这部分套期保值交易进行限制同样有利于市场的稳定。在“股灾”发生后，一些持股规模较大的投资者无法迅速出售手中的股票，因此只能通过做空股指期货减少损失，这部分交易同样会对现货市场形成巨大的抛压。尤其在千股跌停的状态下，因为无法卖出手中的现货，因此所有可以从事期货交易的投资者都会设法通过卖出股指期货实现套期保值，这一羊群效应必然会进一步助长市场的恐慌情绪，因此限制这部分应急性套期保值交易同样可以抑制恐慌性卖盘。

在“股灾”期间，政府采取限制股指期货的对策是一种迫不得已的选择，在千股跌停，所有具备条件进行股指期货交易的市场参与者都想通过沽空股指期货获得暴利，或者通过卖出股指期货锁定损失的情况下，监管部门只能通过限制股指期货交易的办法，避免市场预期的进一步恶化。

尽管政府限制股指期货的政策对恢复市场信心起到了积极作用，但是，从对金融市场的长期影响来看，这一政策无疑对中国金融期货市场的发展带来了重创。有一点可以肯定的是，作为上海金融期货市场发展的标杆产品，中金所的股指期货交易在这次“股灾”中大伤元气，其正常功能的修复大概需要若干年的时间。1995 年因“327”国债事件关闭的国债期货市场，其再次启动是在 18

年后的2013年，这一经历表明金融衍生产品市场要治愈危机留下的创伤需要相当的时日。

第二节
重构以国债期货为主导的上海金融期货市场

面对股指期货市场可能出现的长期低迷，为了推动上海国际金融中心建设，上海需要为金融期货市场的发展寻求新的增长点，而这一新的增长点非国债期货莫属。

从国际经验来看，在相对成熟的国际金融中心，国债期货不仅是金融期货市场的核心产品，而且也是整个国际金融中心的主力产品。国际清算银行(BIS)的数据显示，截至2012年年底，全球利率期货成交量约占金融期货总成交量的90%，其中45%由国债期货贡献。另外，美国期货业协会数据显示，2013年美国金融期货成交量占整个期货交易的81.3%。其中，国债期货交易量占整个期货交易量的一半以上。

鉴于国债期货市场在其他国际金融中心的重要地位，2013年在中国国债期货交易正式推出后，许多市场人士推断：在不久的将来，中国国债期货的交易量将会超过股指期货。但是从实际情况来看，中国国债期货严重滞后于股指期货的发展。万得资讯的数据显示，2014年中国国债期货交易总金额为4 471亿元人民币，占全年金融期货交易的比重不足0.3%，相当于股市期货交易金额的0.3%。

一般而言，在全球期货市场，国债期货交易占金融期货交易的比重在50%左右，而中国国债期货占金融期货交易的比重不足0.3%，这是何等巨大的差距！这一巨大的差距，一方面反映了中国国债期货严重滞后发展的现状；另一方面，也反映了中国国债期货交易的基数较低，未来具有巨大的发展潜力。正是鉴于这一现状，上海应该把未来金融期货建设的重心放在国债期货上，通过国债期货市场的建设加速上海国际金融中心的发展。

如前所述，一旦金融衍生产品引发系统性风险，其功能的修复需要相当长的时日，这意味着股指期货交易的低迷有可能会延续几年甚至十几年的时间。因此，我们认为上海有必要通过发展国债期货市场尽快重振上海金融期货市场。现阶段，在金融监管部门对股指期货实施严格管制时期，中金所可以基于以下几点理由，优先发展国债期货市场。

第一，国债期货的市场风险远远低于股指期货。国债属于固定收益类产品，其价格波动相对较小，受这一特点的影响，国债期货价格的波动也相对较小，风险相对容易控制。与国债不同，股票属于非固定收益类产品，股票现货和股指期货价格都具有大幅度波动的特点。鉴于以上差异，不能简单地用股指期货风险否定发展国债期货市场的必要性。

第二，当前，中国国债期货市场面临规模过小、发展过慢的问题，而股指期货面临规模过大、发展过快的问题，因此国债期货面临如何加速发展的问题，而股指期货面临如何“安全减速”的问题。

中国最活跃的股指期货品种是沪深 300。2014 年，其年成交金额 163 万亿元，日均成交金额 6 659 亿元。从成交金额来看，沪深 300 股指期货已经是全球第二大股指期货产品。与以上股指期货的规模相比，中国国债期货的规模完全没有可比性。2014 年全年，中国国债期货成交金额 4 471 亿元，日均成交金额只有 33 亿元，两者都不到股指期货交易金额的 0.5%。

从以上比较来看，中国国债期货市场面临的主要问题是规模过小、发展过慢的问题，就这一点而言，与股指期货的发展存在根本性的不同。

第三，国债市场与股票市场的投资主体存在明显的差异，这一状况也决定了国债期货的风险要远远小于股指期货。

中国国债市场的交易主体是商业银行和其他机构投资者，商业银行持有 70% 左右的国债，因此当面对国债期货的过度波动时，具有较高的风险防范能力。与国债市场不同，中国股市的交易主体是普通老百姓，散户占总交易量的比重高达 80%。源自股指期货价格的波动有可能给普通老百姓带来巨大的损失，从而有可能引发一系列的社会问题。

从以上三个方面的比较来看，国债期货市场的风险要明显小于股指期货市场。而且中国国债期货市场存在规模过小、发展速度过慢的问题，鉴于这一现实情况，中金所有必要进一步加快国债期货市场的发展。

第三节
国债期货应该从“股灾”中吸取的教训

作为金融期货的两大主力产品，国债期货与股指期货不仅具有高度的相似性，而且两者的变动彼此相关。鉴于两者之间的这一关系，分析股指期货在“股灾”中扮演的角色，借鉴其经验和教训，将有助于中国国债期货市场的发展。

一、国债期货与股指期货的关系

国债期货与股指期货之间的联系不仅表现为其功能、作用和风险特征都非常相近，而且两者之间的变动也有着较高的相关性。鉴于两者之间的以上关系，吸取股指期货的经验和教训，对于中国发展国债期货市场具有十分重要的现实意义。

国债期货与股指期货构成了金融期货的两大主要内容。国债期货与股指期货的产生都源自价格的变动，其功能是为了回避由金融产品价格变动而引发的市场风险。无论国债期货，还是股指期货，都具有两面性，即一方面可以通过套期保值回避价格变动的风险，另一方面，可以利用高杠杆交易获得价格差价收入。后者被视为投机性交易。另外，以获得价格差价为目的的投机性交易也同样存在正反两个方面的作用，一方面投机性交易可以为套期保值交易提供对手盘，为市场提供流动性，从而有助于降低套期保值成本和促进套期保值业务的发展，但是，另一方面，在多空失衡的状况下，投机性交易有可能引起市场价格的大起大落，从而导致市场风险的上升。1995年的“327”国债事件和2015年的“股灾”都与投机性期货交易有着密切的联系。

尽管作为金融期货产品，国债期货与股指期货有着类似的风险，但是两者的风险程度有所不同。国债属于固定收益类产品，其价格波动相对较小，因此国债期货也具有价格波动相对较小，风险相对容易控制的特点。与国债不同，股票属于非固定收益类金融产品，其价格具有大起大落的特点，作为股票的金融衍生产品，股指期货价格也具有大起大落的特点，因此属于高风险金融产品。从中国的情况来看，由于国债期货和股指期货推出的时间相对较短，两者的风险差异表现得并不显著。然而从全球的视野来看，股指期货的风险要明显高于国债期货的风险。

另外，国债期货价格与股指期货价格的变动也存在一定的联系，这一联系反映了国债价格与股票价格之间的联系。在资金相对紧缺、只有存量资金运作的情况下，两者之间常常会呈现出跷跷板的联动关系，即在股指期货价格上升期间，国债期货价格会趋于下降，反之，会出现相反的变化。这是因为股票和股指期货价格的上涨会引起一部分国债市场资金流向股市，从而引起国债价格和国债期货价格的下降。反之股票和股指期货价格下降期间，避险资金会流向国债，从而引起国债和国债期货价格的上升。从现实情况来看，2014 年上半年中国国债期货价格与股指期货价格基本上呈现出跷跷板的走势。

然而，在增量资金较多、资金相对宽裕的环境下，国债价格和股票价格有可能实现同步的上涨，与此相对应，国债期货价格和股指期货价格也会同步走强。2015 年上半年基本上属于这种情况。但是，2015 年 6 月在发生“股灾”期间，随着市场流动性的枯竭，国债期货价格和股指期货价格同时面临下跌的压力。这是因为一方面，股市的恐慌情绪传递到债市，引发了债市的抛压。另一方面，在股市出现千股跌停的情况下，一部分面临资金困难的投资者只能通过出售国债应对流动性危机。在 2015 年年中的“股灾”中，以上两个因素诱发了股指期货和国债期货价格的下降。

二、国债期货发展可以从“股灾”中吸取的教训

由于人们普遍认为引发“股灾”的罪魁祸首之一是股指期货的做空机制，因此在“股灾”发生后，舆论和媒体对金融期货等金融衍生产品的态度趋于谨慎，这一变化也影响到对国债期货的评价。有一部分人认为，鉴于金融期货交易可能引发的潜在风险，中国应该谨慎推出这类金融创新，这一结论自然也波及国债期货的发展。

客观而论，国债期货与股指期货的风险程度有所不同，而且中国国债期货与股指期货的交易规模也不在一个层次，因此我们不应该简单地把股指期货的教训套用于国际期货。尽管如此，从发展国债期货市场的视角来看，这次“股灾”确实给我

们提供了一些值得参考的教训。

1. 金融期货应该设置逆周期装置

鉴于金融期货交易在多头市场中具有助长价格暴涨的作用，而在空头市场中具有助长价格暴跌的作用，为了弱化金融期货的这一负面影响，金融期货交易规则应该设置反周期机制，即在多头市场通过降低多方的资金杠杆抑制金融资产价格的暴涨，而在空头市场通过降低空方的资金杠杆抑制金融资产价格的暴跌。

从股指期货的交易杠杆情况来看，2014年7月以后随着中国股市进入多头行情，中金所开始提高股指期货的交易杠杆。8月29日，中国金融期货交易所发布修订后的《沪深300股指期货合约》《中国金融期货交易所沪深300股指期货合约交易细则》，将沪深300股指期货合约的最低交易保证金由12%下调为8%，沪深300股指期货持仓限额由600手上调为1 200手。同日，中金所发布《关于调整沪深300股指期货交易保证金的通知》，自2014年9月1日结算时起，沪深300股指期货所有合约交易保证金标准统一调整为10%。

降低最低保证金起到了提高杠杆的作用，即允许以更少的自有资金进行更大规模的股指期货投资。在多头市场中，以上调整无疑起到了助推股票上涨的作用。在2014年9月的时点，上证指数刚刚从2 000点回升到2 200点的位置，中国股市价值整体上处于低估状态，中金所出台这一政策有助于恢复股市的活力和信心。但是进入2015年3月以后，上证指数已经攀升到3 500点以上，随着股市价格的快速上升，股指期货的交易量迅速膨胀，股指期货价格成为引领现货价格上升的重要动力之一。在这一阶段，如果中金所能够及时提高交易保证金比率、降低股指期货持仓限额和提高交易手续费将有助于降低股市泡沫的形成速度，从而可以避免或降低“股灾”的负面影响。

另外，在“股灾”发生之后，多空失衡，A股转为空头市场，股指期货成为空方做空A股的主要工具。在“股灾”发生之初，如果中金所能够及时提高交易保证金比率、降低股指期货持仓限额和提高交易手续费，那么这一举措将有助于缓解“股灾”的程度和缩短“股灾”延续的时间。但是由于这次“股灾”来势凶猛，股价下跌的速度和幅度都远远超越了人们的想象，也超越了A股历史上所有的“股灾”。因此，中金所很难对“股灾”的严重程度做出精准的判断并进而迅速作出反应。

2015年6月中旬以后发生的“股灾”共经历了两轮下跌，中金所相继在二轮下跌接近尾声的时候推出了限制股指期货的措施，因此从时间上看，该措施的出台时间滞后于“股灾”发生的时间。

A股的第一轮暴跌发生在2015年6月中旬。2015年6月12日在达到此轮上涨的峰值5 178点后，股市于下个交易日，即6月15日拉开了下跌的序幕，第一轮调整延续到7月8日。在这一轮下跌中，上证指数从5 178点下跌到3 373点，下跌幅度为35%；创业板指数从3 919点下跌至2 304点，下跌幅度为41%。在股市第一轮下跌期间，中金所于7月6日晚间发布《关于进一步加强股指期货交易监管的通知》，决定自2015年7月7日起，对中证500指数期货客户日内单方向开仓交易量限制为1200手，对于涉嫌违法行为，将送报中国证监会进行调查。这次限制措施不涉及沪深300和上证50股指期货合约。

第二轮下跌开始于8月18日，并在8月26日跌至2 850点的年内低点。在这一轮下跌中，上证综指从4 006点下跌到2 850点，下跌幅度接近30%；创业板指数从2 720点下跌到1 843点，跌幅为32%。在这轮股市暴跌期间，中金所于“股灾”最后一天，即8月26日推出第二轮限制措施。此后，股市价格开始趋稳，并出现触底反弹的走势。为了避免再次出现股指期货价格暴跌的风险，中金所又于2015年9月7日出台新的措施强化了对股指期货交易的限制。在这之后中国股市逐步走出了“股灾”的阴影。

在中金所出台了限制股指期货的措施后，中国股市出现企稳迹象。从时间顺序来看，两者之间似乎具有明显的因果关系，尽管我们不能由此判断中国股市趋稳主要归功于限制措施的出台，但是市场参与者普遍认为股指期货限制措施的出台对稳定股市起到了积极的作用。

以上我们分析了股指期货与“股灾”的关系。这次“股灾”给国债期货的发展带来了怎样的启示呢？通过以上分析，我们不难发现一旦市场出现险情，市场监管者很难对危机的前景作出准确的预判，因此很难作出及时的反应。鉴于这一可能性，所有金融期货交易，其中包括国债期货和股指期货，都应该内设逆周期制动装置，即在金融期货产品价格上涨速率和下跌速率超过制度设定的最高速率时，市场能够自动启动内设的制动装置，以此阻止市场的过度波动。比如在周内涨幅或周内跌幅超过10%的情况下，或在月累计涨幅或月累计跌幅超过20%的情况下，通过制度安排自动启动限制措施，抑制助涨或助跌的非套期保值类投机性期货交易。具体采用怎样的逆周期制动装置可由监管部门和市场参与者在进行协商的基础上决定。这类市场内设的制动装置也许无法阻止危机的发生，但是至少可以降低危机的程度和缩短危机延续的时间。

2. 保持期货与现货在规模上的匹配

金融期货交易应该与现货交易在规模上保持一个合理的比例，要防止金融期货交易超过现货交易而产生的风险。1995 年的“327”国债事件和 2015 年的“股灾”，有一个共同特点，那就是期货交易规模远远大于现货交易规模，而且绝大部分期货交易属于投机性交易。在这种情况下，一旦出现黑天鹅事件或者出现金融资产泡沫，期货做空机制有可能给市场带来毁灭性的打击。为了防止出现这一结果，金融监管部门应该对非套期保值性期货交易的规模进行适当的限制。

从 2015 年“股灾”发生的情况来看，最活跃的股指期货品种是沪深 300，沪深 300 股指期货成为投机者沽空股市的主要工具之一。

沪深 300 股指期货起步于 2010 年，截至 2014 年 12 月 31 日，累计 1 144 个交易日，沪深 300 股指期货成交 6.11 亿手(单边)，累计成交金额 464.52 万亿元，日均成交 53.43 万手，日均成交金额 4 060 亿元。2014 年，沪深 300 成交量 2.2 亿手，成交金额 163.1 万亿元，日均成交 88.43 万手，日均成交金额 6 659 亿元。从单个产品的交易量和成交金额来看，在“股灾”发生前，沪深 300 股指期货已经是全球第四大和第二大股指期货产品。

在“股灾”发生后，沪深 300 股指期货的交易量急速上升。6 月 19 日，IF1507 总成交 192 万手，单个产品的成交金额达 2.78 万亿元。当天 A 股指数下跌 6.42%，现货成交金额为 6 854.6 亿元，其规模只占 IF1507 合约的 1/4。[①]从以上数据来看，在“股灾”发生期间，股指期货交易的规模要远远大于股市现货交易的规模，前者为后者的 3—4 倍，过于庞大的股指期货交易是助长股市暴跌的重要诱因之一。

1995 年的“327”国债期货事件也提示了同样的教训，即一旦投机交易占据上风，市场就会出现期货规模与现货规模的失衡，这一失衡表现为期货交易规模远远

① 《癫狂的 IF1507：一个日成交金额 3 万亿元的金融怪兽》，《21 世纪经济报道》2015 年 7 月 4 日。

超越现货交易规模,其结果将会把市场推向崩溃的边缘。在“327”国债期货事件中,该事件的主角万国证券在最后 8 分钟抛空“327”国债期货的规模多达 2 112 亿元,而“327”国债现货的规模只有 240 亿元,前者的规模是后者的 9 倍左右,这种非理性的赌博式投机最终断送了国债期货的命运。

就期货规模与现货规模的关系而言,从理论上讲期货交易的仓位不应大于现货的存量。一旦前者大于后者,通常会出现违约现象。从实物交割型期货交易中,我们不难发现这一道理。如果一种金融产品的期货持仓远远大于现货存量,在交割日交易者将无法提供足够的现货进行交易,这一结局意味着该交易将会出现违约。即使不进行实物交易而是进行差价结算,由于金融期货的杠杆率较高,因此在金融期货规模过于庞大的情况下,一旦价格波动幅度超过历史的平均水平,期货交易参与者也无法提供足够的资金进行结算,最后的结局也是违约。违约意味着丧失了信用,而大面积的失信将会对市场造成毁灭性打击。从以上分析来看,“327”国债期货事件的发生与制度设计的缺陷有着密切的联系,制度的设计没有考虑维持期货交易规模与现货存量之间的合理比率,制度上不存在能够有效控制期货规模的自控装置。

鉴于以上教训,在设计金融期货制度时,应该通过制度本身控制期货交易与现货交易规模的比率,当前者对后者的比率大于规定要求时,应该通过提高保证金、限制开仓交易量和提高手续费等方法限制投机性期货交易。

从使用期货交易的目的来看,期货交易可以分为以下三个种类:其一,为获得股息而进行的投资性期货套期保值交易。一旦进行套期保值交易,投资者就无法获得价差收入,只能获得股息收入,因此这类套期保值属于典型的投资性需要。其二,投机性期货套期保值交易。进行这类套期保值的市场参与者,在最初购买现货股票时并不是为了获得股息收入而是为了获得价差收入,因此在股票上涨阶段,不会进行期货套期保值交易,因为期货套期保值交易无法使他们获得价差收入。但是一旦现货价格下跌,这类市场参与者因为某种原因无法及时卖出现货时,将会利用期货进行套期保值。因此,在严格的意义上,这类期货套期保值属于投机性套期保值。其三,单边期货交易。与前两类期货交易者不同,单边期货交易者并不持有现货股票,其做多或做空股指期货是为了获得股指期货价格上涨或下跌的差价,这类期货交易与套期保值无关,属于典型的投机性交易。

从控制期货交易规模的视角来看，上述第一类投资性期货交易不应该成为限制的对象。在股指期货交易量过于庞大的时候，首先应该限制第三类期货交易，其次限制第二类期货交易。在对第三类期货交易进行限制的时候，需要根据多头市场和空头市场进行有差别的数量管理。

在对金融期货交易量和持仓量进行管理时，需要考虑投资需要与投机需要之间的平衡。在期货市场，适度存在的投机性交易可以为投资交易提供对手盘，为市场提供流动性，因此有利于市场的健康发展，正是基于这一逻辑，期货市场应该允许投机交易的存在。但是，这并不意味着投机性交易越多越好，投机交易越多市场就越健全。当期货交易过度膨胀，从而引起现货价格大起大落的时候，期货交易不仅无助于满足正常的投资需要，反而会有害于正常投资的进行。因此适度控制期货交易规模不仅不会妨碍期货市场发挥正常的功能，反而有助于期货市场的健康发展。

另外，在对金融期货交易量和持仓量进行管理时，还需要考虑中国国债期货与股指期货的差异。国债期货属于固定收益类产品，国债市场的参与者主要是为了获得国债的固定利息收入而购买国债。在利率实行管制的环境下，利率相对稳定，因此国债投资者对现货交易进行期货套期保值的意愿相对较低。未来在中国利率市场化的大背景下，国债市场投资者利用期货进行套期保值锁定利息收入的需要将会明显上升，这一需要属于投资性期货交易需要，该需要将会带动国债期货市场的发展。换句话说投资性期货交易需要是主导未来国债期货发展的主要动力。

与国债期货的以上特点不同，股指期货的发展动力在很大程度上源自投机性需要。在股票市场，为了获得股息而进行的期货套期保值属于投资性期货交易需要。但是就中国股市的现状而言，股息率远远低于国债和银行存款等无风险利率。股市属于高风险投资，高风险产品的收益率低于无风险利率，这一现状意味着在目前阶段中国股市不具有明显的投资价值，绝大多数交易者为了获得价差而进行交易，因此属于典型的投机性交易。

从2015年中国股息分配的情况来看，在19个细分行业中，股息超过2%的行业只有金融业和采矿业，其股息率分别为2.76%和2.15%，股息率超过1%的行业也只有两个，分别为电力、热力、燃气及自来水供应业和交通运输、仓储及邮政业，其股息率分别为1.68%和1.23%，在其余15个行业中，11个行业的股息率不及0.5%，另外4个行业的股息率高于0.5%，但是不及1%。2015年年底，中国商业银行的1年期定期存款利率在2%左右,两年期定期存款利率在2.5%左右,3年期定期存款利率在3%左右。比较中国的股息率和定期存款利率,我们不难发现投资者不大可能为了股息投资股票市场。作为例外,一些保险公司、社保和QFII等机构投资者有可能为了较高的股息率而投资中国的银行股和个别其他行业的蓝筹股,但是这属于个别现象。从总体上看,绝大部分中国股市参与者是为了价差来到这一市场,因此按照严格的意义进行界定的话,其交易属于投机性交易。既然股市的现货交易是以获得价差为目的的投机性交易,那么股指期货市场的交易也只能以投机性交易为主,这是因为,以价差为目的现货交易原则上不需要利用期货进行套期保值。

通过以上比较,我们可以得出的基本结论之一是,就中国未来金融期货市场的发展而言,国债期货市场有可能成为以投资性套期保值为主体的市场,而股指期货市场将继续延续以投机性交易为主体的市场。因此,金融监管部门在对国债期货和股指期货的规模进行监控的时候,有必要注意到这一差异,并采取不同的对策。应该采取积极鼓励投资性期货套期保值业务,严格规范和控制投机性期货交易的基本方针和政策。

3. 国债期货要防止高频交易风险

在2015年的“股灾”中,高频交易引发的风险成为了人们关注的焦点问题之一,这也是中国发展国债期货市场应该吸取的重要教训之一。当前,中国国债期货市场规模相对较小,机构投资者的参与程度相对较低,交易比较清淡,因此出现高频交易风险的可能性并不是很高。但是未来随着利率市场化的推进和国债期货市场开放程度的提高,国债价格的变动将会加大,中国国债期货市场必然会迎来交易量迅速扩大、参与主体急速增加和交易状况日益活跃的高速发展时期,届时高频交易风险将会成为国债期货市场面临的重要风险之一。鉴于这一可能性,中国国债期货市场的监管制度设计应该未雨绸缪,提前做好防范相关风险的准备工作。

从国内外的情况来看,高频交易引发市场价格暴涨暴跌的案例明显增长,这一现象与程序化交易的普及有着密切的关系。进入21世纪后,程序化交易开始在全球范围内迅速普及,其使用范围包括大宗商品市场、股市、汇市和国债市场等金融领域的现货和期货交易。

从发达国家的情况来看，国债期货是程序化交易最为普及的金融产品之一。美国商品期货交易委员会(CFTC)主席 Timothy Massad 指出：从美国的情况来看，目前程序化交易占到美国芝加哥交易所10年期国债期货交易的67%，金属和能源期货的交易至少占到50%。[①]在美国金融市场，国债期货的程序化交易之所以如此普及是因为国债期货交易在美国金融期货市场占据了主导地位，其占整个期货交易量的比重高达50%以上。程序化交易适合单一、同质和巨量的金融产品，而国债期货正好符合这一特点，因此为程序化交易普及提供了有利条件。

近几年，全球范围内频频发生的交易性金融事件都与程序化交易有着密切的关系。其中，高频交易是主要的肇因。在程序化交易中，高频交易不仅属于主导型交易，而且也是最具高风险特征的交易。如2010年5月的道琼斯工业平均指数暴跌事件，2011年6月的天然气价格暴跌事件、2012年8月的美国“骑士资本巨亏事件”，2013年8月在中国股市发生的光大证券乌龙指事件、2015年中国“股灾”期间发生的高频交易违规事件都在不同程度上反映了高频交易的高风险特征。

正是鉴于高频交易的高风险特征，高频交易一经产生，其存在的合理性就引起了国际社会的广泛争议，高频交易的使用者认为高频交易体现了高科技技术的进步，提高了金融交易的效率，因此应该鼓励高频交易的发展，但是随着高频交易事故的频发，近几年呼吁限制高频交易的呼声越来越高。正是在这一背景下，世界各国的金融监管当局开始出台政策加强对高频交易的监管。

美国政府早在2009年9月就对一些有失公平竞争的高频交易进行了限制，当时美国监管部门基于市场公平性的考虑提议禁止能使高频交易商提前数毫秒看到交易指令的闪电指令。此后，2012年9月，德国金融监管部门出台了全球第一部高频交易监管草案，其目的在于控制高频交易可能带来的风险，该草案分别于2013年2月、3月在德国众议院与参议院通过。[②]2015年10月美国商品期货交易委员会(CFTC)主席 Timothy Massad 表示，鉴于衍生品对现货市场影响越来越大，CFTC将采取史上严厉措施，限制期货市场中的高频、自动交易，以防止其对市场产生干扰。[③]2015年11月，CFTC正式出台政策加强对高频交易员的监管。《华尔街日报》指出：在经历一系列市场故障事件后，CFTC终于推进旨在加强电子化

---

①③ 江金泽：《美国将出史上最严厉措施监管高频交易》，《华尔街见闻》2015年10月22日。
② 张枕河：《欧美加强高频交易监管》，《中国证券报》2015年8月4日。

交易监管的计划。根据新规,约100家交易公司将被要求在CFTC备案,并遵守一系列风控举措,如建立“指令撤销系统”等。①

从中国的情况来看,尽管中国高频交易的起步要晚于发达国家,但是随着高频交易的普及,是否应该监管和限制高频交易问题也引起了广泛的争议。早在2012年,全国人大财经委员会副主任委员吴晓灵就提出对高频交易进行限制的主张,她认为虽然高频交易在技术上可以提高市场效率,但会使市场偏离价值投资的理念,因此中国股市不宜引入高频交易。②2015年在“股灾”发生后,鉴于高频交易助长了中国股市的暴跌,是否应该限制高频交易问题再度引起中国社会舆论的广泛关注。2015年12月31日,彭博报道,中国证监会可能于2016年针对高频交易出台严厉措施,限制频繁撤单行为。具体来说,如果一个账户提交的订单中取消比例超过40%,则可能每笔交易被收取2元手续费。中国是继美国后,第二个试图限制高频交易的大国。③

从以上情况来看,监管、规范和限制高频交易已经成为时代发展的潮流。正是在这一背景下,全球高频交易的发展近年来遇到了一定的阻力。世界交易所联盟(WFE)在2013年5月发表的一份报告中指出,尽管发展中市场的高频交易仍处在增长趋势中,但是发达国家高频交易的发展已经显露颓势,似乎已经走到了尽头。美国高频交易占总成交额的比例从2005年的21%升至2009年的61%,此后逐年回落,2012年占比为51%;欧洲也有类似情况,从2010年的41%下滑到2012年的39%。④从发达国家的情况来看,未来随着高频交易监管的进一步强化,其占交易总额的比重有可能进一步下降,但是高频交易本身不会退出历史的舞台,监管部门加强对高频交易的监管并不是禁止所有高频交易的使用,只是禁止违背公平、公正原则的高频交易,因此会让违规、违法交易退出历史的舞台。然而,就发展中国家的情况来看,高频交易仍处于起步阶段,其普及程度在到达发达国家水平之前,仍会延续快速发展的势头。

尽管高频交易引发了一些高风险事件,但是世界交易所联盟(WFE)认为不应

---

① 《美国针对高频交易推出监管新规》,《华尔街日报》2015年11月25日。

② 《吴晓灵:股市不宜引入高频交易》,《中国证券报》2012年5月18日。

③ 《中美“高频交易”监管新趋势:交易员需为撤单付出成本》,《华尔街见闻》2015年12月31日。

④ 李隽、张霞:《世界交易所联盟:欧美高频交易占比下滑》,《第一财经日报》2013年5月31日。

该以此全面否定高频交易存在的合理性。WFE指出:绝大部分的实证研究得出结论,高频交易对各种核心市场指标具有明显的有益影响,其中包括交易价差的收窄、市场流动性增加、更高效的价格形成机制、减少市场参与者的交易成本,而在大多数情况下高频交易也可以降低市场波动性。[①]因此,WFE认为不能一概否认高频交易存在的必要性,加强高频交易监管只是防范其可能存在的潜在风险。

从世界各国监督高频交易的内容来看,高频交易存在的问题主要表现在以下几个方面:

第一,妨碍公平竞争的问题。高频交易在信息利用,通道利用方面具有一定优势,从而在投资者之间造成了不公平竞争的问题,这一状况尤其会对中小投资者产生不利影响。美国禁止闪电指令的对策主要针对诸如此类的问题。

第二,由技术问题和操作失误导致的市场风险。高频交易是由计算机和软件自动化程序进行的超高速交易。因此一旦计算机或操作程序出现问题或发生操作失误会一瞬间引发金融产品价格的暴涨暴跌,进而引起一些企业的巨额亏损。从具体案例来看,2012年8月,美国最大的股票做市商美国骑士资本因遭软件技术故障,导致该公司向纽交所发出的股票交易指令出错,骑士资本由此巨亏4.4亿美元。[②]另外,中国股市在2013年8月16日出现的光大证券乌龙指事件也属于由高频交易引发的风险,当日早盘11点过5分,由于交易系统出现问题,计算机瞬间发出巨量买单,上证指数在一分钟内的涨幅超过5%。最高涨幅高达5.62%。以上这些案例都表明高频交易一旦引发风险,会对市场产生巨大的冲击作用。

第三,操纵市场进行违规交易的风险。在中国2015年的"股灾"中,高频交易暴露的主要问题是通过操纵市场、做空股市的问题。其中典型的案例是伊世顿股价操纵案。11月1日新华社报道伊世顿以680万元的初始资金,通过股指期货高频交易,非法获利20多亿元。仅6月初—7月初,该公司净盈利达5亿余元。成为中国证券市场历史上涉案金额最大的高频交易市场操纵案。就具体的操纵手法来看,伊世顿通过高频交易软件频繁下单、撤单,申报价格明显偏离市场最新价格,其平均下单速度达每0.03秒1笔,1秒内最多下单达31笔。[③]其主要策略是虚假报

① 李隽、张霞:《世界交易所联盟:欧美高频交易占比下滑》,《第一财经日报》2013年5月31日。
② 王宙洁:《高频交易又踩雷　骑士资本无奈签下卖身契》,《上海证券报》2012年8月7日。
③ 《一个月赚5亿　揭秘伊世顿的"高频敛金术"》,《新京报》2015年11月3日。

价再撤单，利用欺骗手段制造虚假需求，诱使其他市场参与者进行交易，从而获得暴利。公安机关认为，伊世顿的交易行为符合操纵股指期货市场的特征，涉嫌操纵期货市场犯罪。

以上我们分析了全球高频交易的现状和探讨了其存在的主要问题。从发展国债期货市场的视角来看，中国相关监管部门在对待高频交易的问题上，应该采取“扬长避短”的政策。

“扬长”就是充分发挥高频交易的长处，利用高频交易的优势发展中国国债期货市场。就高频交易的长处而言，世界交易所联盟（WFE）认为高频交易可以缩小交易价差、增加市场流动性、改善价格的形成机制、减少市场参与者的交易成本，而在大多数情况下高频交易也可以降低市场波动性。

在以上这些长处中，增加市场流动性对中国国债期货市场的发展尤为重要，因为与股指期货市场的盛况相比，中国国债期货市场存在交易清淡、交易规模较小、流动性缺乏的问题，因此积极引入合法、合规的高频交易有利于做大国债期货市场。在如何发展国债期货市场的问题上，人们经常会提到的一个建议是发展做市商制度，因为以获得价差为目的的做市商制度有利于增加交易规模和市场的流动性。就这一点而言，高频交易的作用非常类似于做市商的作用，因为高频交易业务也是通过频繁买入和卖出，以积累微小价差为利润的自动化和程序化交易。

世界交易所联盟（WFE）认为在大多数情况下高频交易有助于降低市场的波动性。这一判断也合乎情理。从美国的情况来看，高频交易的份额已经高达50%以上，但是在过去20年，由高频交易引发的金融事件屈指可数，由此可见，高频交易并不是洪水猛兽。另外，从交易机制来看，高频交易通过微小的价格波动获得利益，价格低于近期均值诱发买盘，价格高于近期均值诱发卖盘，因而有助于消除价格波动，因此，在一般的情况下，高频交易具有稳定市场的作用。从这一点来看，高频交易也有“天使”的一面。

但是，正如人们所知道的那样，一旦管理失控或操作失控，高频交易这一“天使”会瞬间变成“魔鬼”，给市场带来巨大的冲击。鉴于这一可能性，如果要利用高频交易发展中国国债期货市场，相关监管部门就必须通过严谨的制度建设和严格的技术管理防范高频交易可能诱发的风险和可能引发的问题。

第七章
完善中国国债期货市场的对策建议

本章结合前六章的分析,提出中国发展国债期货市场的具体对策和建议。我们认为国债期货市场发展的基础是利率市场化,因此利率市场化的程度是制约国债期货市场发展的决定性因素。所有有关国债期货市场的改革都只能在利率市场化的基础上发挥作用。

第一节
中国发展国债期货市场的主要理由

自从 2013 年中国重启国债期货市场以来,该市场获得了稳定、快速的发展,但是,从利率市场化的改革要求和进一步发展上海国际金融中心的需要来看,当前,中国国债期货市场的发展在总体上仍呈现出一定的滞后性。鉴于这一现状,中国有必要进一步加快国债期货市场的发展。

一、利率市场化改革要求中国加快国债期货市场的发展

国债期货市场的发展不仅有助于投资者回避利率变动风险,而且还有助于央行建立市场化的利率调控机制。

首先,中国的利率市场化改革已经进入最后的冲刺阶段,为了配合这一改革,作为配套措施,中国有必要发展降低和消除利率变动风险的金融衍生产品,其中尤其需要发展国债期货市场。利率市场化会加剧国债价格的变动,而国债期货市场的发展有助于市场参与者降低与此相关的风险。

其次，在实现利率自由化的状况下，国债将成为决定长期利率走势的决定性因素。央行可以根据宏观经济管理的需要，通过在二级市场买卖国债，调节长期利率的水平。在市场化程度较高的发达国家，国债不仅是政府的融资工具之一，也是中央银行实施货币政策的重要工具之一。比如，在次贷危机发生后，美联储通过买入长期国债，降低长期利率水平。这也是未来中国人民银行调控经济的重要方式之一。这一发展趋势意味着国债市场在国民经济体系中的地位将会大幅度提高。为了实现中国人民银行调控方式的转型，中国也需要大力发展国债市场，为此需要发展与其配套的国债期货市场，这是因为国债期货市场的发展有助于完善国债价格的市场化定价机制，有助于为国债投资提供避险工具，因而有助于促进国债市场的发展。

二、发展国债期货市场是做大和做强上海国际金融中心的重要举措之一

对上海国际金融中心而言，发展国债期货市场不仅有助于扩大金融衍生产品的交易规模，而且还有助于巩固上海作为全球金融期货交易中心的市场地位。

上海国债期货市场的发展严重滞后于其他主要国际金融中心。这一现状一方面反映了上海国际金融中心存在的问题和其发展的短板所在，同时也提示了国债期货是上海国际金融中心未来发展的主攻方向和具有潜力的增长点。从全球金融期货交易的构成来看，利率期货占金融期货交易的比重接近 90%，而国债期货占利率期货的比重接近 50%。另一方面，从中国国债期货市场发展的现状来看，2014 年中国国债期货交易总金额为 4 471 亿元人民币，占全年金融期货交易的比重不足 0.3%。通过以上比较我们不难发现，上海与其他国际金融中心的重要差距之一是国债期货市场的滞后发展。基于这一现实，未来上海国际金融中心追赶其他全球主要国际金融中心的重要突破口之一是发展国债期货市场。上海要做大国际金融中心就必须增加金融衍生产品的交易规模，为此，首先需要增加国债期货的交易规模。

另外，从机构发展的视角来看，当前中国金融期货交易所（中金所）是中国唯一从事国债期货业务的交易所，而中金所也是上海国际金融中心的主要交易所之一。中金所金融衍生产品业务的兴衰是影响和决定上海国际金融中心未来发展前景的

重要因素之一。在2015年的“股灾”中，股指期货业务遭受重创，中金所的发展进入低迷时期。在这一背景下，利用中国推进利率自由化的大好机遇，大力发展国债期货业务是提高中金所影响力的重要突破口之一。

三、发展国债期货市场有助于加速人民币国际化进程

具有深度和广度的人民币国际化需要以成熟国债市场的存在为前期条件，而成熟的国债市场的重要特征之一是具有发达的国债期货市场，从以上逻辑关系来看，发展国债期货市场是中国加速人民币国际化的必要条件之一。

一些实证研究表明，一国货币是否能够成为真正意义上的国际货币在很大程度上取决于该国国债市场的规模，这是因为具有深度和广度的国债市场能够为全球提供储备资产，从而使该国货币有条件充当国际储备货币。在国际货币研究领域，学术界达成的一个重要共识是：美元之所以能够成为主要国际货币在很大程度上受惠于其成熟的国债市场。世界各国央行在选择储备资产时，主要考虑的因素是安全性和流动性，从这一条件来看，只有经济大国的国债能够充分满足这一条件，而当前在规模上能够满足全球储备资产投资需要的金融产品只有美国的国债，这是美元成为全球储备货币的主要原因。欧元区也有较大规模的国债市场，但是欧元区国债市场被分割为不同国家的国债市场，因而未形成统一的欧元区国债市场，这一状况在很大程度上妨碍了欧元作为国际储备货币的发展前景。

另外，美国的经验表明，拥有发达的国债期货市场将有助于推进国债现货市场的发展，进而有助于巩固本币作为国际储备货币的地位。美国国债期货是美国金融期货的主打产品，其交易规模超过金融期货交易的50%，占据了金融期货交易的半壁江山。外国央行和货币当局在对美国国债进行美元储备资产投资时，可以通过期货进行套期保值，以此避免遭受国债现货价格变动的风险，锁定储备资产投资的收益。因此，美国发达的国债期货市场为外国央行和货币当局进行美元储备资产投资提供了便利。

立足于以上分析，从人民币国际化的视角来看，发展中国国债期货市场，以此降低人民币国债的投资风险，将有助于人民币成为国际储备货币。

从以上几方面来看，发展中国国债期货市场具有十分重要的现实意义。鉴于

这一判断，本章将结合中国国债期货市场存在的问题，探讨进一步完善国债期货市场的对策建议。

第二节
发展中国国债期货市场的主要对策

一、完善国债期货交易制度的建议

1. 降低国债期货市场的准入门槛

金融监管部门有必要进一步降低国债期货市场的准入门槛，尤其需要允许商业银行和保险公司等机构投资者参与国债期货市场的交易。降低准入门槛不仅可以为从事国债交易的市场参与者提供国债期货避险工具，而且还有助于实现做大、做强国债期货市场的发展目标。

首先，需要考虑为商业银行和保险公司打开国债期货市场的大门。自从 2013 年 9 月 6 日阔别 18 年的国债期货重新上市以来，已有众多学术界学者和市场人士建议监管部门为商业银行和保险公司打开期货市场的大门，而且证监会和中金所的负责人也在不同场合表示正在研究银行和保险公司进入国债期货市场的问题。中金所相关人士曾多次透露推动商业银行和保险公司参与国债期货交易是中金所下一阶段的重点工作之一。中金所正在着手进行这方面的准备工作和进行相关人员的培训工作。中金所强调，在利率市场化这一背景下，商业银行和保险公司参与国债期货交易的积极性明显提高。

但是，遗憾的是，至今为止，该问题还没有着落，商业银行和保险公司还不能参与期货市场交易。我们建议监管部门应该尽快批准商业银行和保险公司进入国债期货市场，这将有利于提高国债期货市场的规模和增加其流动性供给。商业银行是国债现货市场最大的参与者(70%左右)，随着利率市场化改革的推进，商业银行对规避利率风险的需求将越来越强烈，这种避险的内生动力会激发商业银行参与国债期货交易的热情。

其次，除了商业银行外，国债期货市场还可以根据推出的产品特点，分阶段对养老基金、对冲基金、共同基金等机构投资者进行开放，对机构投资者开放国债期货市场，不仅能够满足不同风险偏好投资者的需求，而且还有助于增加市场的流动性。

2. 建立国债期货做市商制度

引入做市商制度有助于中国做大、做活和做强国债期货市场。中国国债期货的重启时间不长，机构投资者参与度不高，市场活跃度有待改善。在这样的情况下，引入做市商制度是活跃市场的重要方法之一。所以发展国债期货市场不仅需要尽快向资金雄厚且信誉良好的机构投资者放开国债期货市场，而且还需要让这些大型机构投资者成为市场做市商。只有如此才能在增加市场流动性的同时，发挥国债期货的价格发现功能。

发展做市商制度是扩大市场容量的有效方法之一。市场容量的大小决定着市场的稳定性，一个成熟稳定的市场势必需要以大量的机构投资者作为主体，国债期货市场也是如此。当前，中国国债期货市场之所以无法充分有效地发挥成熟国债期货市场应有的职能，其重要原因之一是存在市场规模较小、流动性不足的缺陷。未来，随着做市商制度的建立和完善，国债期货市场的交易量将会出现井喷式的增长。

3. 增加国债期货的品种

进一步增加中国国债期货的品种和种类，优化其期限结构，建立完整的国债收益率曲线，全方位满足不同类型投资者对国债期货的多样化需求。

2013 年 9 月，在中国重启国债期货交易之际，中金所首先推出了 5 年期国债期货，2015 年 3 月又推出了 10 年期国债期货，从总体上看，国债期货仍存在品种较少的问题。

就国债期货市场存在品种和种类较少问题而言，其原因之一是国债现货的品种存在短缺，如短期国债未能推出属于这一类情况。针对这一问题，今后有必要增加发行一年期以内的短期国债，以便于国债期货短期品种的开发。品种较少的另一个原因是：尽管已经存在国债现货品种，但是未及时开发对应的国债期货。1 年期和 3 年期国债属于这种情况。

未来，中金所有必要适时推出1年期和3年期国债期货。只有丰富国债期货品种，才能提高国债期货的吸引力，增强国债期货的流动性；另外，品种的增加可以形成不同期限完整的利率体系，有利于中国利率市场化改革。

4. 平衡保值与投机之间的关系

在国债期货的制度设计方面，监管部门需要平衡和兼顾保值与投机之间的关系。投机可以为保值提供对手盘，因此投机功能的存在是实现保值功能的必要条件之一，鉴于两者的这一联系，适度容许投机将有助于国债期货的健康发展。

受"327"国债事件教训的影响，中国当前国债期货制度的设计有过度限制投机的倾向，这一限制在一定程度上抑制了国债期货市场的发展。从"风控机制"的内容来看，目前，中金所采取了较为严格的交易保证金制度，涨跌停板制度，强行平仓、强制建仓制度和大户持仓报告、持仓限额制度等。当初设计上述风险防范措施时，较多考虑了"327"国债事件的教训。但是，鉴于当前的市场规模和环境已经明显增加了市场的抗风险能力，中金所在风险可控的前提下，可以适度放宽一部分限制，为此可以考虑采取以下措施：

其一，采取动态保证金模式。目前中国国债期货设定的最低交易保证金为2%，这是基于历史模拟法对历史区间数据计算和预测得到的，和国际上各交易所相比，该比例偏高，而且是静态的、只体现历史数据的比例。建议随着10年期品种的上市，可以收集不同品种的历史数据，对最近保证金比例进行重新计算。在条件成熟的情况下，可以借鉴美欧日动态保证金模式，依靠计算机系统，根据不同品种、时间、合约面额动态调整保证金。

其二，适时调整涨跌停板制度。目前中国国债期货涨跌停板是正负2个点，这是对国债现货价格波动数据进行模拟得到的涨跌幅，未来在数据可得的情况下，应以国债期货价格波动的数据为基础调整涨跌停板制度。

5. 进一步完善国债现货市场

国债期货是国债现货的衍生品，国债现货的规模和品种结构直接制约着国债期货交易的规模和品种开发，国债现货市场充分的流动性和较大的市场规模能使国债期货价格在较为合理的价位上波动，从而抑制国债期货市场的过度投机。中国在发展国债期货市场时应充分借鉴成熟市场的经验,注重完善国债现货市场。

具体而言,国债现货市场,可以进行以下两方面的努力:一是通过定期滚动发行、续发行制度和发行支持机制,稳定投资者预期,降低发行成本,增加国债现货供给的规模;二是发展国债回购交易,通过回购交易,锁定最便宜的可交割债券(CTD 券)收益,降低国债套利交易成本,完善国债期现货套利交易。

二、加强交易所和银行间国债市场的互联互通

加强交易所和银行间国债市场的互联互通将有助于国债期货市场的健康发展。当前,两个市场的交易主体不一样,而且交易产品也存在差异,这一状况给市场参与者利用国债期货进行避险带来了不便。2013 年,中国银行间国债市场成交额 55 143 亿元,上交所国债市场成交额只有 436 亿元,深交所国债市场成交额只有 4 亿元,市场成交主要集中在银行间国债市场。由于受制于市场分割的影响,不同市场的国债价格存在差异,这一状况有可能扭曲国债期货价格的形成,从而给国债期货市场的发展带来不利影响。

鉴于以上问题,改变这一状况的最佳方案是建立统一的国债市场,但是从现实情况来看,由于受制于部门利益的冲突,两个市场本身和各自的监管主体都没有进行合并的意愿。从这一现状来看,未来只有通过顶层设计,才有可能建立统一的国债市场。

建立统一的国债市场是未来的改革远景,在这一远景实现以前,可以通过推进两个市场的互联互通,降低市场分割带来的不利影响。具体而言,交易所和银行间国债市场可以尝试以下几个方面的互联互通合作:

第一,建立交易所和银行间债券市场的连通机制。打通两个割裂的市场可先从技术上实现,包括交易主体的连通和债券品种的连通。一是在交易主体连通方面,放松两个市场对投资者类别准入的限制,可以允许商业银行进入交易所投资债券,鼓励证券公司进入银行间债券市场进行交易。二是在债券品种连通方面,应进一步扩大跨市场债券的种类和数量,增加跨市场套利的机会,为国债利率成为市场化的基准利率奠定基础。

第二,打通债券托管机构分割状态。打通的关键就是使不同托管机构互转更顺畅,完善债券转托管机制。一是建立投资者与转出方托管机构之间的电子申报

机制，使客户能够通过电子方式进行线上申请。二是简化转托管业务流程，逐步削减形式审核、重复审核的环节。三是建立托管机构之间高效账务处理系统，在交易主体和债券品种实现连通的同时，托管机构之间应实现数据交互自动化和托管资金实时到账。

第三，加强国债跨市场信息共享和联合监管。可以充分借鉴股指期货跨市场信息交换、协同分析排查和定期交流例会机制等监管协作的经验，加强国债跨市场信息共享和联合监管。

一是跨市场信息共享。不仅要实现交易所和银行间债券市场的信息共享，也要实现国债现货市场、回购市场、期货市场的信息共享。因为一些逼仓操纵行为都在某一个现货市场或回购市场出现苗头，目的是对国债期货空方的逼仓。建议建立交易所市场和银行间市场之间的信息交流系统，以便随时跟踪整个债券市场的交易和资金运行情况，当一个市场出现异常时，其他市场可以及时提高警惕，防止跨市场操纵风险。

二是监管协作机制。目前中国债券市场多头监管的现状短期内不会改变，这就需要建立并完善监管协作机制。该协作机制应包括两个层次：其一，跨部委协调机制，可由中国证监会、财政部牵头，中国人民银行、中国银监会和中国保监会共同参与；其二，跨市场监管协作机制，依托跨部委协调机制，由中金所、沪深交易所、银行间债券市场、期货保证金监控中心等市场机构组成，实现信息和数据互换与共享。

三、制定与金融改革开放配套的国债期货发展战略

当前，中国金融改革的核心任务包括：实行利率市场化和实现从间接融资体系向直接融资体系的转型；金融开放的核心任务包括：实现资本项目开放和推进人民币国际化。中国国债期货市场的发展理应配合以上金融改革开放战略的实施。为此，需要进行以下几方面的努力：

1. 发展符合利率市场化需要的国债期货市场

为了顺利推进利率市场化改革，国债期货需要尽快具备价格发现功能。为此需要进行以下几方面的改革：

第一，进一步完善国债收益率曲线。上文提到的增加国债现货和期货品种，提高市场流动性等建议都可以起到完善中国收益率曲线的作用。这些改革措施的出台将有助于推动利率市场化的发展进程。

第二，进一步提高国债期货市场的信息效率和定价效率。充分发挥国债期货对市场信息的迅速捕捉功能，通过期货市场与现货市场发行、交易和回购等不同功能的互联互通，提高国债市场的定价效率；并通过做市商机制优化国债期现货的价格发现功能。

第三，鼓励机构投资者利用国债期货管理利率风险。建议国债期货向商业银行等机构投资者放开，这一改革措施可以提高投资者的资产管理能力，推动微观主体对产品的市场化创新，有助于利率市场化真正起到优化资金配置的作用。

2. 通过发展国债期货促进直接融资体系的形成

为了推动直接融资体系的形成，金融监管部门有必要加大发展国债期货市场的力度。当前，中国经济转型包括实体经济的转型和金融模式的转型，而金融模式转型的核心内容是实现从间接融资模式向直接融资模式的转型。直接融资模式包括股市融资和债市融资，而债市融资又包括以国家财政为融资主体的国债融资和以企业为融资主体的企业债融资。

由此可见，国债市场是直接融资体系的重要组成部分之一，因此发展国债市场有助于推动直接融资体系的形成，而发展国债期货市场又是推动国债市场发展的必要条件之一。从以上联系来看，发展国债期货市场有助于推动直接融资体系的形成。鉴于国债期货市场的这一重要作用，金融监管部门有必要站在支持融资模式转型的高度筹划国债期货市场的发展，为此应该尽快降低国债期货交易的门槛，尽可能允许所有国债现货市场的投资者参与国债期货交易。

3. 国债期货发展应顺应资本项目开放的需要

为了配合资本项目开放，国债期货市场有必要允许和鼓励境外投资者的参与，为此首先需要让 QFII（Qualified Foreign Institutional Investors，合格的境外机构投资者）进入国债期货市场。

当前境外投资者可以通过 QFII 投资中国的国债市场。QFII 机制是指被批准拥有资格的境外专业投资机构可以在一定的额度内投资中国境内的证券市场。QFII属于资本项目开放的重要路径之一，但是在严格的意义上讲，QFII与人民币国际化没有直接的关系。从中国的情况来看，人民币国际化政策出台以前，QFII就已经存在，就其他国家的情况而言，即使在本币不是国际货币的国家，也同样存在QFII机制。

当前QFII是非居民投资中国证券市场的主要渠道。非居民也可以通过"沪港通"投资中国的证券市场，但是"沪港通"只能投资股市，而QFII不仅可以投资股市，而且也可以投资债市，因此QFII是目前非官方境外资金投资中国国债市场的唯一路径，鉴于这一现实情况，如果中国要让境外投资者进入国债期货市场，那么首先需要对QFII开放国债期货市场。正因为如此，近两年证监会和中金所曾多次表示正在研究推进QFII进入国债期货市场。但是至今为止，这一政策还没有落实到实处。

在如何对境外投资者开放国债期货市场的问题上，我们认为可以首先推出以下几项业务：

第一，在QFII的框架下，直接对境外投资者开放国债期货市场。如果全面开放的条件还不成熟，第一步可以先开放期货套期保值业务。也可以尝试在最初阶段，允许外资银行、外国保险公司、外国证券公司和外国基金管理公司等建立国债期货投资基金。

第二，在条件成熟的情况下，对一部分资信较高的外资机构开放国债期货市场的做市商业务。通过QFII稳步扩容，选择国际信誉较好、资金雄厚的境外金融机构参与做市商机制。通过这些境外做市商把国际上先进的做市商机制引进中国，将有助于中国国债期货市场的健康发展。

第三，在上海自贸区率先试点对境外投资机构开放国债期货交易。近期，上海自贸区已经做好实现人民币资本项目可自由兑换的技术准备，一旦获批，上海自贸区将率先全面实现资本项目开放。鉴于这一政策优势，我们建议在上海自由区进行非居民投资中国国债期货市场的试点。

4. 国债期货应服务于人民币国际化战略

为了配合人民币国际化战略，有必要允许外国央行类机构进入中国国债期货市场和鼓励境外机构投资者在 RQFII 框架下用境外人民币参与中国境内国债市场和国债期货市场的投资。

首先，为了提高人民币作为国际储备货币的地位，中国有必要对外国央行和境外货币当局开放国债市场和国债期货市场。其是外汇储备资产的主要投资者和持有者，只有同时向其开放国债市场和国债期货市场，才有可能快速提高人民币的国际储备货币地位。

早在 2010 年 8 月，中国政府已经批准外国中央银行或境外货币当局、境外人民币清算行和境外参加行等境外机构进入银行间债券市场进行投资，这一开放措施为国外政府进行人民币国债储备投资打开了大门。2015 年 9 月，为了配合人民币加入 SDR，中国人民银行批准外国央行类机构可以进入中国银行间外汇市场，开展包括即期、远期、掉期和期权在内的各品种外汇交易，无额度限制。

需要强调的是对外国央行类机构开放外汇类金融衍生产品交易有助于其防范汇率变动的风险，但是由于外国央行类机构还不能进入中国国债期货市场，因此这些机构还无法有效避免国债价格变动和利率变化引发的市场风险，这一状况是妨碍外国央行类机构进行人民币储备投资的不利因素之一。鉴于这一现状，为了提高人民币国际储备货币的地位，中国有必要尽快向外国央行类机构开放国债期货市场。

其次，开通 RQFII 进入中国国债期货市场的渠道，为非居民提供投资人民币国债的避险工具。

QFII 与 RQFII 都是境外投资者进入中国债券市场的主要路径。这是两者的相同之处。但是与 QFII 不同的是，RQFII 涉及跨境人民币投资，其内容是将境外的人民币用于境内投资，因此该业务的推出属于人民币国际化的重要举措之一。从人民币国际化这一视角来看，RQFII 有助于从境外回流人民币资金，因而能够促进境内境外人民币资金的大循环。

2011 年 12 月，中国政府首次推出人民币合格境外机构投资者(RQFII)制度的试点。在试点的最初阶段，只允许境内一部分金融机构的香港子公司利用香港离岸人民币资金投资境内证券市场。2013 年 3 月和 2015 年 4 月，政府进一步出台政策扩大了 RQFII 的试点范围和放宽了投资比例限制，新的政策允许具有资格的境外金融机构和机构投资者利用境外的人民币资金投资中国的证券市场。

从现实情况来看，在制度上 RQFII 与外国央行类的人民币资产投资面临同样的问题，即无法利用国债期货进行套期保值，因此无法回避由国债价格变化和利率变动引发的市场风险。鉴于这一问题，中国有必要尽快对 RQFII 开放国债期货市场，为其提供保值工具。这一开放措施可以降低境外机构投资者投资中国国债市场的风险，因而可以提高其进行人民币国债投资的积极性。而来自非居民的投资不仅有助于中国做大、做活和做强国债期货市场，而且还有助于提高中国国债期货市场的国际化程度。

第三节
防范国债期货市场风险的对策

1995 年发生的“327”国债期货事件，一方面给中国国债期货市场的发展带来了重创；另一方面也为中国未来发展国债期货市场留下了深刻的教训。另外 2015 年的“股灾”在一定程度上同样源自期货交易的风险，这一事件也为中国防范国债期货风险提供了深刻的教训。在此，我们结合以上两个事件的教训，提出防范国债期货市场风险的主要对策。

一、发展以套期保值为主导的国债期货市场

从防范金融风险的视角来看，中国必须发展以套期保值为主导的国债期货市场，而不能发展以投机为主导的国债期货市场。理解这一点很容易，但是落实这一点并非易事。因为发展以套期保值为主导的国债期货市场的前提是市场存在进行套期保值的真实需求，这就要求必须存在具有高度市场化的经济环境。从对国债期货市场的要求来看，至少需要具备利率市场化的环境。如果利率没有市场化，国债期货市场就缺少套期保值的需求，最后该市场只能沦为服务于投机的市场。

1995 年中国之所以出现“327”国债期货事件，从表面上看该事件具有偶然性，其诱因是财政部的保值补贴和管金生的赌博式做空。但是其深层次的原因是当时缺乏利率市场化的环境，国债期货市场缺乏套期保值的实际需求，最后该市场只能

沦为赌场。不管当时人们如何强调国债期货市场的基本功能是套期保值,但是只要不存在套期保值的真实需求,国债期货就只能成为投机家的乐园。

1995 年中国国债期货市场被关闭后,国债期货的发展经历了 18 年的空白期。这期间中国为什么没有恢复国债期货市场呢？是因为“一朝被蛇咬,十年怕井绳”吗？答案是否定的。如果市场需要,没有不恢复的理由。其重新启动之所以推迟了 18 年,根本的原因是缺少利率市场化的环境。随着中国利率自由化的推进,2013 年中国重新启动了国债期货市场,但是这并不意味着套期保值已经成为国债期货的主导性需求。至今为止,监管部门还不允许银行、保险公司和 QFII 进入国债期货市场。根本的原因是利率市场化还不到位,市场仍缺乏足够强大的套期保值需求。正因为如此,进一步推进利率市场化改革,培育期货套期保值需求是降低国债期货市场门槛、对外开放国债期货市场的重要条件之一。

建立以套期保值需求为主导的国债期货市场并不意味着要否定投机性交易,投机性交易为套期保值交易提供对手盘,为其提供流动性供给,在某种意义上,投机性交易的存在是实现套期保值的必要条件之一。因此,适度的投机需求有助于套期保值业务的进行。但是,如果国债期货市场的投机需求过于旺盛,投机性交易一旦主宰市场的趋势,势必会引起市场价格的暴涨暴跌,从而破坏国债市场的正常功能,并且使国债期货市场无法有效发挥套期保值的功能。

从以上分析可以得出的基本结论是:防范国债期货市场风险的有效方法之一是发展以套期保值需求为主导的市场。

二、保持期货与现货规模的平衡

在金融期货风险管理方面,1995 年的“327”国债期货事件和 2015 年的“股灾”都揭示了一个重要的道理,即保持期货与现货规模的平衡有助于期货市场的稳定发展,反之,如果期货的规模过于庞大,从而出现期货与现货规模的失衡,这一状况极容易引发市场的风险。

期货与现货规模的失衡风险有可能引发以下后果:其一,容易引起泡沫的形成和助长泡沫的破灭;其二,由于期货交易是高杠杆交易,因此容易引起巨额亏损和造成大量金融机构的破产;其三,在实施现货交割的情况下,由于需要交割的期货远远大于现货，一些交易无法完成，从而造成大量违约事件的发生。

就保持期货与现货规模平衡的具体方法而言，首先需要保持期货持仓规模与现货存量规模之间的平衡。从具体的案例来看，在1995年的“327”国债事件中，交易日最后8分钟抛空“327”国债期货的规模多达2 112亿元，而“327”国债的现货存量只有240亿元，期货仓位与现货存量的失衡是诱发此次事件的重要原因之一。当时上交所规定，个人持仓不得超过3万口，机构不得超过5万口，最多只允许开40万口。但是这一规定并未严格执行，许多券商的仓位都远远超过了上证交易所的持仓额度限制，万国证券在“327”国债事件中开出的最后一笔卖单高达730万口。这一教训表明，为了保持国债期货市场的稳定发展，监管部门不仅需要在制度设计中重视期货仓位与现货存量的平衡关系，而且还需要通过严格执行纪律，落实期货仓位与现货存量平衡的原则。

其次，还需要维持期货交易量与现货交易量之间的适度比例关系。如果与现货交易量相比，期货交易量过度膨胀，这一状况意味着市场的投机性交易已经远远超过套期保值交易，一旦出现这一状况，预示着市场风险正在集聚。在2015年的“股灾”中，沪深300股指期货交易量一度上升到3万亿元左右的规模，远远高于上证5 000亿元左右的现货交易量，股指期货交易量与现货交易量的失衡最后助长了市场的崩溃，这也是发展国债期货市场需要吸取的重要教训之一。

最后，值得强调的是，目前中国国债期货市场存在交易量过于清淡，市场规模过小的问题，因此，现阶段不存在因为期货规模过大而造成的期现货失衡问题。但是作为国债期货发展的长期战略，金融监管部门在进行制度设计时，为了防患于未然，有必要把保持期货与现货平衡作为建设国债期货市场的基本原则之一。

三、保持期货与现货交易主体的基本一致

在国债期货市场，保持期货与现货交易主体的基本一致将有助于防止过度投机和维持市场的稳定。这是因为如果套期保值业务在国债期货市场占据主导地位，那么购买国债现货的投资者通常会通过国债期货交易进行套期保值，其结果是从事国债现货和期货交易的主体会基本一致。反之，如果国债现货市场的交易主体与国债期货市场的交易主体没有关系，出现各自为政的局面，那么这一状况表

明，期货交易并没有服务于现货交易，期货市场已经成为独立的投机市场。这一状况将会给国债期货市场的发展留下隐患。

就保持期货与现货交易主体的基本一致而言，需要保持以下两个层面的一致。首先，需要保持交易参与主体种类的一致。如果现货市场的交易主体是机构投资者，那么期货市场的交易主体也应该是机构投资者，反之，假如前者的主体是散户投资者，那么后者的主体也应该是散户投资者。如果交易主体的种类不一致，举例来说，如果现货市场的交易主体是机构投资者，而期货市场的交易主体是散户，两者的交易主体就不可能一致。在这种情况下，期货交易无法服务于现货市场的套期保值。其次，还需要保持期货市场与现货市场交易者的一致。如果仅仅保持交易主体种类的一致，并不能保证期货市场与现货市场持仓主体的一致性。例如，就中国的股指期货市场和现货市场而言，两者的交易主体都是散户投资者，但是从事期货交易的散户投资群体与从事现货交易的散户投资群体，并不是相同的群体，在这种情况下，即使两者的交易主体种类一致，但是期货市场与现货市场的交易者并不一致。

从当前中国国债现货和期货市场的参与主体来看，现货市场的主体是商业银行，商业银行持有70%左右的国债，而国债期货市场的主体主要为券商、私募等机构投资者，其多空持仓占比达到60%，其余40%为散户。就以上情况而言，尽管两个市场的交易主体都是机构投资者，但是交易机构并不相同，这是中国国债期货市场面临的主要问题之一。这一状况意味着中国期货市场与现货市场之间的联系并不密切，期货市场在服务现货市场方面存在明显问题。

因此，从防范金融风险的视角来看，未来中国国债期货市场的改革内容之一是对现货市场的交易主体，即商业银行开放国债期货市场，让期货市场服务于现货市场的套期保值，只有如此才能避免国债期货市场沦为投机者的乐园。

四、建立反周期资金杠杆机制

市场价格的大起大落是有可能引发国债期货市场风险的重要诱因之一。因此，防范国债期货市场风险的重要路径之一是通过建立反周期资金杠杆机制平缓市场价格的大起大落。

这里的周期是指牛市和熊市变化的周期，所谓反周期资金杠杆机制是指在牛市中当国债期货价格上涨速度过快时，通过调整保证金比例等手段设法减缓价格上涨的速度，反之，当国债价格下降速度过快时，同样通过调整保证金比例等方法设法减缓价格下降的速度。在经济学中这一做法被形容为“往车轮里撒沙子，以此降低汽车的行驶速度”。

在国债期货市场，有一种风险起因于操作系统故障或操作方法失误。由此引发的市场价格的暴涨暴跌通常属于一过性变化，一旦价格异动原因的信息公开，价格会重新回归正常。美国骑士资本事件和光大证券乌龙指属于这类风险。这类风险对整个市场的影响相对较小，延续的时间也相对较短。但是有可能会给相关企业带来巨大的经济损失。

与以上风险不同，威胁国债期货市场稳定的另一种潜在风险是由市场价格的周期性变动引发的风险，更具体地说，是由泡沫破灭引发的风险。这种风险常见于股指期货市场，如 2015 年的“股灾”属于这类风险。未来国债期货市场也需要防范此类风险的发生。此类风险一旦发生，会给广大投资者和整个金融体系带来巨大的负面影响，而且其破坏作用有可能延续几年甚至几十年。

建立反周期资金杠杆机制有助于防范由泡沫破灭引发的风险。纵观古今中外金融市场发展的历史，在市场价格的周期性变化中，泡沫一旦形成，就很难实现软着陆，泡沫的结局多半是投资盛宴在破灭中收场。因此防止这类风险的最佳方法是防止市场泡沫的形成。从发展国债期货市场的视角来看，防范这一风险的有效方法之一是通过建立反周期资金杠杆机制，平滑市场价格的波动，避免市场价格的暴涨暴跌。

五、处理好国债期货与高频交易的关系

对于国债期货市场的发展而言，高频交易是一把双刃剑。中国国债期货市场存在交易清淡、流动性不足和交易规模过小的问题。发展高频交易对于缓解以上问题具有积极的作用。高频交易，顾名思义就是通过程序化和自动化交易系统进行高频率交易，通过累计微小波段收益获得超额利润的交易手段。因此高频交易有助于活跃市场交易和增加市场流动性。但是，正如我们在第六章中所分析的那

样,高频交易又是高风险交易。为了扬长避短,有效发挥高频交易对中国国债期货市场的促进作用,相关监管部门有必要做好以下几方面的工作:

第一,在发展高频交易方面,要充分组织人力研究发达国家的相关经验和教训,要少走弯路,尽可能避免发达国家曾经出现过的问题和风险,借鉴发达国家在监管和管理高频交易方面积累的宝贵经验和方法。

第二,通过制度设计防范利用高频交易操纵市场的行为。从目前的情况来看,高频交易操纵市场的主要方法是利用虚假订单,诱发买单和买单,引导价格的变化。与正常的高频交易相比,违法高频交易的特征是撤单占所有订单的比重相对较高。因此防止这类违规行为的具体办法包括:限制撤单占订单的比重和增加撤单的交易成本。

第三,通过大量研发资金的投入,建立和完善进行高频交易的技术环境。高频交易风险在很大程度上源自交易系统的故障,而交易系统的故障又源自交易系统的技术缺陷。因此防范高频交易的有效方法之一是通过技术环境建设,建立稳定、高效和安全的交易系统。

第四,维护公平、公正的交易原则,以此保护中小投资者的利益。高频交易对技术、对交易设施和交易系统投资以及对人才都有较高的要求,通常只有机构投资者有条件从事高频交易,这一状况实际上已经对中小投资者产生了不利影响,因此监管部门要防止从事高频交易的机构投资者在信息和通道利用等方面获得不当的竞争优势。

第五,监管部门在有关高频交易制度环境建设方面,需要把公正、透明、安全、高效和合法的原则贯穿于交易规则的制定、监管机制的构建、交易系统的建设和人才培育等方方面面。在所有环节消除可能存在的风险漏洞和隐患。

参考文献

安国俊:《国债期货应适时重启》,《银行家》2012 年第 9 期。

鲍建平、杨建明:《英、德国债期货市场考察报告》,2006 年,http://www.shfe.com.cn。

曹啸、夏小鸥:《关于中国发展金融衍生市场的理性思考》,《城市金融论坛》1999 年第 7 期。

曹勇:《印度资本账户开放:经验与启示》,《世界经济与政治论坛》2005 年第 4 期。

曹勇:《做市商制度、人民币汇率形成机制与中国外汇市场发展》,《国际金融研究》2006 年第 4 期。

曹远征、甄峰:《人民币国际化的特殊路径及其意义》,《国际金融》2012 年第 11 期。

曹远征:《人民币国际化战略》,学习出版社、海南出版社 2013 年版。

常佳歆:《银行间国债定价中的流动性效应分析》,《东北财经大学学报》2015 年第 1 期。

陈岱松:《构建我国统一互联债券市场的路径分析》,《南方金融》2008 年第 10 期。

陈刚:《利率市场化与人民币国际化关系的探讨》,《金融时报》2012 年第 6 期。

陈晗:《利率市场化与国债期货》,《中国金融》2014 年第 4 期。

陈淮:《对债券融资与债市发展的再认识》,《国研报告》2002 年第 6 期。

陈江生、扈华林、陈昭铭、丁俊波:《国际金融危机后中国汇率制度改革和人民币国际化》,《新远见》2012 年第 1—2 期。

陈蓉、葛骏:《国债期货定价:基本原理与文献综述》,《厦门大学学报》(哲学社会科学版)2015 年第 1 期。

陈蓉、郑振龙:《固定收益证券》,北京大学出版社 2011 年版。

陈珊、胥宗乾:《国债期货的前世今生》,《金融市场研究》2012 年第 2 期。

成思危:《人民币国际化之路》,中信出版社 2014 年版。

程健强、杨华、王仕宏:《探讨重新推出国债期货》,《中国金融》2011 年第 18 期。

党剑:《利率市场化与国债期货》,《南开经济研究》2002 年第 1 期。

丁建平、王君:《中国和印度资本项目开放的探索和比较》,《世界经济研究》2002 年第 1 期。

东吴期货研究所(2013a):《美国国债期现货市场研究报告》,http://yjs.dwfutures.com。

东吴期货研究所(2013b):《日本国债期现货市场研究报告》,http://yjs.dwfutures.com。

东吴期货研究所(2013c):《澳大利亚国债期现货市场研究报告》,http://yjs.dwfutures.com。

东吴期货研究所(2013d):《韩国国债期现货市场研究报告》,http://yjs.dwfutures.com。

董锋、韩立岩:《中国股市透明度提高对市场质量影响的实证分析》,《经济研究》2006 年第 5 期。

段丹峰:《斯蒂格利茨:对资本和金融市场的自由化要谨慎》,中国经济网,2014 年 3 月 23 日。

范敬春:《迈向自由化道路的俄罗斯金融改革》,经济科学出版社 2004 年版。

范玉良:《限价订单簿流动性影响因素的实证研究——来自沪深 300 股指期货市场的证据》,《上海金融》2014 年第 4 期。

方世健、桂玲、吴博:《股指期货套期保值模型发展的比较评述》,《中国管理科学》2008 年第 10 期。

方勇华、杨世伟:《我国国债期货市场信息传递及波动溢出检验》,《技术经济与管理研究》2005 年第 8 期。

冯婷婷:《海外国债期货市场综述》,《吉林金融研究》2015 年第 8 期。

盖伦 · D.伯格哈特、特伦斯 · M.贝尔顿,莫顿 · 雷恩,约翰 · 帕帕:《国债基差交易——为避险者、投资者和套利者提供的详解》,中国金融出版社 2010 年版。

干杏娣、曹海军:《人民币国际化的动因、利弊与战略——复旦大学世界经济研究所干杏娣教授访谈》,《社会科学家》2011 年第 2 期。

高勇强、贺远琼:《中国内部国债发行规模的影响因素实证分析》,《管理科学》2003年第5期。

管涛:《稳妥开放资本流出,为完善人民币汇率机制创造条件》,《新金融》2011年第7期。

韩暄:《我国国债期货对国债现货流动性影响研究》,《产权导刊》2015年第6期。

何慧刚(2007a):《放松资本控制进程中利率市场化和汇率制度弹性化》,《国际贸易》2007年第5期。

何慧刚(2007b):《中国资本账户开放、利率市场化和汇率制度弹性化》,《经济经纬》2007年第4期。

何慧刚:《资本项目自由化、汇率制度弹性化与人民币国际化》,《南京社会科学》2007年第5期。

何元春:《我国国债规模的研究》,《时代金融》2014年第7期下旬刊。

何志刚、庞乐乐:《国债期货交割价格确定机制的改进研究——以中国5年期国债期货为例》,《金融经济学研究》2015年第4期。

河合正弘:《日本汇率政策对人民币的经验与教训》,《国际金融研究》2004年第10期。

贺强、辛洪涛:《重推国债期货与中国利率市场化互动关系研究》,《价格理论与实践》2012年第2期。

胡涛、张树敏:《我国利率市场化与汇率形成机制关系分析》,《金融与经济》2006年第9期。

胡文骏:《对我国重新推出国债期货的思考》,《现代商贸工业》2010年第17期。

胡晓炼:《"十一五"时期中国货币政策调控的成就》,www.pbc.gov.cn。

胡晓炼:《谈利率市场化进程》,财新网,2012年3月12日。

胡晓炼:《我国外汇管理体制改革的历程和经验》,《中国金融》2008年第7期。

胡俞越、郭晨凯、曹飞龙:《利用国债期货寻求基准收益率曲线》,《中国金融》2012年第8期。

胡俞越:《国债期货推出与中国期货市场发展的新契机》,《上海金融》2013年第2期。

胡振华、简丽云:《恢复国债期货的思考和建议》,《改革》2002年第5期。

胡祖六:《入世:中国开放资本项目的催化剂》,《国际经济评论》2001年第4期。

华民:《中国资本项目的开放:挑战与机遇》,学林出版社2003年版。

华仁海:《现货价格和期货价格之间的动态关系:基于上海期货交易所的经验研究》,《世界经济》2005年第5期。

黄继炜:《印度资本账户开放研究——兼论印度汇率制度》,《亚太经济》2009年。

黄燕君:《日本利率自由化的原因影响及其对我国的启示》,《现代日本经济》2000年第6期。

黄益平、谢沛初:《我国资本项目开放的条件、时机与进程》,《中国金融》2011年第14期。

黄志强:《人民币国际化与中国银行业的机遇和挑战》,《中国金融》2011年第17期。

贾恩卡洛·道尔夫:《国际金融与开放经济的宏观经济学》,上海财经大学出版社2006年版。

贾康:《关于国债期货市场发展的战略思考》,《新金融》2014年第12期。

江金泽:《美国将出史上最严厉措施监管高频交易》,《华尔街见闻》2015年10月22日。

姜波克、张青龙:《国际货币的两难及人民币国际化的思考》,《学习与探索》2005年第4期。

姜波克、朱云高:《资本账户开放研究:一种基于内外均衡的分析框架》,《国际金融研究》2004年第4期。

姜波克:《均衡汇率理论和政策新框架的再探索》,《复旦学报》2007年第2期。

姜波克:《利率、汇率和人民币自由兑换》,《上海金融》1994年第11期。

姜华东:《俄罗斯汇率制度转轨的进程、原因与效果》,《俄罗斯研究》2007年第2期。

蒋锦志:《中国国债期货市场发展过程回顾》,《证券市场导报》1995年第7期。

金辉、陈雨露:《“一带一路”加速人民币国际化步伐》,《经济参考报》2015年7月20日。

金中夏:《稳步推进利率市场化改革》,《新世纪》2012年2月20日。

景滂成:《试论人民币实现经常项目下可兑换的宏观经济意义》,《经济研究》1997年第4期。

景学成、沈炳熙等:《中国利率市场化进程》,中国财政经济出版社1999年版。

康书隆、何继海:《我国五年期国债期货合约价格发现效率的实证研究》,《数学的实践与认识》2015年第10期。

肯尼思·阿罗:《保险、风险和资源配置》,《信息经济学》,北京经济学院出版社1989年中译本。

孔繁荣:《论战后台湾汇率制度的演变》,《集团经济研究》2006年第2期。

况思施:《商业银行参与国债期货市场的模式研究》,《现代经济信息》2015年第10期。

郎晓龙:《美国国债市场的特点及对我国的启示》,http://www.dce.com.cn。

李稻葵、刘霖林:《人民币国际化:计量研究及政策分析》,《金融研究》2008年第11期。

李海英、石建勋:《国外关于人民币国际化研究的最新动态——基于2010—2011年的相关研究汇总》,《当代财经》2012年第1期。

李辉、张晋生、霍瑞戎:《国债期货交易》,中国物价出版社2001年版。

李慧茹、杨连红、王大荣:《中国棉花期货市场质量研究》,《中国棉花》2007年第11期。

李隽、张霞:《世界交易所联盟:欧美高频交易占比下滑》,《第一财经日报》2013年5月31日。

李黎:《韩国国债市场的运行与监管》,《证券市场导报》2005年第6期。

李琳:《储蓄国债问题分析及完善建议》,《当代经济》2015年第26期。

李贤平、江明波、刘七生:《国债市场有效性的初步探讨》,《统计研究》2000年第7期。

李一玫:《我国国债期货历史回顾》,《合作经济与科技》2008年第6期。

李岳瑾:《国债期货对现货价格发现功能的研究》,《经济》2015年第1期。

刘利:《利率市场化问题研究》,经济科学出版社 2001 年版。

刘利:《美国利率自由化的原因过程和结果》,《国际金融研究》2000 年第 2 期。

刘世锦:《经济体制效率分析导论》,上海三联书店 1993 年版。

刘爽:《我国国债市场流动性研究》,《财政研究》2015 年第 1 期。

刘文文、秦博:《国债期货推出对股指期货市场波动性与流动性的影响研究》,《统计与决策》2015 年第 22 期。

刘兴欣:《如何看待我国的国债规模》,《新经济》2015 年第 11 期。

刘玄:《国债现货流动性不足背景下的国债期货市场稳定性研究》,《武汉金融》2013 年第 4 期。

刘颖:《利率市场化下储蓄国债定价机制研究》,《现代商业》2015 年第 30 期。

楼小飞:《国债价格引导机制实证研究》,《上海经济研究》2007 年第 4 期。

陆军、陈郑:《存款利率市场化与中国宏观经济波动——基于 TVAR 模型的实证研究》,《金融论坛》2014 年第 5 期。

罗伯特·蒙代尔:《金融体系中中国的地位和作用》,《国际金融研究》2004 年第 7 期。

罗伯特·蒙代尔:《蒙代尔经济学文集》,中国金融出版社 2003 年版。

罗纳德·麦金农:《麦金农经济学文集》,李瑶译,中国金融出版社 2006 年版。

罗熹:《循序推进人民币国际化进程》,《求是》2009 年 5 月 14 日。

马骏:《人民币国际化的下一个瓶颈是资本管制》,《国际融资》2012 年第 3 期。

梅新育:《跨境贸易人民币结算收付差额问题、根源及其化解》,《国际贸易》2011 年第 11 期。

孟海亮、任若恩:《股指期货推出对股票市场质量的影响》,《系统工程》2009 年第 10 期。

孟夏:《欧洲国债期货市场发展历史》,2013 年,http://erp.cifco.net/。

潘凌飞:《诺奖得主斯蒂格利茨:中国的症结在于市场太多政府太少》,《华尔街见闻》2014 年 5 月 9 日。

潘清、陈云富:《全球国债期货市场发展迅猛　中国不再"缺席"》,新华网,2013 年 9 月 6 日。

潘晓蕾:《关于恢复我国国债期货市场问题的几点思考》,《中国市场》2014 年第1期。

潘英丽:《国际经验教训与人民币国际化的条件》,《文汇报》2009年5月20日。

潘英丽:《破解人民币的双重悖论》,FT中文网,2011年8月24日。

齐安甜、马小莉:《国债期货理论与实务》,中国金融出版社2014年版。

钱凯:《人民币国际化问题的观点综述》,《经济研究参考》2009年第42期。

邱峰:《我国国债收益率曲线研究》,《金融纵横》2014年第6期。

沈炳熙:《我国国债品种与期限结构的合理性研究》,《2006年中国国债市场年报》,中国财政经济出版社2006年版。

盛松成:《谈资本账户开放之路》,《新世纪》2012年第16期。

盛松成:《协调推进利率汇率改革和资本账户开放》,《中国证券报》2012年4月。

石慧杰:《国债期货上市以来运行情况分析》,《中国高新技术企业》2015年第9期。

史家亮、谢升峰:《我国国债期货核心功能分析——基于高频数据的实证检验》,《金融经济》2015年第6期。

宋国良、陈旭兰:《国债期货市场风险的实证研究——基于5年期国债期货仿真交易与真实交易的对比分析》,《金融理论与实践》2015年第11期。

隋颜休、吴亮圻:《借鉴国际标准　完善中国国债市场》,《中国财政》2014年第17期。

孙明春、张萍:《人民币汇率、利率与套利资本流动》,《金融研究》1997年第8期。

孙郁婷:《离岸金融中心:人民币国际化必经之路》,《新财经》2011年第12期。

谭显荣:《国债期货》,中国财政经济出版社2013年版。

谭婷:《我国国债期货的研究综述》,《中国集体经济》2008(Z1)。

唐跃、黄伟平、王涵:《国债期货海外经验之美国》,《兴业证券研究报告》2015年10月7日。

汪小亚:《我国资本账户开放与利率——汇率政策的协调》,《金融研究》2001年第1期。

王晋忠、胡晓帆:《中国国债期货的市场有效性研究》,《经济评论》2015年第6期。

王蕾、冯倩楠:《利率市场化、国债期货价格发现与风险规避功能》,《金融论坛》2015年第4期。

王琦:《加拿大国债期货市场概况》,2013年,http://www.cifd.com.cn。

王玮、姚远:《国债期货在商业银行久期缺口管理中的应用》,《上海金融》2015年第4期。

王潇:《利率市场化改革与经济增长》,《金融论坛》2014年第5期。

王巡、李培馨、王宝链:《透明度提高改善了国债市场的质量吗?》,《证券市场导报》2013年第11期。

王震:《国债期货价格发现功能研究》,西南财经大学博士学位论文,2013年。

王正超:《国外国债期货市场发展的经验及启示》,《新金融》1994年第6期。

王政:《沪铜期货市场质量浅析》,《市场周刊》2005年第12期。

王宙洁:《高频交易又踩雷　骑士资本无奈签下卖身契》,《上海证券报》2012年8月7日。

王自力:《西方国家的国债期货市场与我国国债期货市场的发展》,《财经理论研究》1995年。

韦敏:《英国国债期货介绍》,2012年,www.guosenqh.com.cn。

吴蕾、周爱民、杨晓东:《交易所与银行间债券市场交易机制效率研究》,《管理科学》2011年第2期。

吴宁:《论恢复我国国债期货的可行性必要性》,《沈阳干部学刊》2012年第6期。

吴晓求、应展宇:《关于重新设立国债期货的若干问题》,《财贸经济》2003年第10期。

西蒙·M.波特:《美国国债市场的结构性演变》,《中国金融》2015年第11期。

习近平:《关于〈中共中央关于制定国民经济和社会发展第十三个五年规划的建议〉的说明》,2015年11月3日。

夏斌、陈道富:《中国金融战略2020》,人民出版社2011年版。

夏秀相、侯擎天、周敦辉:《重推国债期货对利率市场波动性的影响研究》,《鸡西大学学报》2015年第2期。

谢震:《被逼出来的巴西金融改革及其启示》,《南方金融》2003年第5期。

新华社:《国民经济和社会发展第十二个五年规划纲要》,2011年3月16日。

新华社:《中共中央关于制定国民经济和社会发展第十三个五年规划的建议》,2015年11月3日。

熊艳、王玮:《我国国债期货交易成本与市场质量》,《上海金融》2015年第2期。

胥良:《印度部分资本项目管理现状及对我国的借鉴》,《上海金融》2005年第12期。

徐枫、董裕平、李平进:《短期利率期货与收益率曲线》,《中国金融》2015年第15期。

徐明圣:《恢复我国国债期货交易的可行性分析及相关建议》,《决策借鉴》2002年第6期。

徐苏江:《我国国债期货对现货的价格影响》,《上海金融》2015年第7期。

许红伟、吴冲锋:《沪深300股指期货推出改善了我国股票市场质量吗——基于联立方程模型的实证研究》,《南开管理评论》2012年第4期。

亚洲证券业与金融市场协会:《完善国债市场建设　促进中国经济发展》,《债券》2014年第5期。

严敏、巴曙松、吴博:《我国股指期货市场的价格发现与波动溢出效应》,《系统工程》2009年第10期。

央行课题组:《加快资本账户开放条件基本成熟》,《财经微博》2012年2月27日。

杨在明、张细香:《中国国债期货发展综述》,《企业改革与管理》2014年第2期。

叶武、刘逖:《交易成本分析:回顾与前瞻》,《证券市场导报》2009年第10期。

叶永刚、黄河:《从无套利定价理论看我国国债期货市场的过去与未来——兼析“327”国债期货事件的深层次原因》,《经济评论》2004年第3期。

叶永刚、黄河、胡燕:《国债期货》,武汉大学出版社2004年版。

勇强、马连杰:《恢复我国国债期货交易的条件分析及建议》,《中国流通经济》

2000年第6期。

于民:《人民币国际化进程中流出和回流机制建设》,《金融时报》2009年6月1日。

余永定、高海红:《人民币国际化研究》,中国社会科学院世界经济与政治研究所国际金融研究中心工作论文,2010年。

余永定:《人民币国际化还是资本跨境流动自由化》,财新网,2011年12月31日。

余永定:《中国资本项目自由化之我见》,财经网,2012年3月31日。

余永定:《过早资本项目全面开放是在根本性问题上犯颠覆性错误》,《经济导刊》2015年第9期。

詹姆斯·麦金托什:《短线观点:中国开始放松资本管制》,《金融时报》2012年3月14日。

战松、陈敬东:《中国债券市场效率评析》,《西南金融》2006年第3期。

张立光、潘海艳:《日韩金融自由化过程中利率与汇率、资本流动关系的研究》,《金融发展研究》2011年。

张明:《以资本账户开放促人民币国际化?》,FT中文网,2012年1月31日。

张明:《资本账户开放应谨慎》,FT中文网,2012年3月15日。

张涛:《国债期货将在人民币国际化的进程中发挥重要作用》,《金融与经济》2014年第9期。

张为群:《我国资本账户开放与利率——汇率政策的协调》,《金融研究》2001年第1期。

张翔、贺裴菲、洪浩:《我国国债期货市场重启后的市场发展状况及建议》,《金融理论与实践》2015年第3期。

张晓菊:《中国国债期货的运行制度研究》,同济大学博士学位论文,2007年。

张晓菊、曾光:《我国推出国债期货的可行性研究》,《价格理论与实践》2008年第1期。

张雪莹、龙腾飞:《国债期货与现货之间的价格传导及波动溢出效应》,《债券》2015年第6期。

张谊浩、裴平、方先明:《中国的短期国际资本流入及其动机——基于利率、汇率和价格三重套利模型的实证研究》,《国际金融研究》2007年第9期。

张颖:《交易所与银行间市场国债利率先导性研究》,《河海大学学报》(哲学社会科学版)2012年第1期。

张枕河:《欧美加强高频交易监管》,《中国证券报》2015年8月4日。

赵晶:《芝加哥期货交易所国债期货发展情况介绍》,2011年,http://www.yafco.com/。

赵洋:《国债市场分割下的市场间互动关系研究》,《生产力研究》2008年第1期。

中国金融期货交易所国债期货开发小组:《国债期货产品制度设计及应用策略》,中国财政经济出版社2013年版。

中国期货业协会:《国债期货》,2013年。

中国人民大学国际货币研究所:《人民币国际化报告》,中国人民大学出版社2013年版。

中国人民银行:《人民币国际化报告》,2015年6月。

中国人民银行:《关于金融支持中国(上海)自由贸易试验区建设的意见》,2013年11月2日。

中国人民银行调查统计司课题组:《中国加快资本账户开放的条件基本成熟》,《中国金融》2012年第5期。

中金所:《国债期货总报告》,2011年。

周冰、陈杨龙:《国债期货核心功能研究及实证检验——基于中国国债期货仿真交易观察》,《财政研究》2013年第4期。

周芳:《中美国债期货合约表异同的比较研究》,《时代金融》2015年第30期。

周武英:《人民币加入SDR渐行渐近》,《经济参考报》2015年10月27日。

周小川:《继续发展中国债券资本市场》,《中国科技投资》2011年第8期。

周小川:《新时期的金融体系及其宏观管理》,《资本市场》2011年第7期。

周小川:《逐步推进利率市场化改革》,《中国金融家》2012年第1期。

周小川:《深化金融体制改革》,《人民日报》2015年11月25日。

周宇:《中国对外金融开放与人民币国际化进程》,《探索开放战略的升级——金融篇》,上海社会科学院出版社2008年版。

周宇:《亚洲金融危机与金融开放问题》,《世界经济研究》2002 年第 2 期。

周宇:《中国资本项目开放政策调整的动因及内容》,《世界经济研究》2008 年第 10 期。

周宇:《金融外交地位急剧上升》,《人民日报》2010 年 9 月 2 日。

周宇:《论人民币国际化的两难选择》,《世界经济研究》2012 年第 11 期。

周宇:《论人民币国际化的四大失衡》,《世界经济研究》2013 年 8 月。

周宇:《强化风险管理,杜绝违规交易》,《人民日报》2010 年 6 月 28 日。

周宇:《人民币国际化的进展、问题及对策》,《国际关系研究》2013 年第 3 期。

周宇等:《人民币国际化》,上海社会科学院出版社 2014 年版。

朱钧钧、刘文财:《人民币国际化:现状、问题和展望》,中金所,2013 年。

朱岩:《当前中国国债市场存在的主要问题及对策建议》,《南方金融》2009 年第 2 期。

庄佳强:《国债期货对中国国债收益率的影响:基于事件分析法的研究》,《财政经济评论》2014 年第 1 期。

宗良、熊启跃:《国债期货市场之门应向银行业开启》,《银行家》2014 年第 5 期。

Aizenman J., Hausmann R.(2000), Exchange Rate Regimes and Financial-Market Imperfection, NBER Working Paper No.7738.

Anyoshi, Akira, Karl Habermeier, Bernard Lauren, etc.(2001), Capital Controls Country Experiences with Their Use and Liberalization. IMF Occasional Paper 190.

Baillie R.T., Bollerslev T.(1989), Intra Day And Inter Market Volatility In Foreign Exchange Rates. Papers 8811, Michigan State-Econometrics and Economic Theory.

Balbas A., Reichardt S.(2010), On the Future Contract Quality Option: A New Look, Applied Financial Economics, 20(15).

Barro Robert J., Gordon, David B.(1983), Rules, discretion and reputation in a model of monetary policy. Journal of Monetary Economics, Elsevier, vol.12 (1), pages 101—121.

Ben-Abdallah R., Ben-Ameur H., Breton M.(2012), Pricing the Chicago Board of Trade T-Bond Futures, Quantitative Finance, 12(11).

Bhagwati, Jagdish(1997), Yes to Free Trade, Maybe to Capital Controls. Wall Street Journal-Eastern Edition, 11/16/98, Vol.232 Issue 97, p.38.

Bick A.(1997), Two Closed Form Formulas for the Futures Price in the Presence of a Quality Option, European Finance Review, 1, 81—104.

Bordo D., Schwartz J.(1997), Why Clashes Between Internal and External Stability Goals End in Currency Crises, 1797—1994. NBER Working Paper No.5710.

Boyle P. P.(1989), The Quality Option and Timing Option in Futures Contracts, Journal of Finance, 44(1).

Burghardt G., Belton T.(2005), The Treasury Bond Basis: An in-Depth Analysis for Hedgers, Speculators, and Arbitrageurs, U.S., McGraw-Hill.

Calvo G., Reinhart C., 2000. When Capital Inflows Come to a Sudden Stop: Consequences and Policy Options. In Key Issues in Reform of the International Monetary System. Edited by Kenen P., Swoboda A., Washington D.C., IMF.

Capozza, Dennis, Bradford Cornell(1979). Treasury Bill Pricing in the Spot and Futures Market, The Review of Economics and Statistics, 61(4).

Carr P., Chen R. R.(1997), Valuing Bond Futures and the Quality Option, Journal of Finance, 49(3).

Chance D.M., Hemler M. L.(1993). The Impact of Delivery Options on Futures Prices: A Survey, Journal of Futures Markets, 13(2).

Cohen Benjamin J.(1971), The Future of Sterling As An International Currency[M]. Macmillan Press.

Cooper, Richard(1998), "Should Capital-Account Convertibility Be a World Objective", Essays in International Finance, Princeton University.

Deppler, Michael, And Martin Williamson, (1987), Capital Flight: Concepts, Measurement, And Issues[R]. IMF. Washington D.C..

Ederington, L. H.(1979). The Hedging Performance of the New Future

Markets. The Journal of Finance, March, 34(1).

Ederington, Louis H., and Jae Ha Lee(1993), "How Markets Process Information: News Releases and Volatility", Journal of Finance 48:1161—1191.

Eichengreen, Barry. (2004), "Global imbalances and lessons of bretton woods", NBER Working Paper 10497.

Figlewski, S.(1984), Hedging Performance and Basis Risk in Stock Index Futures. The Journal of Finance, 39(3).

Fleming M. (1962), Domestic Financial Policies under Fixed and under Floating Exchange Rates[M]. IMF Staff Paper, 369—379.

Fleming, Michael J. (1997), "The Round-the-Clock Market for U. S. Treasury Securities", Economic Policy Review, Volume 3, Number 2, July.

Froot, Kenneth A., Andre F. Perold(1990), New Trading Practices and Short-run Market Efficiency, NBER Working Paper No.3498.

Garber, Peter(1998). "Buttressing Capital Account Liberalization with Prudential Regulation and Foreign Entry", Essays in international Finance 207, Princeton University.

Gay G.D., Manaster S.(1984). The Quality Option Implicit in Futures Contracts, Journal of Financial Economics, 13(13).

Habermier K., A.Kirilenko(2001), Securities Transaction Taxes and Financial Markets, Working Paper No.01/51.

Hegde S.P.(1990). An Ex Post Valuation of the Quality Option Implicit in the Treasury Bond Futures Contract. Journal of Banking and Finance, 14(4).

Hemler M.L.(1990). The Quality Delivery Option in Treasury Bond Futures Contracts, Journal of Finance, 45(5).

Johnson, L. L. (1960). The Theory of Hedging and Speculation in Commodity Futures. The Review of Economic Studies, Jun, 27(3).

Jones, C.M., Sequin, P.L.(1997), Transaction Costs and Price Volatility: Evidence from Commission Deregulation, American Economic Review, 87(4).

Kane A., Marcus A.J.(1986). The Quality Option in the Treasury Bond Futures Market: An Empirical Assessment, Journal of Futures Markets, 6(2).

Kolb, R.W., and Chiang, R.(1982), Duration, Immunization, and Hedging with Interest Rate Futures. Journal of Financial Research, 5(2).

Kupiec P.(1995), A Securities Transactions Tax and Capital Market Efficiency, Contemporary Economic Policy, 13(1).

Kydland Finn E., Prescott Edward C. (1977), Rules Rather Than Discretion: The Inconsistency of Optimal Plans. Journal of Political Economy, vol.85(3), pages 473—91, June.

Lee, S.B., and Oh, S. H.(1993), Managing Non-parallel Shift Risk of Yield Curve with Interest Rate Futures. Journal of Futures Markets, 13(5).

Lin B.H., Paxson D. A.(1995), Term Structure Volatility and Bund Futures Embedded Options, Journal of Business Finance and Accounting, 22(1).

Liu, Shinhua(2007), Securities Transaction Tax and Market Efficiency: Evidence from the Japanese Experience, Journal of Financial Services Research, 32(3).

Lo, A. W., Mamaysky H., Wang J. (2001), Asset Prices and Trading Volume Under Fixed Transactions Costs, NBER Working Paper No.8311.

Marcus, A. J., and Ors, E. (1996), Hedging Corporate Bond Portfolios across the Business Cycle, The Journal of Fixed Income, 5(5).

Margrabe W.(1978), The Value of an Option to Exchange One Asset for Another", Journal of Finance, 33(1).

Markowitz H.(1952), Portfolio Selection, The Journal of Finance, 7(1).

McKinnon. R. I. (1993), The Order of Economic Liberalization: Financial Control in the Transition to a Market Economy, 2nd Ed, Baltimore: Johns Hopkins University Press.

Mishkin F.(1999), Lesson from the Asian Crises. Journal of International Money and Finance 18:709—723.

Mundell R.(1962), The Appropriate Use of Monetary and Fiscal Policy Under Fixed Exchange Rates, IMF staff papers.

Mundell R.(1963), Capital Mobility and Stabilization Policy under Fixed and Flexible Exchange Rates [J]. Canadian Journal of Economies and Political Science, (4):457—485.

Mundell R. (1960), The Monetary Dynamics of International Adjustment under Fixed and Floating Exchange Rates[J]. Quarterly Journal of Economies, pp.227—257.

Muth J. F. (1960), Rational Expectations and the Theory of Price Movements. Econometrica 29:315—335.

Myers, R.J., and Thompson, S. R.(1989), Generalized Optimal Hedge Radio Estimation, American Journal of Agricultural Economics, 71(4).

Nembhard, Jessica Gordon(1996), Capital Control, Financial Regulation, and Industrial Policy in South Korea and Brazil. London: Praeger Publishers.

Nunes J.P.V.(2007), Multi—Factor and Analytical Valuation of Treasury Bond Futures with an Embedded Quality Option, Journal of Futures Markets, 27(3).

Nurkse, R.(1953), Problem of Capital Formation in Underdeveloped Countries, New York: Oxford University Press.

Obstfeld(1996), Rational and Self-fulfilling Balance of Payments Crises. American Economic Reviews.

Park, Y.C.(2010), RMB Internationalization and Its Implications for Financial and Monetary Cooperation in East Asia[J]. China & World Economy, Vol. 18, No.2.

Radelet S., Sachs J.(1998), The East Asian Financial Crisis: Diagnosis, Remedies, Prospects. Brookings Paper 28(1):1—74.

Rendleman. R.J.(2004), Delivery Options in the Pricing and Hedging of Treasury Bond and Note Futures, Journal of Fixed Income, 14(2).

Ritchken P.(1992), Pricing the Quality Option in Treasury Bond Futures, Mathematical Finance, 2(3).

Ritchken P.H., Sankarasubramanian L.(2004), A Multifactor Model of the

Quality Option in Treasury Futures Contracts, Journal of Financial Research, 18(3).

Roll R.(1989), Price Volatility, International Market Links and Their Implications for Regulatory Policies, Journal of Financial Services Research, December 1989, Volume 3, Issue 2.

Roubini N., Wachtel P.(1998), Current Account Sustainability in Transition Economies. NBER Working Paper No.6468.

Ulrich, Hoosain & Wong (2011), RMB Internationalization-Progress, Future Steps and Implications [J]. J. P. Morgans Hands-on China Series, 24 January.

Yoshitomi M., Shirai S.(2000), Policy Recommendations for Presenting Another Capital Account Crisis. Technical Background Paper of Asian Development Bank Institut.

后　记

本课题组受上海市政府的委托对上海国债期货市场展开了研究。上海市政府重视这一问题是基于这一判断,即国债期货有可能成为上海国际金融中心发展的下一个重要突破口。从全球金融期货交易的构成来看,国债期货占金融期货的比重接近50%。另一方面,从中国的情况来看,2014年中国国债期货交易占金融期货交易的比重不足0.3%。通过这一比较我们不难发现,上海国债期货市场的发展严重滞后于其他主要国际金融中心。这一现状一方面反映了上海国际金融中心的短板所在,另一方面也提示了国债期货是上海国际金融中心未来发展的重要增长点之一。正是基于以上判断,我们对上海国债期货市场的现状和前景展开了研究。这是国内首部研究上海国债期货市场的专著,如果本研究能够起到抛砖引玉的作用,我们将不胜荣幸。

图书在版编目(CIP)数据

国债期货市场:开放条件下的发展战略研究/周宇等著.—上海:上海社会科学院出版社,2016
(新开放论丛/张幼文,徐明棋主编)
ISBN 978-7-5520-1615-4

Ⅰ.①国… Ⅱ.①周… Ⅲ.①国债市场-期货交易-研究-中国 Ⅳ.①F832.5

中国版本图书馆 CIP 数据核字(2016)第 262399 号

国债期货市场——开放条件下的发展战略研究

著　　者:周　宇等
责任编辑:王　勤
封面设计:周清华
出版发行:上海社会科学院出版社
　　　　上海顺昌路 622 号　邮编 200025
　　　　电话总机 021-63315900　销售热线 021-53063735
　　　　http://www.sassp.org.cn　E-mail:sassp@sass.org.cn
照　　排:南京理工出版信息技术有限公司
印　　刷:上海信老印刷厂
开　　本:720×1020 毫米　1/16 开
印　　张:15.5
插　　页:2
字　　数:250 千字
版　　次:2016 年 10 月第 1 版　2016 年 10 月第 1 次印刷

ISBN 978-7-5520-1615-4/F·455　　定价:49.80 元